Deutsche Literatur
der siebziger Jahre

Deutsche Literatur der siebziger Jahre

Ein Lesebuch

Herausgegeben von Christoph Buchwald und Klaus Wagenbach

Verlag Klaus Wagenbach Berlin

Wagenbachs Taschenbuch 254
Veränderte Neuausgabe

Umschlaggestaltung Rainer Groothuis unter Verwendung eines Motivs von Jonathan Borofsky
Das Karnickel auf Seite 1 zeichnete Horst Rudolph
Druck und Bindung durch Wagner, Nördlingen
Gedruckt auf chlor- und säurefreiem Papier

ISBN 3 8031 2254 6

Inhalt

Hans Magnus Enzensberger *Andenken*

Also was die siebziger Jahre betrifft,
kann ich mich kurz fassen.
Die Auskunft war immer besetzt.
Die wundersame Brotvermehrung
beschränkte sich auf Düsseldorf und Umgebung.
Die furchtbare Nachricht lief über den Ticker,
wurde zur Kenntnis genommen und archiviert.

Widerstandslos, im großen und ganzen,
haben sie sich selber verschluckt,
die siebziger Jahre,
ohne Gewähr für Nachgeborene,
Türken und Arbeitslose.
Daß irgendwer ihrer mit Nachsicht gedächte,
wäre zuviel verlangt.

Christoph Meckel *Was dieses Land betrifft*

Was dieses Land betrifft: hier ist kein Ort, für die Zeit
die kommt, einen Grundstein zu setzen. Dies ist kein Ort
für mehr als ein Dasein in Kälte, ausgeschieden
einsilbig und überstimmt. Wenn dein Knochen wandert
in dir auf der Suche nach Leben und ausbricht, hungrig
nach Freude und Zukunft, aber zurückkehrt
ruhlos, weltwund, todnah – wo ist der Genosse
ohne Vertrag, der Bruder ohne Berechnung? Wer hat
seinen Traum nicht zertrampelt oder verkauft, seine Sprache
nicht abgestimmt auf jedermanns Vorschrift und Vorteil?
Wer hat seinen Kopf nicht eingezogen, wer schleicht nicht
mit halber Sonne unter dem Hut in sein Loch
wo die Ohnmacht Staub ansetzt und die Liebe,
ein Haustier, sich ausschläft. Wo ist ein Mensch
der Handschellen weder trägt noch anlegt, wo ist
der Ort, für die Zeit die kommt, einen Grundstein zu setzen?
Hier bleibst du stehn und läßt dir nicht sagen: verschwinde.

Heinrich Böll *Die Angst der Deutschen und die Angst vor den Deutschen*

Als ich drei-vier Jahre alt war, begleitete ich morgens immer meinen Vater nach dem Frühstück die Treppe hinunter bis vor die Haustür; von dort fuhr er per Fahrrad in seine Werkstatt, und bevor er aufs Rad stieg – er war ein altmodischer Radfahrer und stieg von einem Pinn, der am Hinterrad angebracht war, von hinten auf den Sattel (fast wie ein Reiter aufs Pferd) –, steckte er mir manchmal einen Geldschein zu, für den ich mir im gegenüberliegenden Laden eine Handvoll Bonbons oder eine Zuckerstange kaufen durfte. Ich erinnere mich an ziemlich viel Nullen auf dem Geldschein, erfuhr später, daß es sich um eine Milliarde oder gar eine Billion gehandelt hatte; der Gegenwert, den ich für diesen nullenreichen Schein bekam, mag fünf Pfennige betragen haben. Das war in den Jahren 1921-22, wo ich morgens für ein-zwei Minuten Milliardär oder Billionär war. Es war keineswegs so, daß die Einkommen in entsprechend vielen Milliarden bestanden hätten; später erfuhr ich von meinen Lehrern, daß sie für ihr Monatsgehalt sich eine Vase oder, wenn sie Glück hatten, einen Regenschirm hatten kaufen können. Eine Milliarde, das war 10 Jahre vorher, etwa 1912, selbst für Krupp wahrscheinlich eine respektable Summe – nun gab's dafür eine Handvoll Bonbons. Sobald das deutsche Geld wieder stabil wurde, gab es weniger davon. Es gab in den Jahren 1928 bis 1932 für *eine* Mark etwa zwanzigmal soviel Süßigkeiten wie sechs Jahre vorher für eine Milliarde. Es gab für eine Mark 40 Zigaretten der billigsten Sorte, 100 geschmuggelte holländische, man konnte für eine Mark zweimal ins Kino gehen, bekam dafür zwei volle Spielfilme und einige Extras zu sehen, und in manchen Kinos gab's noch ein Glas Bier dazu; man konnte für eine Mark zweimal ein Mädchen ins Café einladen und ihr sogar einmal ein Stück Kuchen spendieren (also: vier Tassen Kaffee und ein Stück Kuchen für eine Mark), die Mark war stabil und knapp.

In den Jahren 1936 bis 1939 fing die Mark wieder an, reichlicher zu fließen – und an Wert zu verlieren. In der Zeit der ersten Rationierungen (die schon vor Kriegsausbruch begannen, man erinnere sich an Meier-Görings Ausspruch: »Kanonen statt Butter« – man sollte sich überhaupt öfter an Meier-Göring erinnern), bildeten sich – trotz hoher Strafen – die ersten Schwarzmärkte. Sobald die Zigaretten rationiert wurden – ich weiß nicht mehr genau, wann das geschah – kosteten sie statt 2½ oder 3⅓ Pfennige auf Karten, auf dem Schwarzmarkt 20 Pfennige, also ungefähr das Sechs- bis Achtfache. An Milliarden gewöhnt, fanden wir diese Preise zwar hart, aber tragbar; es erinnerte uns noch nicht an das Schreckenswort »Inflation«. Das kam später, als – etwa 1944 – der Zigarettenpreis »floatete«; er hing von der jeweiligen Nachschublage ab. Als die deutsche Wehrmacht Frankreich – ziemlich schnell, wie mir heute scheint – räumte und ihre Beute umsetzen mußte, sank der Zigarettenpreis vorübergehend auf 3-4 Mark, und sobald diese Nachschubquelle versiegt war, so ungefähr um die Zeit, als die amerikanische Armee zum ersten Mal die deutsche Grenze überquerte, stieg er auf bis zu 12 Mark, sank dann erst wieder, als der Krieg zu Ende war, und sich die Camel-Lucky-Strike-Chesterfield-

Währung etablierte. Kurz vor der Währungsreform im Jahre 1948 stieg er auf 7 bis 9 Mark, blieb aber doch im großen ganzen von 1945 bis 1948 zwischen 5 und 6 Mark stabil. Man darf nicht vergessen, daß die Einkommen keineswegs entsprechend gestiegen waren. Ein Hilfsarbeiter verdiente damals 1 Mark die Stunde (die ihm durch zusätzliche Lebensmittelkarten verzuckert wurden), aber eine Realschullehrerin (die keinerlei Zusatzkarten bekam) verdiente zwischen 300 und 350 Mark im Monat. In einer Zeit, in der kein Mensch von den Rationen leben konnte, kostete ein Brot auf dem Schwarzmarkt 25 bis 40 Mark, ein Pfund Kaffee 600, Butter ungefähr ebensoviel. Woher nahmen die Deutschen das Geld, um zu überleben? Es gab nicht nur den Schwarzmarkt, auch den Tauschhandel, es gab, wenn man kein Tauschobjekt mehr besaß, den demütigenden Weg des Hamsterns bei Bauern, der eine verkappte Art des Bettelns war. Jedenfalls verscheuerte man, was nicht niet- und nagelfest war, und hin und wieder (und das auch von *sehr* anständigen Leuten) wurde natürlich auch *gestohlen*: Kohlen und Kartoffeln, Ziegelsteine und einiges mehr. Es war die zweite totale Inflation, in der so manches Deutschen wenn nicht Ehre, so doch Ehrenhaftigkeit einen Knacks bekam. (Und für viele war's der zweite Knacks!) Und wieder geschah ein Wunder: es gab wieder einmal eine stabile, eine eisenharte Deutsche Mark – und sie war knapp, sehr knapp. Und wer da nach der Währungsreform noch erspartes Geld übrig hatte, bekam es mit 7 % aufgewertet.

Aktien wurden zu *100* % aufgewertet, und noch etwas hatte nach diesen beiden Inflationen, diesen Totalrasuren, seinen Wert behalten: Grundbesitz. Er wurde zwar durch Zwangshypotheken im Zusammenhang mit dem Lastenausgleich belastet (der Lastenausgleich diente dazu, Leute zu entschädigen, die in den östlichen Teilen des Deutschen Reiches oder durch Bombenschäden ihren Besitz verloren hatten), aber die, die keinen Besitz zu verlieren gehabt hatten, bekamen natürlich nicht viel Lastenausgleich!

Es ist also eine ziemliche Frechheit, wenn da von Chancengleichheit gesprochen wird. Da Geld und Bildung, Bildung und berufliche Chancen immer noch einen nachweisbaren Zusammenhang haben, wird das Wort Chancengleichheit geradezu zur Frivolität. Man muß wenigstens diese einfachen Fakten wissen, wenn man die Deutschen verstehen will (falls überhaupt irgendein Volk ein anderes, oder irgendein Volk sich selbst verstehen kann!).

Grundbesitz, Hausbesitz – das haben die Deutschen gelernt – sind die einzig stabilen Faktoren geblieben, und eine Währung, eine Mark, die jetzt schon achtundzwanzig Jahre alt geworden ist (nachdem innerhalb von 25 Jahren zwei Marken dahingestorben waren), ist ebenfalls zum stabilen Faktor geworden, und wer an einem dieser Faktoren (und sei es nur scheinbar) rüttelt, hat wenig Chancen auf Wählerstimmen. Es gehört zu den erfolgreichen Absurditäten reaktionärer Propaganda, daß sie immer wieder die Angst schüren kann bei denen, die sehr wenig von dieser Erde besitzen (etwa auch bei den Kleinbauern in Portugal), um den Besitz derer zu schützen, die sehr viel von dieser Erde besitzen. Ein großer Teil des Grundbesitzes ist immer noch in den Händen des deutschen Adels, der in den meisten Fällen – absurderweise – immer noch die Interessen der deutschen Bauern vertritt. Da wird das Bauernsterben beklagt (obwohl's ein europäisches Phänomen ist), aber mir ist nicht bekannt geworden (bisher nicht), ob irgendein Großgrundbesitzer den Besitz eines sterbenden Kleinbauern arrondiert habe, um ihm das Überleben zu ermöglichen (durch ein *Geschenk).* Wenn man im Adelsalphabet nur bis G zählt, nur die Namen Arco, Arenberg, Aretin, Baden (Markgraf von), Bayern (Herzöge von und in), Bentheim, Bismarck, Castell, Faber-Castell, Finck, Fürstenberg, Fugger, Guttenberg aufzählt, und addierte deren Anteil an »deutschem Boden«, so käme man wahrscheinlich auf das Territorium eines mittelgroßen Bundeslandes und das Alphabet geht ja bis Z – also noch dreieinhalb mal so weit.

Immerhin gibt es in unserem Grundgesetz einen Artikel, der da lautet: »Eigentum verpflichtet. Sein Gebrauch soll zugleich dem Wohl der Allgemeinheit dienen.« Worte wie »Verstaatlichung«, »Vergesellschaftung«, sogar »Enteignung« bekommen angesichts dieser Besitzverhältnisse einen anderen Klang – und sind keinesfalls verfassungswidrig. Man muß auch den Radikalenerlaß, der sich hauptsächlich gegen »Systemveränderer« richtet, also solche jungen Leute, die von einem verfassungsmäßig verbürgten Recht Gebrauch machen, im Zusammenhang mit diesen Besitzverhältnissen sehen. Man mag über die Brutalität moderner Landnahmen streiten, ob es nun die Konquistadoren, Kolonisatoren waren oder die nordamerikanischen Siedler – der größere Teil des Grundbesitzes in der *Bundesrepublik* ist weder erworben noch erkämpft, er ist seit Jahrhunderten unangetastet und selbstverständlich, und diese unglaubliche Selbstverständlichkeit wird von dem Untertanen wortlos hingenommen. Er wird nicht nur nicht angezweifelt, er dient zusätzlich noch als Angstvehikel, um diejenigen in Schrecken zu versetzen, die vielleicht 300 qm besitzen, auf denen sie sich ein Häuschen und eine Garage gebaut haben. Es ist ein großer, ein entscheidender Fehler aller Sozialisten und auch der Sozialdemokraten (auch in anderen Ländern), daß sie das magische Wort »Enteignung« (das laut Grundgesetz der Bundesrepublik legal ist) nie quantitativ definiert haben, und so kommt es zu geradezu unnatürlichen Emotionskoalitionen zwischen denen, die sich da bis zum Herzinfarkt (und manchmal über ihn hinaus) auf ihren 300, 400 Quadratmetern ihr Häuschen gebaut haben und denen, die seit Luthers Zeiten halbe und ganze Provinzen besitzen. Dieser uralte Grundbesitz ist stabil, massiv, er ist lautlos, fast unsichtbar – und politisch mindestens so einflußreich wie die Großindustrie, die ja immerhin Risiken unterliegt; sie muß ja immerhin entwickeln, investieren, riskieren, während der Landbesitz »in sich ruht«, und diese unheimliche Ruhe ist ein politischer Faktor in der Bundesrepublik, von dem man zu wenig weiß. Man kann einen kleinen und mittleren Bauern durch das Wort »Enteignung« leicht in Panik versetzen, und nach den Erfahrungen, die Landwirte in den sozialistischen Ländern gemacht haben, ist diese Panik verständlich – in einem Land aber wie der Bundesrepublik, stützt man durch diese Panikmache den alten, uralten, nie angetasteten Besitz. Die Sozialdemokraten in der Bundesrepublik haben bis auf den heutigen Tag weder den Mut noch die Definitionskraft gefunden, klar zu machen, daß es – sollte überhaupt so etwas wie »Enteignung« erwogen werden – um den Besitz von möglicherweise bis zu 350 Familien geht, nicht um den Besitz von 62 Millionen.

Ich frage mich, ob diesen Familien das Land, das sie »besitzen« und das im Evangelium den Sanftmütigen versprochen ist, nicht manchmal unheimlich wird. *Nicht,* weil irgendwelche Revolutionäre ihnen ernsthaft gefährlich werden könnten (Systemveränderer haben wenig Chancen hier – und der Radikalenerlaß hat sogar die Reformer, nicht nur die Revolutionäre, entmutigt und entwaffnet), sondern weil sie in einer unwirklichen, totalen Sicherheit ruhen, die im Gegensatz zu ihrer Umwelt steht, in einem Elfenbeinturm besonderer Art, den sich nicht einmal hochbezahlte, sehr beschäftigte, nervöse Manager leisten können. »Die das Land besitzen« geraten selten, fast nie in Panik und haben auch keinerlei Grund dazu – die wortlose Hinnahme ihrer Privilegien ist Garantie genug.

Wenn man versuchen will, die Deutschen, ihr Verhältnis zum Geld, zum Besitz, wenn man versuchen will, ihre Angst und ihre Ängste zu verstehen – und die Angst und die Ängste von mehr als sechzig Millionen da mitten in Europa sind ein politischer Faktor hohen Grades –, dann muß man wenigstens andeutungsweise etwas von diesen beiden totalen Inflationen wissen, die fast alle Klassen getroffen haben, nur den grundbesitzenden Adel nicht (der ja in den meisten Fällen auch noch international abgesichert ist), und lange bevor man über Faschismus spricht und nicht nur über den potentiellen, auch den historischen, muß man wissen, daß Angst eine der Ursachen des Faschismus ist. Man muß wissen, daß Zeitungen und Stimmungen immer noch von den Besitzenden gemacht werden – und man braucht dann nur diesen armen Schluckern, die sich ihre 350-600 Quadratmeter deutschen Bodens mit ihrem Häuschen drauf mühsam erschuftet haben, *ihnen* (und wären es gutverdienende, aber schwer arbeitende Ärzte) muß man einhämmern, daß mit Enteignung *sie* gemeint sind, dann hat man die Angst zu einem Wahlhelfer gemacht, der kaum Argumente braucht und wenig Geld kostet. Man erinnere sich an die obskuren Wahlhilfefonds der CDU/CSU aus dem dramatischen Wahljahr 1972; man denke an die Anzeigenkampagnen gegen Brandt und alle Formen des Sozialismus, an diese düsteren Machenschaften, deren sich die Verantwortlichen möglicherweise heute schämen. Das war klassischer *Klassenkampf*, von oben, nicht von unten.

Es ist zu befürchten, daß auch in diesem Wahlkampfjahr [1976] die Angst und die Ängste mobilisiert werden. Die düsteren Kampagnen von 1972 haben letzten Endes nicht den Sieg gebracht, möglicherweise hat man auch damals die Wähler unter- oder falsch eingeschätzt: es hat nichts eingebracht, potentiellen Wählern eine Katastrophe auszumalen, deren *wirkliche* Sorge – damals – darin bestand, über die Verkehrslage auf den Autobahnen bei der Rückkehr aus dem Urlaub informiert zu sein.

In diesem Wahljahr Argumente zu finden, dürfte schwer sein. Eine angesichts der hohen Arbeitslosigkeit – bisher jedenfalls – erstaunlich geringe Angst. Sinkender Einfluß der katholischen Kirche auf die Wahlen. Völlige Aussichtslosigkeit, der Regierung Schmidt vorzuwerfen, sie ermutige Terroristen. Ob man in einer Republik, in der in keinem einzigen Landesparlament auch nur *ein* Radikaler aufzutreiben wäre, immer noch mit Radikalen Angst machen kann? Versucht wird es. Es ist verantwortungslos, einem Volk Angst zu machen, das oft genug in den vergangenen 60 Jahren *Grund* zur Angst gehabt hat – und auch oft genug anderen Angst eingeflößt hat – auf diesem Terrain mit Angst zu spielen, ist klassische Demagogie. Im streikbravsten Land der Welt mit den bravsten aller Gewerkschaften. In einem Land, in dem der Schah und andere Ölpotentaten Milliarden investieren, mit der Angst vor dem Sozialismus zu drohen, dürfte ziemlich weit hergeholt sein (was kein Trost ist: man kann ja weit ausholen!). Woher die Angst also nehmen, ohne zu stehlen? SPD-freundliche Großgrundbesitzer wird man kaum auftreiben können: der Klassenkampf (und die Klassenangst) von oben wird da in Kränzchen und Kreisen, in teilweise kirchlich (katholisch) untermauerten Stimmungscliquen eifrig betrieben – aber ob die Großindustrie mitmachen wird?

Und es gibt da nicht nur die alte »Nobilty«, nicht nur alte und neu-alte Großindustrie, es gibt da noch die fast ganz und gar neuen Herzöge, Könige, Kardinäle und Königsmacher, deren Herrschaft über ihre Provinz in den meisten Fällen auf einem Stück Papier, der modernen Art des Lebens, einer Zeitungslizenz von einer der Besatzungsmächte beruht: die Zeitungs-, Illustrierten-, Magazin- und Zeitschriften-Könige, dieser neue Adel, der natürlich »seine Schwierigkeiten« hat, diese »Konzentrierten und Konzentrierer« – was werden sie tun? Hoffen wir, daß sie gut gelaunt, daß sie gnädig sind.

Würde ich gefragt, was ich bei einem Wahlsieg der Opposition empfinden würde, ich würde sagen: Angst, Angst vor Isolation. Würde ich gefragt von wo die Bundesrepublik bedroht ist, ob von rechts oder von links, ich würde sagen: Von rechts.

Marie Luise Kaschnitz *Jeder*

für Erich Kaufmann

Jeder muß einmal
Sein Vaterland besingen
Sein Nest beschmutzen
Auch ich.
Die Heimat dieses kleine Stück Europa
Wo Mädchen Soldaten nicht mehr lieben
Wo Soldaten sich selbst nicht mehr lieben
Wie befremdlich.

Was fällt mir ein, wenn ich Deutschland sage?
Mein Weg zur Arbeit
Durch den Park von Weimar
Das grüne Herz
Flieder in Belvedere
Tiefurt stampfender Tanz
Der Bauhausschüler
Triadisches Ballett.

Was noch fällt mir ein?
Die Tiefebene sommerlich
Und hinter den breiten Hügeln
Auftauchend Türme.
Die Weichsel bei Hochwasser
Rasch hintreibende Dächer
Bäume entwurzelte.

Auch der Niederrhein
Xanten der angetriebene Leichnam
Der große Himmel
Meine Heimat vor allem
Nußbäume Linden unterm Gewitterhimmel
Weinfässer zum Schwefeln vor die Häuser gestellt
Doppeladler im Wappen
Oleander.

Was außer dem?
Hakenkreuzfahnen
Dröhnende Stiefelschritte
Geflüstertes Grauen
Züge entlang den Lahnfluß voll
Nicht singender Soldaten
Judenzüge
Detonationen
Christbäume sogenannte
Asche zu Asche.

Dann alles wieder neu
Aus dem Boden gezogen
Hochhäuser Hochöfen Hochstädte Autobahnen
Ferien im Ausland. Alte Kameraden
Weihestimmung im Bachverein.

Und doch, mein Jahrhundert vorüber
Wird mit Stacheldrahtzäunen
Niemand mehr Geld verdienen.
Diesseits und jenseits der Grenzen
Bedeuten Worte dasselbe
Vaterländer und die alten
Schuldgefühle haben ausgespielt.

KARL MICKEL *Der Krieg*

Ich kam zurück von Hamburg nach Berlin
Und querte die Gewitterfront. Das Flugzeug
War eine Boeing der Panamerican Airways.
Gepäck fiel aus den Netzen, Stewardessen
Erbrachen auf den Teppich, eine Dame
Spannte ihren Regenschirm als Fallschirm.
Mir war ganz wohl. Der Kapitän, in dieser
Firma, kennt Korea und Vietnam:
Und was sind denn Böen gegen Flakhagel!
Was Blitze gegen Abfangjäger! So

Dachte ich. Wer wirft den ersten Stein?
Gedeihen deine Kinder von der Freunde
Fleisch, Koch? nannte der Indianer
Nicht Freund den Büffel? ihm Gebete spendend

Und Opfergaben. Opfre! Wähnst du nicht:
Kein Krieg kein Tod? und Frieden wäre Ende
Dieses deines Trostes. – Der Gewichtheber
Benedek aus Ungarn, sein Gerät
Beschimpft er, eh er, öffentlich, die Hantel
Reißt: und überm Haupte schwebt das Eisen.

Gregor Laschen *Notizen aus dem Holunder*

Wie es gekommen ist. Knochenberg auf dem
Knochenberg von gestern, fortgeschriebene Ver-
dunklung der Geschichte, die alte Regelung
zwischen den Erben und für sie, ohne Ausgang
ins Freie Nächste, neu.

Die »schwarzhändige« Rede, die wie im Film zuletzt
zur Hüfte »fährt«, ausgetrocknet vom Warten auf
die Entscheidung, vom Kahlschlag der Handlung, vom
Monolog »unterwegs«: immer ist das
das Ende, die gefällige Wiederholung.

Deutschland im Maul, das hilft gegen die unsägliche
Dürre auf der Zunge, dem Herbst ins Lied.

Im Bild wird stehn, sich selbst im Genick, keuchend
die andere, die rückwärtssprechende Sprache
der Richter und Henker, ohne Ohr
für den Nachbarn wie eh und je.

Immer Generalton mit Nestwärme, Dunst und Stiefel-
zeit, blindlings immer Versammlung, ins Noch-Ein-Mal,
der »Auftrag« Geschichte, immer Lastenträger der
»Verantwortung« in eisiger Höhe, drüben wie hüben,
von unten beleuchtet seit altersher, krumm. Kein
Umgangston, kein Zögern. Gelegentlich leutselig, aber
von weit, hautnah.

Die schwarze Blüte, deutsche Wundertüte.

Adolf Endler *Über das Rudern im Achter*

Über das Rudern im Achter erfuhren wir neulich, »daß nur mit *letztem Opfermut*, mit dem *bedingungslosen Einordnen* ins Kollektiv ein *Blumentopf* zu gewinnen ist ...« Wie wahr, wie wahrheitsgetreu, nicht nur für Ruderer geltend! Und wenn wir Glück haben, hält sich der Blumentopf länger als die Weltreiche, die in älterer Zeit dank solchem Geist errichtet wurden.

THOMAS BERNHARD *Der deutsche Mittagstisch*

Eine Tragödie für ein Burgtheatergastspiel in Deutschland

Herr und Frau Bernhard, ihre Töchter, ihre Söhne, ihre Enkel, ihre Urenkel und deren engste Verwandte, achtundneunzig Personen um einen kleinen, nicht ganz runden Mittagstisch. Eiche natur.

HERR BERNHARD *aufbrausend*
Ihr müßt euch Zeit nehmen
FRAU BERNHARD
Die Zeit nehmen
HERR BERNHARD
Zum essen
Denkt an eure Mutter
und an die Mutter der Mutter eurer Mutter
Alle außer Herr und Frau Bernhard schauen sich an
FRAU BERNHARD
Die Revolution wird euch alle vernichten
dann habt ihr eine solche Suppe wie diese nicht mehr
DER JÜNGSTE DER URURENKEL *schreit auf*
Keine einzige Kartoffel mehr
DER ÄLTESTE DER URURENKEL
Keine einzige Kartoffel mehr
in ganz Deutschland
FRAU BERNHARD *heiter*
Weil die Krebsfürsorge alles aufgefressen hat
HERR BERNHARD
Und die Nato
AWACS
FRAU BERNHARD
Daß ihr mir nicht laut sagt
was wir gesagt haben
fragt: Ist die Suppe nicht gut
Alle nicken
DER ZWEITÄLTESTE URENKEL *(nicht Ururenkel!)*
Der neue Bundespräsident ist ein Nazi
DER DRITTÄLTESTE URURENKEL *(nicht Urenkel!)*
Und der alte Bundespräsident war auch ein Nazi
DER ÄLTESTE ENKEL
Die Deutschen sind alle Nazi

Frau Bernhard
Hört auf mit der Politik
eßt die Suppe
Herr Bernhard *springt auf*
Jetzt hab ich aber genug
In jeder Suppe findet ihr die Nazis
schlägt mit den Händen in den noch vollen Suppenteller und schreit
Nazisuppe
Nazisuppe
Nazisuppe
Frau Bernhard *ist aufgesprungen und schreit und zeigt mit dem Zeigefinger auf die Hose des Herrn Bernhard*
Da seht
er hat seine Nazihose an
die Nazihose hat er an
Der älteste Urenkel *schreiend*
Die Nazihose
die deutsche Vaternazihose
Frau Bernhard *sinkt in ihren Stuhl zurück und schlägt die Hände vors Gesicht*
Wie ich mich schäme
Mein Gott
Mein Gott grüßgott wie ich mich schäme
Wie Scheel
wie Scheel
wie Scheel
Die jüngste Urenkelin *laut*
Und wie Carstens
und wie Carstens
Frau Bernhard
Muß das sein
Herr Bernhard
Es ist immer das gleiche
kaum sitzen wir bei Tisch
an der Eiche
findet einer einen Nazi in der Suppe
und statt der guten alten Nudelsuppe
bekommen wir jeden Tag die Nazisuppe auf den Tisch
lauter Nazis statt Nudeln
Frau Bernhard
Mein lieber Mann
hör mich an
wir bekommen in ganz Deutschland keine Nudeln mehr
nur noch Nazis
ganz gleich wo wir Nudeln einkaufen
es sind immer nur Nazis

ganz gleich was für eine Nudelpackung wir aufmachen
es quellen immer nur noch Nazis heraus
und wenn wir das Ganze aufkochen
quillt es fürchterlich auf
Ich kann nichts dafür

Alle werfen ihre Suppenlöffel hin

DER JÜNGSTE URENKEL

Laßt doch die Mutter in Ruhe

FRAU BERNHARD *mit dem Gesicht in der deutschen Mutterschürze, kleinlaut*

Schließlich habt ihr ja alle
den Nazionalsozialismus mit dem Löffel gegessen

Alle stürzen sich auf die Frau Bernhard und erwürgen sie. Der älteste Urenkel schreit in die Stille hinein

Mutter

CHRISTA WOLF *Wie es anfing*

Im Spätsommer des Jahres 33 tritt der SA-Standartenführer Rudi Arndt in Bruno Jordans Laden im Fröhlichschen Haus. Eine erste Schilderung dieses Auftritts erhält Nelly, achtzehnjährig, als die Jordans jene Stadt, die inzwischen ihren polnischen Namen bekommen hat, längst verlassen haben, als das Fröhlichsche Haus längst zerstört ist (aber noch nicht durch den neuen Betonbau, den ihr auf eurer Fahrt durch die Stadt seht, ersetzt) und als ihr Vater es über sich bringt, auf einem langen Spaziergang am Südabhang des Kyffhäusers mit seiner erwachsenen Tochter die Frage zu besprechen, ob man aus jedem Menschen ein Vieh machen kann. Er neigt zu der Ansicht: Ja. Man kann. Er hat in seinem Leben zuviel gesehn. Zweimal Krieg. Zweimal Gefangenschaft. Von Verdun nicht erst zu reden. Aber dann. Die Franzosen in Marseille mit ihrem »Bosch-Bosch«-Geschrei und den Steinwürfen auf wehrlose Gefangene. Und in der letzten Gefangenschaft die eigenen Kameraden, die den Studienassessor Alex Kuhnke fast totgeschlagen haben um ein Stück Brot.

Und dazwischen Arndt. Dieser Heini. Das Vieh. Auf tritt das Monstrum in der braunen Uniform des SA-Standartenführers, mit blankgewichsten Langschäftern. Harmlos. Bloß, um mal kurz von dem Einzelhändler Bruno Jordan zu hören, ob der von den »Handgreiflichkeiten zwischen politischen Gegnern«, die jüngst auf der Küstriner Straße vorgefallen und bis in die Spalten des »General-Anzeigers« gedrungen sind, irgendeine Notiz genommen hat. Die Antwort lautet schlicht: Nein. Denn besagte Vorfälle – in deren Verlauf auch ein Schuß fiel – hatten bekanntlich in den späten Abendstunden stattgehabt, zu einer Zeit also, da er, Bruno Jordan, längst friedlich in seinem Bett am Sonnenplatz schlief. – So. Woher wußte er dann die Sache mit dem Schuß? – der Schuß? Ja hatte der nicht überhaupt in der Zeitung gestanden? – Das würde den Standartenführer aber wundern. – Hier irrte sich Arndt, oder, wahrscheinlicher, er bluffte. Der Schuß stand tatsächlich in der Zeitung. Unglaublicherweise, von heute aus gesehen, ebenso wie die Eröffnung des ersten Konzentrationslagers, oder die Rede, die der Standartenführer kurze Zeit später im Lokal »Weinberg« halten wird, oder die Annonce, die er kurze Zeit vorher, zur Zeit der Boykottierung der jüdischen Geschäfte, gewiß nicht auf eigene Kosten hatte einrücken lassen: Achtung HAVA! Das Kaufverbot bei der HAVA ist nicht aufgehoben, weil es sich nachweisbar um eine jüdische Schiebung handelt. Der Führer der Standarte 48. Rudi Arndt. Standartenführer.

Fürchterlich gute Gewissen.

Bruno Jordan hat gewußt, wer da in seinem Laden stand. Er wußte: Der Mann hat mich auf dem Kieker. Zu Rudi Arndt war ein bedauerliches Gerücht gedrungen: Frauen bestimmter Kommunisten würden bei Jordan unbegrenzt anschreiben lassen können. – Das war nun das erste, was Bruno Jordan hörte. Anschreiben lassen sie ja alle, Herr Standartenführer, und besonders natürlich die Arbeitslosen. Aber unbegrenzt? Welcher Geschäftsmann kann sich das leisten? Und woher sollte er wissen, welchen Parteien seine Kundschaft angehörte? Allerdings hatte er sein Anschreibebuch gerade nicht parat.

Auf diesem Anschreibebuch bestand der Standartenführer nicht. Er hatte Einblick in Listen, die ihm bei Liquidierung der Kommunistenlokalitäten rein zufällig in die Hände gefallen waren. Wußte der Volksgenosse Jordan eigentlich, wieviel er in den letzten Jahren für die sogenannte Rote Hilfe gespendet hatte? Nein? Nun, er, Arndt, konnte es ihm sagen, auf Heller und Pfennig. Beschiß ist nicht bei uns.

Einen Stuhl hat es in Bruno Jordans Laden nie gegeben. Setzen konnte man sich nicht, wenn einem die Knie weich wurden. Man konnte nur – wie ein hypnotisiertes Kaninchen, kann ich dir sagen – in die scharfen Pupillen hinter dem Kneifer starren. Man mußte noch froh sein, wenn, nach angemessener Pause, ein Angebot kam. Also schönchen. Man muß nicht alles und jedes gleich an die große Glocke hängen. Auch ein Standartenführer kann vergessen – Zahlen, Listen, alles mögliche. Unter gewissen Bedingungen. Ein halber Sack Mehl, ein halber Sack Zucker für das Kreistreffen der SA übernächsten Sonntag in Vietz. Das ist kulant gedacht und zeitgemäß gehandelt. Was nicht heißen sollte, daß er ein paar zusätzliche Schachteln Zigaretten mit Abscheu von sich weisen würde. Und daß der Volksgenosse Jordan nicht in Zukunft etwas sorgfältiger auf die exakte Durchführung des Deutschen Grußes in seinem Geschäft achten müsse.

Auch kein Fragesatz, nebenbei bemerkt.

Mein lieber Freund und Kupferstecher, das waren dir Heinis! Aussage von Bruno Jordan, vierzehn Jahre nach jenem persönlichen Eintritt des Viehs, des Monstrums in seinen Laden und in sein Leben. Einziger Zuhörer: seine gottlob erwachsene Tochter Nelly, die mit dem Deutschen Gruß aufgewachsen ist und es zwei Jahre zuvor mühsam hat lernen müssen, »Guten Tag« und »Auf Wiedersehn« zu sagen. Daß dein Gruß ein deutscher sei, grüße stets mit Hitler Heil. Die mangelhafte Form des Verses hat sie gestört, nicht sein Inhalt. Vielleicht hat sie, da sie sich doch auf Gelegenheitsdichtung verstand, sogar versucht, einen besseren Reim zu finden. Dies erzählte sie ihrem Vater nicht. Sie hält ihren Beitrag zu der Frage zurück, ob man nicht doch aus jedem Menschen ein Vieh machen kann. Man muß ihn bloß genug zwiebeln. Angst ist nämlich ... Also Angst ist, weißt du ... Nelly ist wohl ein bißchen unnahbar geworden. Ein bißchen verschlossen. Denkt wohl zuviel, man weiß nicht recht, was. Charlotte Jordan, die die Schublade kannte, in der die Tochter ihr Tagebuch verwahrte, mochte besser informiert sein. Doch was sie da zu lesen kriegte, besprach sie wohl kaum mit ihrem Mann.

Das Wort »Konzentrationslager« hat Nelly – in der volkstümlichen Variante als »Konzertlager« – mit sieben Jahren gehört, ob zum erstenmal, muß ungeklärt bleiben. Der Mann der Kundin Gutschmitt war aus dem Konzertlager entlassen worden und sprach mit keinem Menschen ein Wort. Warum nicht? Wird wohl was haben unterschreiben müssen. (So Heinersdorf-Großvater.) Was denn unterschreiben? – Ach Kind.

Was weiß denn ich.

Auch kein Fragesatz. Kein Satz, der eine Frage zuließ. Doch eh du dich auf die Vorgeschichte der unterbliebenen, unterbundenen Fragen einläßt – aussichtsloses Unterfangen –, beendest du endlich jene angefangene Szene, ob du scharf darauf bist oder nicht. Immer noch stehen die Eltern an Nellys Bett, um sie an einem freudigen Ereignis teilhaben zu lassen. Nelly blickt direkt in ihre Gesichter, die, das sei wiederholt, »leuchteten«.

Die blaue Schirmmütze würde der Vater sonst im Kinderzimmer nicht tragen, extra für Nelly hat er sie aufgesetzt. So sehr unterschied sie sich ja nicht von der Vereinsmütze seines Ruderclubs »Schnelle Riege«, doch konnte man sie mit einem Lederriemchen unter dem Kinn befestigen. Das führt der Vater vor. (Im »General-Anzeiger« ist nachzulesen, wann sämtliche Sportvereine der Stadt in die entsprechenden Gliederungen der NSDAP übernommen wurden. Der deutschen Vereinsmeierei einen tödlichen Stoß!)

Soweit wie üblich. Wer aber hat mit freudiger Stimme zu Nelly gesagt: Siehst du! Jetzt ist dein Vater auch dabei. Oder: Siehst du, jetzt gehören wir auch dazu.

Immer unter der Voraussetzung, daß es sich nicht um eine folgenschwere Fehlleistung der Erinnerung handelt, muß diese Mützenvorstellung und die überströmende – auf Nelly überströmende – Freude der Eltern sich aus folgenden Bestandteilen zusammengesetzt haben: Erleichterung (der unvermeidliche Schritt ist getan, ohne daß man ihn selber hat tun müssen): gutes Gewissen (die Mitgliedschaft in jener vergleichsweise harmlosen Organisation – »Marinesturm« – hätte man folgenlos nicht ablehnen können; welche Folgen? Zu genau gefragt); Übereinstimmungsglück (es ist nicht jedermanns Sache, draußen zu stehen, und Bruno Jordan, wenn er zu wählen hatte zwischen einem diffusen Unbehagen in der Magengegend und dem vieltausendstimmigen Geschrei aus dem Radio, dann wählte er, als geselliger Mensch, für die Tausende und gegen sich).

Nelly aber lernt so das zusammengesetzte Gefühl der Dankbarkeit kennen – ähnlich demjenigen, das sie abends überkommt, wenn die Mutter an ihrem Bett singt: »Guten Abend, gute Nacht, mit Rosen bedacht, mit Näglein besteckt ...« Ob es sich um wahrhaftige kleine Nägel handeln konnte, fragte sie lieber nicht.

Ein und dasselbe Gefühl – Dankbarkeit – kann also unterschiedlichsten Anlässen gelten. Späte Einsicht in die innere Ökonomie der Gefühle.

Jetzt aber der angekündigte Versammlungsbericht aus dem »General-Anzeiger«, den der mit A. B. zeichnende Lokalreporter am 2. Juni 33 in das Blatt hat einrücken lassen. Das hat also – am Vorabend – der Standartenführer Rudi Arndt in aller Öffentlichkeit erklärt, daß der Versicherungsangestellte Benno Weißkirch nicht an den Mißhandlungen durch Männer seines SA-Sturmes, sondern an den Folgen eines Herzversagens gestorben ist. An einem bißchen Prügel ist noch kein Mensch gestorben (wörtliches Zitat). Der Weißkirch, der sein blutschänderisches Verhältnis mit einer Jüdin nicht hat abbrechen wollen, hat sich dem Volkszorn durch Flucht in Richtung Bürgerwiesen zu entziehen gesucht, ohne auf sein bekanntermaßen schwaches Herz Rücksicht zu nehmen. Das nationalsozialistische Gewissen des Standartenführers ist mehr als rein.

Nelly hat im Jahr 1935 lesen gelernt und sich frühestens seit 39/40 für Zeitungen interessiert. Im vorigen Jahr, 1971, im kühlen Sonderleseraum der Staatsbibliothek Berlin, sind Annoncen wie die folgenden dir zum erstenmal unter die Augen gekommen. Auf diese Feststellung wird Wert gelegt, ehe hier Texte erscheinen, die sich niemand ausdenken würde.

Die Losung »Gemeinnutz geht vor Eigennutz« ist bereits populär, da beginnt am 1. April 1933 der Boykott der jüdischen Geschäfte und freien Berufe. In L. – heute polnisch G. – kommen 9 Ärzte (1 Tierarzt) und 9 Rechtsanwälte für diesen Boykott in Frage, dazu eine höhere, nicht genannte Zahl von Geschäftsleuten. Während vor ihren Türen Doppelposten der SA aufziehen und Klienten wie Kunden am Betreten der Wartezimmer und Ladenräume hindern (obwohl ja die betroffenen Lokalitäten in jenen Tagen von ihren Besitzern schon freiwillig geschlossen werden), sitzen andere Bürger von Nellys Heimatstadt zu Hause an ihren Küchen-, Eß- und Schreibtischen und entwerfen Annoncen, die sie tags darauf dem »General-Anzeiger« übergeben.

Sie teilen einander mit, daß sie – und ihre Väter – von Geburt an preußische Staatsbürger waren und daß sie niemals Mitglieder des Soldatenrats gewesen sind. Johannes Mathes, Friedrichstraße. Sie erklären ihr Tuchgeschäft für ein rein christliches Unternehmen. Sie tun sich als christliche Schuhhändler zusammen: »Zur Aufklärung! Schuhhaus Conrad Tack ist trotz rosaroten, nach innen gekehrten Firmeneinschlagpapiers kein christliches Unternehmen. Nur die ganz feinen Leute tragen so markierte Schuhkartons auf den Straßen. Wir bitten, darauf besonders achten zu wollen. Die christlichen Schuhhändler von L.« – Der eine der beiden Tanzlehrer der Stadt bestätigt dem anderen öffentlich, daß er bewährter Kriegsflieger und aus deutscher und erster Tanzlehrerfamilie sei. Er selbst ist Oberleutnant d. R. a. D. i. Feldart. Regt. 54.

Der Kreisleiter der NSDAP persönlich teilt mit: »Die gegen Herrn Rechtsanwalt und Notar Dr. Kurt Meyer in L., Friedeberger Straße 2, am Sonnabend von der SA eingeleitete Boykottierung beruht auf einem Irrtum und ist zurückgenommen.«

Was sonst noch passierte: Der Jude Landsheim hat sich über die SA-Standarte 48 beschwert. – 28. April 33: Schaffung eines Geheimen Staatspolizeiamtes. – Bomben über L.: eine Flugveranstaltung der SA-Fliegerstaffel.

Die Fenster auf, der Lenz ist da, per Auto wird die Ferne nah!

Als die Bibliothekarin an deinen Platz trat, um dir einen Bleistift zu borgen, legtest du schnell ein weißes Blatt über die Annoncenseite. Sie wunderte sich, daß dir warm war, wo sie selbst doch auch im Sommer eine Strickjacke überziehen mußte in diesen dickmaurigen Räumen. Einmal springst du auf, gibst den Zeitungsband zur Aufbewahrung, läufst lange durch die Straßen, Unter den Linden, Friedrichstraße, Oranienburger Tor, und starrst den Leuten in die Gesichter, ohne Ergebnis. Zurückverwiesen auf die Wandlungen des eigenen Gesichts.

Jetzt: Ein Vorgriff auf das Thema: »Gläubigkeit«.

Den Führer hat Nelly niemals zu Gesicht gekriegt. Einmal wurde der Laden – das war am Sonnenplatz, Nelly ging noch nicht zur Schule – vormittags geschlossen. Der Führer wollte dem Gau »Ostmark« seinen Besuch abstatten. Alle Leute liefen zur Friedrichstraße, unter die großen Linden bei der Endhaltestelle der Straßenbahn, die selbstverständlich stillag, weil der Führer bedeutender war als die Straßenbahn. Wichtig wäre zu wissen, woher die fünfjährige Nelly nicht nur wußte, sondern fühlte, was der Führer war. Der Führer war ein süßer Druck in der Magengegend und ein süßer Klumpen in der Kehle, die sie freiräuspern mußte, um mit allen laut nach ihm, dem Führer, zu rufen, wie es ein patrouillierender Lautsprecherwagen dringlich forderte. Derselbe Wagen, der auch bekanntgab, in welchem Ort das Auto des Führers soeben unter den Begeisterungsstürmen der unaussprechlich glücklichen Bevölkerung eingetroffen war. Die Leute konnten verfolgen, wie langsam der Führer vorwärts kam, sie kauften Bier und Limonade beim Eckkneipenwirt, schrien, sangen und fügten sich den Anordnungen der absperrenden Polizei- und SA-Kette. Sie blieben geduldig stehen. Nelly hat weder verstanden noch behalten, was sie miteinander redeten, aber die Melodie des mächtigen Chores hat sie in sich aufgenommen, der sich durch viele kleine Schreie hineinsteigerte zu dem ungeheuren Schrei, in den er endlich ausbrechen, zu dem er sich mächtig vereinigen wollte. Wenn sie auch zugleich ein wenig Angst davor hatte, verlangte es sie doch sehr danach, diesen Schrei zu hören, auch von sich selbst. Wollte wissen, wie man schreien und wie man sich mit allen eins fühlen konnte, wenn man den Führer sah.

Er kam dann nicht, weil andere Volksgenossen in anderen Städten und Dörfern gar zu begeistert von ihm gewesen waren. Es war jammerschade, und doch hatten sie nicht umsonst den Vormittag lang da an der Straße gestanden. Um wie vieles schöner und besser war es doch, mit allen zusammen erregt an der Straße zu stehen, als allein im Laden Mehl und Zucker abzuwiegen oder den ewig gleichen Staublappen über den Geranien auszuschütteln. Sie fühlten sich nicht betrogen, als sie sich zerstreuten und zu ihren Häusern liefen über das damals unbebaute Gelände, auf dem heute die neuen Blocks stehen und polnische Frauen sich von einem Balkon zum anderen etwas zurufen, was leider nur versteht, wer Polnisch kann.

Aber das kannst du nicht, und darum wirst du auch nicht erfahren, welche Bestimmung dem nagelneuen Gebäude aus Beton und Glas zugedacht ist, das heute an Stelle des Fröhlichschen Hauses in der Küstriner Straße steht. Von Lang- und Kurzzeitgedächtnis ist noch nicht die Rede gewesen. Wie das jetzt seit siebenundzwanzig Jahren zerstörte Fröhlichsche Haus ausgesehen hat, weißt du doch genau. Du kämest in Verlegenheit, solltest du den neuen Betonbau beschreiben, den du doch erst vor kurzem eingehend betrachtet hast.

Wie funktioniert das Gedächtnis? Unser Wissen – unvollständig und in sich widersprüchlich – besteht darauf, daß ein Grundmechanismus nach dem System Einlesen – Speichern – Abrufen arbeite. Ferner soll die erste, leicht löschbare Spur durch bioelektrische Vorgänge zwischen den Zellen aufgezeichnet werden, während die Speicherung, die Übernahme in das Langzeitgedächtnis, wohl eine Angelegenheit der Chemie ist: Gedächtnismoleküle, im Dauerspeicher fixiert . . .

Übrigens soll nach neueren Erkenntnissen dieser Vorgang nachts stattfinden. Im Traum.

Erich Arendt *Im Museum*

Hautlos ins Unfaßbar
zurück . . .

die Helme nur
dicht bei dicht,
hohl-
äugendes Spähen,
sie weisen
die Mordlust Geschichte,
ganz.

Futurhin
Aberglück
verheißend ihr
weitausschreitender
Engel.
Rückgewandten Blicks
er sah
Trümmer allein.

Was, wenn
der Blutgehärtete
die Schlucht
nicht gedeckt
mit seinem geschienten
Tod?

Stephan Hermlin *Erich M.*

Erich M. war der jüngste Sohn einer Arbeiterfamilie, in deren Wohnküche ich so oft wie möglich saß. Ich verbrachte damals viel Zeit in Berliner Wohnküchen, ich begegnete neuen Menschen, die mich einschüchterten, obwohl sie nicht unfreundlich waren; sie waren für mich voller Geheimnisse, wenn sie auch nur von alltäglichen Dingen sprachen. Erichs Vater hatte bei Spartakus gekämpft, er sprach selten, sah erschöpft aus und hatte es, wie Erich sagte, auf der Lunge. Die beiden Brüder Erichs arbeiteten als Spezialisten in der Sowjetunion, bei Elektrosawod. Es war die Epoche des ersten Fünfjahresplans, ich betrachtete mit stummer Begeisterung in illustrierten Zeitschriften die Bilder der neuen Städte, die Le Corbusier und Ernst May bauten; jede Woche las ich die von Karl Radek geleitete, auf schlechtem Papier gedruckte, doch in gutem Deutsch geschriebene »Moskauer Rundschau«. Wenn Erichs Brüder gelegentlich einen Urlaub in Berlin verbrachten, beredete ich sie, meine Gruppe zu besuchen. Wie schön waren diese Abende, auf die man sich schon lange vorher freute, die man kaum erwarten konnte, wo jeder jeden freudig begrüßte. Fast alle meine Kameraden waren junge Arbeitslose, viele der Jungen und Mädchen waren aus der Berufsschule zum Arbeitsamt gekommen, das sie nicht mehr loswurden, vor dem sie herumlungerten, das ihnen keine Stelle vermitteln konnte.

Ich war eine Weile ein Außenseiter gewesen; die Blicke, die mich trafen, waren mißtrauisch oder ironisch. Dann hatte ich mich bewährt, es war die Zeit eines latenten Bürgerkriegs, und ich war SA-Leuten und Polizisten nicht aus dem Wege gegangen. Es waren übrigens nicht Straßen- und Saalschlachten, die ich fürchtete. Viel mehr beunruhigte mich die sogenannte Haus- und Hofagitation, das Klingeln an fremden Türen, die Notwendigkeit, mit Leuten, die man nie zuvor gesehen hatte, ein Gespräch zu beginnen. Ich hatte gegen die Angst, die mir solche Begegnungen verursachten, anzukämpfen und zwang sie mühselig nieder, doch erwachte sie stets von neuem. Meine Freunde wußten nichts davon. Sie hatten mich beobachtet und behandelten mich nun als einen der Ihren. Wenn Erichs Brüder zu uns kamen, kannte unsere begeisterte Neugier keine Grenzen. Wir wurden nicht müde, ihnen Fragen zu stellen. Sie berichteten vom Moskauer Alltag, von ungeheuren Arbeitsleistungen, von Not und Entbehrungen, ohne Furcht, Mängel beim Namen zu nennen. Sie erläuterten Zahlen: ihre Pläne und Gegenpläne, ihre Lebensmittelrationen. Not und Hunger vermochten nicht, die Sowjetunion in unseren Augen herabzusetzen; sie waren das Erbe der Vergangenheit, einer korrupten Gesellschaft, von Krieg und aufgezwungenem Bürgerkrieg. Auch bei uns gab es jetzt Hunger. Er war das Ergebnis der Völlerei der Wenigen. Dort bereitete ein Land, das keine Arbeitslosen kannte, den Überfluß für alle vor. Es gab dort Wohnungsnot, aber schon waren jene Städte im Bau, die ich in meinen Träumen und später in einem Gedicht die weißen Städte nannte, weil ich sie weiß und vollkommen auf den Fotografien in »UDSSR im Bau« und in der »Arbeiter-Illustrierten« sah; bei uns gab es genug Wohnungen, aber täglich wurden Hunderte exmittiert, weil sie die Mieten nicht mehr bezahlen konnten. Wir lachten über die Berichte von der russischen Not in den bürgerlichen Zeitungen; es war ein freies Lachen, denn wir wußten, daß es da drüben schnell aufwärts gehen würde, während bei uns der Kapitalismus am Ende war.

Es war Anfang Februar, nur wenige Tage nach der Machtergreifung Hitlers, als ich, durch eine Nebenstraße der Kaiserallee gehend, Trommeln und Gesang hörte. Ich blieb stehen und erblickte nach wenigen Sekunden ein Fähnlein Hitlerjugend, das singend in meine Straße einschwenkte. In dem zweifelhaften Deutsch mancher Soldatenlieder hieß es da:

Daß das Vaterland nicht untergeh',
Drum starben stürmend sie bei La Bassée.

Das Lied hatte ich nie zuvor gehört. Melodie und Text blieben mir fest im Gedächtnis, wenn auch Jahr um Jahr verging, und ebenso das rasche Schwenken der linken Flügelmänner um die Ecke, und der Flügelmann in der zweiten Reihe, laut singend, im braunen Hemd und die braune Mütze auf dem Kopf, war mein Freund Erich M. Er sah mich und wurde blutrot, und gleichzeitig fühlte ich, daß ich erblaßte. Er sah gerade vor sich hin. Nur ein paar Stunden oder Tage hatten genügt, ihn so zu verwandeln. Ich war siebzehn Jahre alt und begriff es nicht, aber ich lernte es begreifen, als er schon lange an mir vorbeigezogen war. Er war der erste, zahllose sah ich folgen. Unbezähmbar ist der Drang, bei den Stärkeren zu sein.

ALFRED ANDERSCH *Rex Himmler*

Der Rex setzte sich nicht wieder hin. Er verließ seinen erhöhten Platz hinter dem Pult, stand eine Weile mit dem Klasslehrer Kandlbinder zusammen, die beiden Männer unterhielten sich flüsternd, die Klasse wurde unruhig, weil die Spannung vorbei war, und der Rex ließ sie gewähren, doch trat sofort wieder Stille ein, als er begann, zwischen den Bankreihen hin und her zu gehen, ein beleibter Mann in einem hellgrauen Anzug aus dünnem Stoff, dessen Jacke aufgeknöpft war, das weiße Hemd wölbte sich über seinem Bauch, noch immer glänzte die blaue Krawatte, tadellos geschlungen und gelegt, und hinter der Brille mit dem dünnen Goldrand blickten die blauen Augen wieder liebenswürdig, ja gütig, die Roßkastanie auf dem Schulhof filterte das Licht eines schönen Maitags auf die geschlossenen Fensterscheiben des Klassenzimmers, München leuchtete, der Rex leuchtete, und doch dachten alle, was Franz dachte: jetzt sucht er sich ein neues Opfer aus. Er überläßt es nicht mehr dem Kandlbinder, die Schüler aufzurufen, Mensch, dachte Franz jäh, da kann es ja auch mich erwischen, er erschrak bei der Vorstellung, der alte Himmler könne ausgerechnet ihn nach vorne holen, an die Tafel, um ihn in Griechisch zu prüfen.

Schon seit einer Weile dachte er *der alte Himmler,* nicht mehr *der Rex,* weil ihm, sogleich als der Schüler Greiff dem hohen Tier einen Namen gegeben hatte, – so, wie man einen Hund ja nicht *Hund* ruft, sondern *Hektor* oder *Buzi* –, eingefallen war, wie ihn sein Vater, als er ins Gymnasium eintrat, vor dem Oberhaupt der Schule gewarnt hatte.

»Oberstudiendirektor im Wittelsbacher ist der alte Himmler«, hatte er gesagt. »Vor dem nimm dich in Acht! Du wirst ja, besonders in den Unterklassen, kaum mit ihm zu tun haben, aber wenn, dann hüte dich, bei ihm unangenehm aufzufallen! Der Mann ist gefährlich!«

Das war nun schon gut drei Jahre her, und inzwischen hatte sich der Titel vor den Namen geschoben, der Rex war eben für die ganze Schule der Rex, nichts weiter. Übrigens hatte sein Vater ihm nie erklärt, warum er den *Mann* für gefährlich hielt. Franz hatte sich aber darüber gewundert, daß er ihn den *alten Himmler* nannte; der Rex war doch höchstens ein paar Jahre älter als Vater! Ehe er ihn deswegen befragen konnte, hatte er aber schon eine Antwort bekommen, vermittels eines Vergleichs, indem sein Vater nämlich einen *jungen Himmler* erwähnte, der des Oberstudiendirektors Sohn war.

»Der junge Himmler ist schwer in Ordnung«, hatte sein Vater erzählt. »Ein ausgezeichneter junger Mann, ein Hitler-Anhänger, aber nicht einseitig, er kommt auch immer zu uns Ludendorff-Leuten und in die ›Reichskriegsflagge‹, von den jungen Kameraden, die bei uns aus- und eingehen, ist er der Gescheiteste und Zuverlässigste, ruhig, aber eisern entschlossen, Jahrgang 1900, deswegen konnte er nicht mehr Frontsoldat werden, aber ich glaube, im Graben hätte er bestimmt seinen Mann gestanden, so einen wie ihn hätte ich gern in meiner Kompanie gehabt, er ist mit seinem Vater tödlich verfeindet, der alte Himmler ist nämlich Bayerische Volkspartei, schwarz bis in die Knochen, hält sich zwar für einen nationalen Mann, aber im Krieg war er ein Etappenhengst, und er ist nichteinmal Antisemit, er findet nichts dabei, mit Juden zu verkehren, das muß man sich einmal vorstellen, mit Juden!, deswegen hat sein Sohn die Beziehungen mit ihm abgebrochen, der junge Himmler würde sich niemals mit Juden, Jesuiten und Freimaurern an einen Tisch setzen.«

»Der alte Himmler ist ein Karriere-Macher«, fügte er hinzu. »Hüte dich im Leben vor den Karriere-Machern, mein Sohn!« sagte er feierlich. »Er geht jeden Sonntag zum Hochamt in die Michaelis-Kirche in der Kaufingerstraße. Dort kannst du sie alle beisammen sehen, die in München zur Crème gehören wollen.«

Der Rex, wie er so zwischen den Bankreihen umherging, sah

nicht aus wie einer, der irgendwann einmal ein Verwundeten-Abzeichen erhalten hätte. Gesund sieht er aus, dachte Franz, dick und gesund, auch wenn er keiner von den lustigen Dicken ist, er sieht nicht leidend aus wie Vater, dabei muß er nicht, wie ich gedacht habe, nur ein paar Jahre, sondern mindestens zehn Jahre älter sein als Vater, sechzig wahrscheinlich, wenn er einen Sohn hat, der doppelt so alt ist wie ich und der schon in der Politik mitmacht, jedenfalls sieht der alte Himmler gut erhalten aus, nur aus der Nähe sieht man, daß sein Gesicht nicht faltenlos ist, sondern aus tausend winzigen Fältchen besteht, aber seine Haut wirkt trotzdem glatt, so hell gerötet, wie sie ist, hell fleischrot unter den glatten weißen Haaren, alles an ihm ist hell, glatt, scheißfreundlich und so pieksauber wie sein weißes Hemd, aber ich mag ihn nicht; mein kranker Vater, der nicht mehr so stolz aussieht, wie er früher ausgesehen hat, ist mir lieber, sogar dann, wenn er einen seiner Jähzornausbrüche hat und herumschreit, weil ich in Mathe wieder eine Fünf geschrieben habe, dabei kann ich doch gar nichts dafür, daß ich in Mathe schlecht bin, und der blasse langweilige Kandlbinder ist mir immer noch lieber als dieser ungemütliche Bonze, nicht für viel Geld möchte ich dem sein Sohn sein, ich kann verstehen, daß sein Sohn mit ihm Krach bekommen hat und ihm davongelaufen ist, wenn er sich immer solche Sprüche hat anhören müssen wie den vom Sokrates –, daß eine Schallplatte mit der Stimme vom Sokrates das Größte wäre, was sich denken läßt. Und wie der Sokrates den Schierlingssaft runtergurgelt – würde der alte Himmler dabei auch zuhören können? Franz traute es ihm glatt zu. Oder Christus am Kreuz, die letzten Worte, – Franz' Phantasie geriet ins immer Ausschweifendere –, das wär's doch, was der Herr Oberstudiendirektor, der ja schwarz bis in die Knochen war, wie Vater behauptete, sich immer wieder auf dem Grammophon vorspielen würde, angenommen, sie hätten damals, auf dem Ölberg, schon dieses ›Vater, Vater, warum hast du mich verlassen?‹ aufnehmen können.

Andererseits war der Rex ein Mann, der mit dem Zeigefinger kategorisch auf die griechische Grammatik weisen und erklären konnte: »Glaubt bloß nicht alles, was da drin steht!« Sokrates verehren und die Grammatik anzweifeln – wie brachte er in seinem Kopf denn das zusammen? Entweder hat er einen größeren Gehirnkasten als die übrigen Lehrer, Kandlbinder zum Beispiel, oder er war ganz einfach ein bißchen plemm-plemm.

Er kam jetzt den Gang entlang, an dessen Innenseite Franz Kien saß, und blieb neben ihm stehen. Franz wagte nicht, zu ihm aufzublicken, er hielt den Kopf gesenkt, nahm nur den mit dem weißen Hemd bespannten Bauch neben sich wahr, und eine Hand, auf der weiße – oder waren es blonde? – Härchen über ein paar braunen Altersflecken schimmerten, der Rex trug einen breiten goldenen Ehering an dem Ringfinger seiner rechten Hand, alle diese Beobachtungen stellte Franz nur an, in der verzweifelten Hoffnung, der Rex möge es vielleicht doch nicht auf ihn abgesehen haben, obwohl er doch bei seinem Pirschgang neben Franz innegehalten hatte, ein Jäger, der ein Knacken im Unterholz gehört hat.

Und wirklich schien das Stoßgebet, das sich in Franz' starrem Wegblicken von dem Gesicht des Rex ausdrückte, etwas genützt zu haben, denn der Rex wandte sich nicht an Franz, sondern an den neben Franz sitzenden Hugo Aletter, aber nicht, um ihn zur Prüfung aufzurufen, sondern nur, um mit der Hand, an welcher der goldene Ehering glänzte, an Franz' Gesicht vorbei, auf Hugo zu weisen.

»Nimm sofort das Abzeichen von deiner Jacke!« sagte er scharf.

Hugo hatte sich vor ein paar Wochen aus dünnem vergoldetem Blech ein Hakenkreuz zurechtgeschnitten, es war ihm gut gelungen, und er trug es mit Stolz auf dem Revers seiner Jacke. Viel hatte es nicht zu bedeuten, wie Franz wußte, Hugo trug es nur, weil ihm das Zeichen gefiel und weil seine Eltern, die deutschnational waren, wie fast alle Eltern der Gymnasiasten, nichts dabei fanden. Ja, wenn er sich das richtige Parteiabzeichen der Hitler-Leute verschafft hätte, ein rundes Ding aus Emaille, hätten sie es ihm weggenommen, das wäre ihnen doch zu weit gegangen, auch nicht passend erschienen für sein Alter, aber so eine kleine Bastelei ließen sie ihm, sie war bloß ein Symbol, eine Buben-Spielerei.

Franz sah – erleichtert, weil die Aufmerksamkeit des Rex also nicht ihm galt –, zu Hugo hinüber, er beobachtete, wie sich Hugos blasses pickeliges Gesicht verfärbte und wie er hastig, beflissen das Hakenkreuz von dem Stoff nestelte und es in die Jackentasche steckte.

Der Rex ließ den Arm sinken. Er wandte sich an den Klasslehrer, der von seinem Platz vorne an der Tafel offenbar nicht loskam. Er steht da wie festgepappt, dachte Franz.

»Es ist Ihnen doch bekannt, Herr Kandlbinder«, sagte er, »daß ich an meiner Schule keine politischen Abzeichen wünsche.«

Er hatte alle gemachte Höflichkeit abgelegt, redete den Studienrat nicht mehr mit ›Herr Doktor‹ an.

»Ich habe die Schüler immer wieder darauf hingewiesen«, erwiderte Kandlbinder.

»Tz, tz, tz!« Der Rex fand endlich wieder Gelegenheit, seinen berühmten, jegliches weitere Gespräch ausschließenden Schnalzlaut anzubringen, der immer wie ein Peitschenknallen klang. »Dann werde ich es also am Schwarzen Brett nocheinmal bekanntmachen. Daß man immer alles wiederholen muß! – Keine politischen Abzeichen!« rief er aus, jetzt wieder über die Köpfe der Schüler hin. »Möglichst überhaupt keine Abzeichen! Laßt euch das gesagt sein!«

Es klang glaubhaft. Er meinte also nicht nur Hugos Hakenkreuz, wenn er das Tragen von politischen Abzeichen, von Abzeichen überhaupt, verbot. Obwohl ihn das Hakenkreuz sicher besonders ärgert, dachte Franz, weil er ihm die Schuld daran gibt, daß er mit seinem Sohn verfeindet ist, tödlich verfeindet sogar, wie Vater sagte. Sie verkehrten nicht mehr miteinander, der alte und der junge Himmler. Allerdings bezweifelte Franz, daß der Sohn des Rex nur deswegen von Zuhause weggelaufen war, weil er ein Hakenkreuzler geworden war. Vielleicht war er ein Hakenkreuzler geworden, weil ihm der Alte so auf den Kasten ging, daß er es bei ihm nicht mehr aushielt.

Peter Härtling *Die Fragenden*

In Buchenwald wurden die drei jungen Männer vor eine Landkarte geführt, auf der alle Konzentrationslager mit ihren »Nebenstellen« aufgeführt waren. Verblüfft fanden sie auch den Namen ihrer Heimatgemeinde, W. Davon wußten sie nichts, hatten sie nie etwas gehört. Heimgekehrt, erkundigten sie sich zaghaft auf dem Magistrat, ob es in W. oder in dessen Umgebung während der Hitlerzeit ein Lager gegeben habe. Dies könne nicht sein. Nein. Davon müßte man wissen. Da die drei Jungen Kommunisten waren, hielt man sich eher noch mehr zurück.

Sie blieben hartnäckig, fragten weiter, vor allem die älteren Bürger der Stadt. Niemand konnte sich erinnern. Schweigen oder Unwillen waren die Antworten, die sie bekamen. Da sie in ihrer Stadt wohl nichts erfahren würden und das Schweigen sie schmerzte, wendeten sie sich an Archive, auch im Ausland. Sie bekamen rascher Auskunft, als sie erwartet hatten.

Sie lasen, daß ein Konzentrationslager in einem der Stadt nahen Waldstück bestanden habe. Daß in diesem Lager 1600 ungarische Jüdinnen gefangen gehalten worden seien. Daß diese Frauen für eine Firma auf dem Flughafen hätten arbeiten müssen. Sie erfuhren auch, daß mindestens sechs Frauen von der Wachmannschaft zu Tode gequält worden seien. Als sie dies alles wußten, vor sich liegen hatten, schwarz auf weiß, als die Vergangenheit ihrer Eltern sichtbar wurde in Dokumenten, von Mörderhänden abgegriffenen Papieren, als die Stadt zu flüstern begann, noch nicht mehr, fingen die jungen Männer im Wald an zu graben. Sie stießen bald auf die Fundamente der gesprengten Baracken, fanden Helme, Werkzeuge. Jeden Abend saßen sie zusammen, schrieben auf, sammelten, zeichneten den Grundriß des Lagers.

Plötzlich begannen einige Bürger doch zu sprechen. Das Schweigen redete: Warum sie an diese alten Geschichten rührten. Das gehe sie nichts an. Sie sollten die Hände davon lassen. Sie beschmutzten mit dieser Wühlerei das Ansehen ihrer Gemeinde. Das Waldstück gehöre gar nicht zu W., sondern zu Z. Aber sie hörten auch, es habe vor einigen Jahren eine alte Frau nach dem Lager gefragt, nach einer Gedenkstätte, an der sie Blumen niederlegen wolle. Sie erhielten, nachdem ihre Suche bekannt geworden war, Briefe aus allen Himmelsrichtungen. Aus Israel meldeten sich Überlebende. Die jungen Männer sparten und fuhren hin, um die Frauen zu befragen. Einer von ihnen berichtete, er habe, weil der Schmerz für ihn so übermächtig geworden sei, das Tonband abstellen müssen. Er ersetzte das Schweigen seiner Väter durch seines.

Sie entdeckten die Gräber der sechs ermordeten Frauen. Nicht auf dem Friedhof in W., sondern auf einem Friedhof in dem dreißig Kilometer entfernten O.

Da sie nun das schreckliche Schweigen begriffen hatten, da sie genau und unerbittlich nacherzählen konnten, was geschehen war, legten sie Wert darauf, daß ein Stein mit einer Inschrift an die verleugnete Stätte erinnere. Wieder wehrten sich die Stimmen. Dann müßten auch die Opfer des Kommunismus. Wenn überhaupt. Warum überhaupt? Ihre Geduld setzte sich durch. Den Stein wird es geben.

Klaus Schlesinger
Ein unglücklicher Vorfall, Anekdote

Im Monat März 1975, dreißig Jahre nach dem Zerfall des deutschen Faschismus, kehrte N . . ., ein Berliner Student, nach der Mode junger Intellektueller nachlässig gekleidet, mit langem Kopf- und Barthaar, von einer Hospitation an der Ostsee mit allen Zeichen psychischer Irritation zurück.

Der Student hatte wegen einer falschgehenden Uhr den Zug versäumt und in A . . . Aufenthalt nehmen müssen, einer Kreisstadt im ehemaligen Vorpommern, die im letzten Krieg zu siebzig Prozent zerstört und von Flüchtlingen aus den früher zum Deutschen Reich gehörenden Gebieten besiedelt worden war.

Zwei Stunden Zeit vor sich, ging der Student in die halbleere, nur von Einheimischen besetzte Bahnhofsgaststätte, um dort zu Mittag zu essen. Schon bei seinem Eintritt zog er die Blicke aller Leute auf sich und wurde Gegenstand ungeniert laut geäußerter spöttischer Bemerkungen, wovon, in Anspielung auf seine Äußerlichkeit, der Vergleich mit Jesus noch die harmloseste war. Den Spott ignorierend, setzte er sich an einen Ecktisch, vertiefte sich in eine Zeitung und hoffte, er werde von den Anwesenden bald vergessen sein – ein Irrtum, wie sich herausstellte, denn schon nach wenigen Minuten trat ein offensichtlich angetrunkener Mann an seinen Tisch und fragte mit unverhohlen gehässigem Tonfall nach den Waschgewohnheiten des Studenten.

Der junge N . . ., der sich nicht herausfordern lassen wollte, gab zur Antwort, daß er sich, was seine Waschgewohnheiten betreffe, in keiner Weise von anderen Menschen unterscheide und bat, man möge ihn in Ruhe sitzen lassen. Daraufhin spuckte der Mann vor ihm aus, und ein anderer rief aus dem Hintergrund des Lokals, wäre er ein Mädchen, er würde sich einem solchen Individuum verweigern.

Die Anwesenden lachten brüllend, und als der immer noch am Tisch stehende Angetrunkene bekannt gab, er wolle nun feststellen, ob der Vollbart des fremden Gastes auch wirklich echt sei, sprang der Student von seinem Stuhl und lief, von höhnischem Gelächter begleitet, aus dem Lokal.

Aufatmend trat er auf den samstäglich stillen und menschenleeren Bahnhofsvorplatz und begann einen Rundgang durch die Stadt. Seine Erleichterung hielt indessen nicht lange an. Schon die nächsten Einwohner, die ihm begegneten, zwei Arbeiter, die ein Sperrgitter mit Farbanstrich versahen, konnten seine Existenz nur mit einem Kopfschütteln zur Kenntnis nehmen. Einige Kinder, die sich auf einer Wiese Bälle zuwarfen, unterbrachen ihr Spiel und zeigten mit Fingern auf ihn. Als er an einem Kiosk Geld wechseln wollte, um in den Besitz von Telefonmünzen zu kommen, schüttelte die Verkäuferin abweisend den Kopf, und wer immer ihm begegnete, maß ihn in einer derart auffälligen Weise mit Blicken, daß diese nur den Charakter einer Bestrafung tragen konnten.

Kaum war der Student fähig, die Auslagen der Läden zu betrachten, so erregt war er über die offen zur Schau getragene Feindseligkeit. Nur an ein Schaufenster erinnerte er sich genau. Es gehörte zum Geschäft des Stadtfotografen und zeigte, neben Porträts, eine größere Zahl Hochzeitsfotos jüngeren Datums, die die Paare in einer Haltung vorstellten, daß dem Betrachter unversehens die Bilder aus dem Fotoalbum seiner Großeltern vor Augen traten.

Fortan mied er die Straßen der Stadt, die sich in einer halben Stunde durchlaufen ließ. Auf einem Wegstein an der Landstraße verbrachte er, rauchend, den Rest der Zeit. Dort stellte er sich die Frage, ob seine Beobachtungen möglicherweise zu stark von jenem Erlebnis in der Bahnhofsgaststätte geprägt worden waren, indem er, aufgrund seines erregten Zustandes, mehr in ihnen gesehen habe, als eine zufällige Häufung uncharakteristischer Ereignisse, oder ob ihn gerade seine Erregung etwas habe sehen lassen, was ihm normalerweise verborgen geblieben wäre.

Eine Antwort bekam er noch in derselben Stunde. Dreißig Minuten vor Abfahrt seines Zuges betrat er den Bahnhofsvorplatz und bemerkte einen älteren Mann, der mit dem Rücken zu ihm stand und sich herumdrehte, als er die Schritte des Studenten hörte. Der Mann, ein Endsechziger von kräftiger Gestalt, musterte den Näherkommenden aus tiefliegenden, vom Trunk geröteten Augen erstaunt, ja, fassungslos, griff mit der Hand an seinen Kopf, als könne er die fremde Erscheinung unmöglich deuten und suche in seiner Erinnerung nach irgendeinem verschütteten Bild, trat dann, wie nach plötzlicher Erleuchtung, einen Schritt vor, richtete seine Hand auf den Studenten und fragte ihn mit lauter Stimme, ob er etwa ein Jude sei?

– Ja, du bist ein Jude! fuhr er, das Schweigen des jungen Mannes, der seinen Schritt beschleunigte, als Zustimmung deutend, fort und fügte, ebenso lautstark, hinzu, er solle nur machen, daß er fortkomme.

– Hau ab! rief er dem Flüchtenden nach. Sind zufrieden, daß wir euch los sind!

THOMAS BRASCH *Der Nazi wischt den Hausflur*

sauber: Droysenstraße 1. Er kriecht übers Linoleum
die Treppen hinauf mit dem Eimer: Zwei Jahre
ss-Standarte Adolf Hitler, sechs Jahre Eisenerz
in Workuta. Jede Stufe einzeln in jede Ritze. Wer
hat denn die Geschichte gemacht. Ich bin verantwortlich,
jawohl, vom Hausbesitzer eingesetzt. Wer
einen Fahrstuhlschlüssel kriegt, bestimme ich. Für
Mindestrente und mietfrei wohnen. Weil
ich mitschuldig war, aber nicht im Staatsdienst. Fragen Sie
doch meine Frau. Die hat sich aufgehängt vor dreißig Jahren
mit gutem Grund. Jetzt sitzt sie unten auf dem Sofa
und säuft: Der eigne Mann ein Hausmeister. Haben
Sie nicht verstanden: Die Schuhe ausziehen. Oder
soll ich nochmal von vorn anfangen.

REINHARD LETTAU
Zwei Gespräche einiger Diktatoren in Miami

Über den Rücktritt als politische Waffe

– Sind Sie im Verlaufe Ihrer Diktatur wirklich keinmal zurückgetreten?

– Nein. Ich habe lediglich ein paarmal mit Rücktritt gedroht. Ich bin nämlich der Meinung, daß in unsern Ländern zu oft zurückgetreten wird. Ich habe von Herren gehört, die während ihrer Diktatur fünfzehnmal zurückgetreten sind.

– Das war ich. Ich bin insgesamt fünfzehnmal zurückgetreten, davon allerdings dreimal direkt hintereinander.

– Und Sie hatten nicht den Eindruck, daß diese politische Waffe allmählich stumpf wird?

– Ganz im Gegenteil. Beim ersten Rücktritt war es noch etwas kitzlig. Der erste Rücktritt ist der schwierigste Rücktritt. Es fehlt an Geschicklichkeit im Erkennen der richtigen Stimmung des Volkes. Gleich nach meiner Verlesung der Rücktrittserklärung war eine unheimliche Stille. Aber dann setzten Protestrufe ein, die aufgebrachte Menschenmenge kam zum Palast. Als ich dann auf den Balkon hinaustrat und, nach einigem Winken, über die weit hinten endlich verebbenden Sprechchöre hinwegrufend, mich dem Volk erneut zur Verfügung stellte, war meine Regierung stärker geworden als vorher, und ich möchte fast sagen, wer den Rücktritt nicht lernt, wird nie ein guter Diktator sein.

– Aber bei Ihrem letzten Rücktritt, da wurden Sie doch beim Wort genommen?

– Allerdings, der Präsident der Republik wurde wortbrüchig und nahm den Rücktritt an. Es gibt auch andere Risiken, z. B. wenn man zu lange zurücktritt und als Trotzkopf erscheint, oder daß die Demonstrationen zu klein sind oder, wie in meinem Fall, zu groß, oder die Nationalgarde Angst kriegt oder ein Schuß sich aus einem Gewehr löst.

– Sind Sie immer mit dem ganzen Kabinett zurückgetreten?

– Aus Höflichkeit ist das Kabinett immer spontan mit zurückgetreten. Natürlich gab es Herren, die zum Rücktritt keine Lust hatten. Einmal bildete eine Gruppe von im Hintergrund sitzenden Kabinettsmitgliedern einen Sprechchor: »Wir wollen aber nicht zurücktreten!‹ Diese betreffende Gruppe habe ich bei der Verlesung der Rücktrittserklärung nicht mit auf die Regierungsbank genommen.

– Ihre Regierung war wohl etwas aufgebläht?

– Bei Ihnen lag wohl der Schwerpunkt auf der Repräsentation?

– Ich selbst habe eine gewisse Anonymität vorgezogen.

Stillschweigen

– Mein Leben war auch eher ein Enigma.

Über die Zensur als anti-elitäre Maßnahme

Vorsitzender, nach einer Mücke schlagend: Mücken, die wahren Faschisten!

– Bei mir gab es eine echte Presse- und Redefreiheit.

– Ich finde es heuchlerisch, Presse- und Redefreiheit anzuordnen, wenn die Bevölkerung weder lesen noch schreiben kann.

– Aber sprechen kann sie doch.

– Ihre Antwort ist elitär. Woher soll die nicht lesende Bevölkerung die Kenntnisse haben, die sie zum Reden braucht? Presse- und Redefreiheit ist doch nur für eine Elite, also abzulehnen. Übrigens bin ich auch dagegen, wenn die ganze Bevölkerung lesen kann. Es ist doch so, daß Zeitungen nur für Menschen geschrieben sind, die, von ihrer Lektüre sich erhebend, sofort etwas unternehmen können gegen das, was sie eben gelesen haben, – oder für Menschen, die dem Leben eigentlich schon entsagt haben, da sie sich offenbar damit abgefunden haben, alles tatenlos über sich ergehen zu lassen, wie im Traum oder im Kino, wo man ja auch nichts tut. ›Was hast du denn heute alles vergessen?‹ pflegte ich meine zeitunglesende Frau zu fragen. ›Ich habe vergessen, was ich vergessen habe, Darling!‹ sagte sie. ›Hat der Papst oder Israel denn gar nichts gemacht? Nirgendwo Unwetter, keine Mondtorkeleien?‹ *wie aus einem Traum auffahrend:* Glückliche Zeiten!

– Bei uns gibt es eine alte Tradition, derzufolge man die ersten fünfzig Monate, die man im Amt ist, nicht kritisiert wird, danach allerdings umso schärfer.

– Bei uns kam die einzige Kritik, die es gab, nur von Irren. Von Gesunden kam keine Kritik.

– Haben die Betreffenden kritisiert, weil sie irr waren, oder waren sie irr, weil sie kritisiert haben? *Stillschweigen*

– Von Dialektik verstehen Sie wohl nichts?

–Bei mir war Zensur, aber es hat keiner gemerkt, da es nicht in der Zeitung stand. Es wäre ja auch keine Nachricht, wenn man in die Zeitung eine Meldung einrücken ließe: ›Heute ist immer noch Zensur!‹ Genausogut könnte man eine Schlagzeile machen wie: ›Heute ist ein Tag!‹

– Im gegenwärtigen Rußland gibt es solche Schlagzeilen. Einmal erblickte ich dort die Schlagzeile: ›In der vorigen Woche wurden zahlreiche Kochtöpfe hergestellt!‹

– Das finde ich aber eine gute Schlagzeile! So etwas vergißt man nicht!

FRITZ RUDOLF FRIES *Der Schlaf eines Diktators*

In Varadero auf der Insel Kuba gibt es ein WC, das Teil eines Museums ist. Es ist das ehemalige Klosett des Diktators Batista. Weiße Kacheln, Wasserspülung, die noch funktioniert, eine Badewanne, weiß, ein Handwaschbecken, ein Spiegel darüber, alles ist rein, geruchlos, steril. Nun ist ein seit Jahren unbenutztes WC ein kurioses Zeugnis menschlicher Erfindungsgabe, fast ein Überbleibsel prähistorischer Zivilisation. Eine zurückgelassene Rolle Papier macht es in diesem Fall noch gerade gegenwärtig, und die Besucher, die an der Hand des Kustos durch das Haus gehen, erinnern sich an nahe Vergangenheit angesichts des Papiers, das der Diktator hier ins Rollen brachte, indes draußen vor der Tür die Ordonnanz auf Posten stand. Die Verbindung eines Diktators zur Umwelt geht meist nur über Wachen vor sich, Leute vom Lande, aus der Sierra, die für ein wenig Brot und Fleisch und Rum am Sonntag gedungen, Analphabeten meist, doch musikalisch von Natur. Und die Reden des Diktators an sein Volk sollen stets von phonetischem Wohllaut begleitet gewesen sein. Und in seiner Galauniform war er, der Mestize, der ehemalige Sergeant aus der Schreibstube, der in der Garnison Columbia den Putsch angezettelt hatte gegen einen stolpertrottligen, weichherzigen Präsidenten, ein schöner Mann. Wen er ins Bett haben wollte, bekam er, und nicht einmal gegen das Vorzeigen seiner Ranginsignien. Als ein zweiter Harun al Raschid soll er sich unters Volk gemischt haben, unter die Badegäste von Varadero, wenn er einen frischen Schoß brauchte. Im Gefolge immer die Leibwache, Gesichter im Hutschatten, den Revolver unter der Guayabera. Und geschossen wurde sehr gern im Umkreis des Diktators und ohne ausdrücklichen Befehl dazu. Wer bei Einbruch der Dunkelheit aus den Schatten der Palmen ins grelle Licht unter die Fenster seines Sommerhauses in Varadero trat, blieb in seinem Blute liegen. Die Spielkasinos spielten durch die Nacht, Schauspieler aus Hollywood bevorzugten damals die glückliche Insel. Peso und Dollar wogen gleich viel.

Wie alle Diktatoren hatte auch dieser eine große Angst, die Angst, ersetzbar zu sein. Und wer bei ihm gegen Fleisch, Kaffee, Rum diente, blieb nicht lange, sondern kehrte bald zurück in die Garnison, aus der man ihn geholt hatte, und wer zur Landgendarmerie zurückversetzt wurde, war in Ungnade gefallen und zündete im Haß gegen die allgemeinen Zustände den Bauern die Hütten an. Die Angst vor der gerechten Strafe, erzählte der Kustos uns, raubte diesem Diktator nicht nur den Schlaf an der Seite seiner Geliebten: Sie trieb ihn aus dem Bett. Wir sehen uns das Schlafzimmer an neben dem WC. Auch das ist erhalten geblieben, es ist kahl wie das Klosett nebenan, hat häßliche Möbel, es ist langweiliger als das langweiligste Hotelschlafzimmer in einem Bahnhofshotel. Die Möbel sehen aus wie einem Katalog der Firma Sears & Roebuck entnommen, Ausführung für mittlere amerikanische Farmer. Aus dem Bett der Herren Sears & Roebuck, wie gesagt, trieb ihn die Angst, der Alptraum, im Bett ermordet zu werden, im Bett liegend, aus einem Fenster getroffen, mit den Waffen erschossen zu werden, die seine Zuckerhändler hinter seinem Rücken gekauft hatten.

So lag er auf Decken im Winkel hinter dem Schrank, hinter Kommoden notdürftig gebettet, an ein Mädchen gepreßt, während die im Mondlicht gleißenden Laken das Auge des Schützen täuschen würden. Die Spielkasinos lärmten durch die Nacht, Heddy Lamarr oder Frank Sinatra tranken Sekt, ein Fußgänger war tödlich getroffen worden, und der Morgen stand weiß über dem Meer.

Varadero ist Kubas schönster Badestrand, die Vegetation ist üppig, grün das Jahr über, die Hotels sind außen aus weißem Stein, innen aus nußbraunem Holz, die Betten haben Matratzen und Kopfkissen aus Schaumgummi. Heute liegen die Veteranen der Revolution in diesen Betten, kommen die Schullehrer nach abgeschlossener Alphabetisierung, die Hafenarbeiter, Rumbrenner, und wenn sie am Tag müßig sind, gehen sie ins Haus des Diktators und sehen ins WC und lassen sich die Sache mit dem Schlafzimmer erzählen, schieben ihre Frauen durch den engen Flur im Obergeschoß und schütteln die Köpfe.

Merkwürdig ist noch die untere Etage, in die der Kustos nur mal einen ausländischen Besucher hineinschauen läßt. Zwei Räume, im einen eine Hufeisenbar, im andern Schulbänke, Wandtafeln. Da ist die Schule für zukünftige Hoteliers, Köche, die die Kunst erlernen, Conejo estofado anzurichten, Kellner, die sich im Servieren eines Daiquirí üben. Der Kustos – die Revolution braucht vielfaches Können – ist in zweiter Funktion der Lehrer der jungen Leute. Er stellte uns als Freunde vor, wir drückten Hände, jede in einer anderen Farbabstufung. Man lud uns zu Tisch, die kubanischdeutsche Freundschaft brauchte nicht erst improvisiert zu werden. Die Besucher aus der oberen Etage servierten im Vorbeigehen einen Witz, der die Kochkunst der jungen Leute meinte. Dann aßen wir im Hause des Diktators à la carte.

CHRISTA REINIG *Kalte Füße*

Die alten Inder hatten seinerzeit bereits ein Problem durchdacht, das uns heute erst langsam aufdämmert. Was geschieht eigentlich mit der beachtlichen Minderheit, die von einer demokratischen Mehrheit daran gehindert wird, in der Diktatur leben zu dürfen?

Freiheit ist für viele Schafe
Schwerer als die schwerste Strafe.
Kein Hund hat sie ins Bein gebissen;
Das belastet ihr Gewissen.
Kein Metzger metzt sie in die Schüssel,
Das ist ihres Kummers Schlüssel.
Kein Gerber gerbt ihnen die Felle,
Das ist ihrer Klagen Quelle.
Kein Schleifer schleift sie nach Sibirien,
Da zieht es sie nach Syrien.
Sie lassen uns recht herzlich grüßen
Im heißen Sand mit kalten Füßen.

Sarah Kirsch *Ich wollte meinen König töten*

Ich wollte meinen König töten
Und wieder frei sein. Das Armband
Das er mir gab, den einen schönen Namen
Legte ich ab und warf die Worte
Weg die ich gemacht hatte: Vergleiche
Für seine Augen die Stimme die Zunge
Ich baute leergetrunkene Flaschen auf
Füllte Explosives ein – das sollte ihn
Für immer verjagen. Damit
Die Rebellion vollständig würde
Verschloß ich die Tür, ging
Unter Menschen, verbrüderte mich
In verschiedenen Häusern – doch
Die Freiheit wollte nicht groß werden
Das Ding Seele dies bourgeoise Stück
Verharrte nicht nur, wurde milder
Tanzte wenn ich den Kopf
An gegen Mauern rannte. Ich ging
Den Gerüchten nach im Land die
Gegen ihn sprachen, sammelte
Drei Bände Verfehlungen eine Mappe
Ungerechtigkeiten, selbst Lügen
Führte ich auf. Ganz zuletzt
Wollte ich ihn einfach verraten
Ich suchte ihn, den Plan zu vollenden
Küßte den andern, daß meinem
König nichts widerführe

Friedrich Dürrenmatt *Prokrustes*

Im Landstrich Korydallos lebten ebenso viele Riesen wie normal gewachsene Menschen, wobei es naturgemäß dazu kam, daß die großgewachsenen Menschen, die Riesen also, die kleineren Menschen unterjochten. Da Korydallos in der Nähe Attikas liegt, wehte aus Athen ein Hauch von Vernunft herüber und inspirierte den Riesen Polypemon, der ein besonders großer Riese, ein Gigant, war, zum Nachdenken. Wochenlang lief er grübelnd in der Gegend herum, die Ungleichheit der Menschen beschäftigte ihn. Darauf nannte er sich Prokrustes, der Strecker, und baute zwei Betten, eines für die Riesen und eines für die Nicht-Riesen. In das Bett für Nicht-Riesen legte er die Riesen und hackte ihnen die Beine ab, so daß die

Riesen ins Bett für Nicht-Riesen paßten, und die Nicht-Riesen legte er in das Bett für Riesen und streckte sie, bis sie diesem Bett entsprachen. Pallas Athene, von deren Atem der Hauch der Vernunft bis Korydallos geweht war, fühlte sich verantwortlich und begab sich zu Prokrustes. Sie fragte ihn, was er da treibe. »Ich handle gemäß deiner Vernunft, Göttin«, antwortete der Gigant, »deren Anhauch mein Denken in Bewegung gesetzt hat. Ich begann, mir über die Ungleichheit der Menschen Gedanken zu machen. Sie ist ungerecht. Ich erkannte allmählich, daß die Gerechtigkeit verlangt, daß alle Menschen gleich sind. Das ist vernünftig. Nun gibt es in Korydallos Riesen und Nicht-Riesen, wobei die Riesen die Nicht-Riesen unterjochen. Die Menschen hier sind also in zweifacher Weise ungleich: in ihrem Wesen und in ihrem Tun. Das ist unvernünftig. Nun hätte ich die Riesen allein zu Nicht-Riesen machen können, indem ich ihnen die Beine abgeschlagen hätte, aber damit hätte ich wiederum ein neues Unrecht geschaffen: Krüppel-Nicht-Riesen und Nicht-Riesen, wobei nun diese die zu Krüppeln gewordenen Riesen unterjocht hätten. Auch unvernünftig. Gehe ich aber gegen die Nicht-Riesen vor, zerre ich sie zu Krüppel-Riesen auseinander, schaffe ich eine neue Ungleichheit: als Krüppel-Riesen sind sie ebenso den Riesen ausgeliefert, wie sie es als Nicht-Riesen waren. Wieder unvernünftig. Darum gibt es nur eine Möglichkeit für mich, die Gerechtigkeit, die Gleichheit aller Menschen herzustellen: Die Riesen haben das Recht, Nicht-Riesen, und die Nicht-Riesen das Recht, Riesen zu sein. Danach handle ich. Den Riesen hacke ich die Beine ab, sie werden so klein wie die Nicht-Riesen, die Nicht-Riesen strecke ich zur Größe der Riesen aus. Daß durch diese Operation – überleben sie sie – beide zu Krüppeln werden, macht beide gleich, und sterben sie infolge der Operation, sind sie einander auch gleich, macht doch der Tod alle gleich. Ist das nicht vernünftig?« Kopfschüttelnd kehrte Pallas Athene nach Athen zurück: Die Argumentation des Prokrustes hatte ihr die Sprache verschlagen. Es war das erste Mal, daß sie als Göttin eine ideologische Rede vernommen hatte, und sie fand keine Entgegnung. Prokrustes, durch das Schweigen der Göttin von der Richtigkeit seiner Deduktionen überzeugt, folterte weiter. Denen, die er folterte, erklärte er immer wieder, es geschehe im Namen der Gerechtigkeit: Der Riese habe nun einmal das Recht, ein Nicht-Riese zu sein und umgekehrt. Der Landstrich Korydallos wurde zur Hölle, erfüllt vom Schreien der Gemarterten, das in ganz Griechenland zu hören war. Die Götter hielten sich verlegen die Ohren zu. Sie fanden auf die Argumentation des Prokrustes auch keine Antwort. Besonders die Flüche waren gräßlich zu hören. So stellten sie schließlich den Ton des Fernsehers ab – als Götter waren sie technisch den Menschen weit voraus –, um die Gebete und die Hilferufe, aber auch das Geschrei und die Flüche aus Korydallos nicht mehr zu hören; wobei sie freilich vom Rest der Erde auch nichts mehr hörten; aber was machte das, sie griffen ohnehin nicht mehr in die Geschichte ein. Und so verfluchten denn die Riesen und Nicht-Riesen den Prokrustes, während er sie folterte, und die Krüppel-Riesen und die Krüppel-Nicht-Riesen verfluchten ihn; ja sogar aus den Gräbern derer, welche die grausame Prozedur nicht überstanden hatten, ertönten Flüche. Weil aber Prokrustes, der sich als Wohltäter fühlte und überhaupt ein sensibler Gigant war, nicht begriff, warum er verflucht wurde, dachte er, es liege an seiner Methode, er schaffte für seine Betten besonders gute Matratzen an. Dann, als die Korydallier weiterheulten und fluchten, versuchte er, die Gefolterten auf eine andere Weise zu beschwichtigen, waren sie doch offenbar nicht von der göttlichen Vernunft erleuchtet wie er. So redete Prokrustes denn auf seine Opfer ein, es sei heldenhaft, in dem für sie bestimmten Bett zu leiden, sei es doch aus Hölzern verfertigt, die alle im Lande wüchsen – eine nicht minder irrationale, jetzt aber patriotische Begründung seiner Folterungen. Und wirklich, einige Riesen und einige Nicht-Riesen legten sich diesmal freiwillig hin. Überhaupt nahm das Fluchen mit der Zeit ab. Wie der Mensch für seine Taten Begründungen erfindet, erfindet er auch für seine Leiden Trost. Einige Krüppel-Riesen und Krüppel-Nicht-Riesen redeten sich ein, sie seien für eine bessere Zukunft gefoltert worden; wenigstens ihre Nachkommen würden nicht mehr gefoltert werden, weil die Riesinnen mit der Zeit durch die evolutionäre Anpassung Krüppel-Nicht-Riesen und die Nicht-Riesinnen Krüppel-Riesen gebären würden, so daß Prokrustes überhaupt nicht mehr zu foltern brauche. Andere freuten sich gar darauf zu sterben, da es, wie sie hofften, im Jenseits keine Folter mehr gebe. Die Irrationalität der Folterungen und ihrer Begründungen trieb die Gefolterten, um die Folter zu ertragen, ebenso ins Irrationale. Nur einige wenige der gefolterten Riesen und Nicht-Riesen beharrten darauf, das Folterbett und die Folter seien ein Unsinn. Diese haßte Prokrustes am meisten, war er doch empört darüber, daß sie nicht einsehen wollten, daß er nicht aus Lust folterte, sondern aus geschichtlicher Notwendigkeit. Er glaubte mit der Zeit, da er, um das Stöhnen und Schreien nicht mehr zu hören, sich immer neue Begründungen seiner Folterei ausgedacht hatte, die Geschichte könne nur einen Sinn haben, wenn sie fortschreite, und dieser Fortschritt bestehe darin, daß sie immer gerechter werde, und gerechter werde die Geschichte nur, wenn sie sich von der Ungleichheit der Menschen zu deren Gleichheit hin entwickle. Als aber der junge Theseus von Troizen nach Athen wanderte, um dort, als Sohn des Aigeus, König zu werden, weshalb er die Politik von einem praktikablen Gesichtspunkt aus neu überdachte, kam er auch nach Korydallos. Theseus hörte sich verwundert die Ideologie des Prokrustes an. »Du mußt zugeben, daß ich vernünftig handle«, sagte Prokrustes stolz, »selbst

Pallas Athene wußte mir nichts zu erwidern.« »Du handelst ebenso unvernünftig wie Pityokamptes, der Tannenbieger, der die Wanderer zerreißt, indem er sie an die Spitzen zweier niedergebogener Tannen bindet und diese dann zurückschnellen läßt«, antwortete Theseus. »Der einzige Unterschied zwischen Pityokamptes und dir besteht darin, daß jener sich nicht einbildet, er müsse im Namen der Gerechtigkeit die Menschen zerreißen. Er tut es aus reiner Lust an der Grausamkeit.« »Pityokamptes ist mein Sohn«, sagte Prokrustes nachdenklich. »Ich habe ihn getötet«, gestand Theseus ruhig. »Du hast gerecht gehandelt«, meinte Prokrustes nach langem Nachdenken, »auch wenn Pityokamptes mein Sohn war. Aus reiner Lust an der Grausamkeit darf man nicht töten.« Doch als Prokrustes Theseus dankbar die Hand schütteln wollte, warf dieser den Giganten mit einer solchen Wucht auf das kleinere Bett, daß die Erde erzitterte. »Du Narr«, sagte er und hielt Prokrustes, der ihn mit großen Augen verwundert anstarrte, nieder. »Allzuwenig bist du vom Hauch der Vernunft gestreift worden. Die Menschen sind nicht gleich, gäbe es doch sonst keine Riesen und keine Nicht-Riesen, sondern nur Riesen oder nur Nicht-Riesen. Und weil die Menschen nicht gleich sind, die einen größer, die anderen kleiner, hat jeder Riese das Recht, ein Riese, und jeder Nicht-Riese das Recht, ein Nicht-Riese zu sein. Gleich sind beide nur vor dem Gesetz. Hättest du dieses Gesetz eingeführt und verhütet, daß die Riesen die Nicht-Riesen unterjocht hätten, oder, was auch der Fall hätte sein können, daß die Riesen von den Nicht-Riesen mißbraucht worden wären, so hättest du deinen Korydalliern die unsinnige Folter erspart.« Und damit schlug Theseus dem Prokrustes zuerst die Beine und, weil dieser ja als Gigant ein besonders großer Riese war, auch den Kopf ab, der noch im Hinunterkugeln murmelte: »Ich bin doch nur gerecht gewesen.« Und dann sagte der Kopf noch, als er auf seinen Halsstummel zu stehen kam, bevor er seine großen Augen schloß: »Ich habe keinem Menschen jemals etwas zuleide getan.« Dann wanderte Theseus nach Athen weiter zu seinem Vater Aigeus. Leider war Theseus nicht nur ein Held, sondern auch vergeßlich. So hatte er schon bei Prokrustes vergessen, daß er nicht nur dessen Sohn Pityokamptes getötet, sondern auch dessen Enkelin Perigune geschwängert hatte. Er vergaß einfach alles. Sein Taschentuch war voller Knoten, es nützte nichts. Als er von Kreta heimkehrte, vergaß er auf der Insel Naxos Ariadne, die ihn aus dem Labyrinth gerettet hatte, und dann vergaß er, das weiße Segel aufzuziehen, so daß sich sein Vater ins Meer stürzte, weil er glaubte, Theseus sei im Labyrinth vom Minotaurus getötet worden. Dann wurde Theseus König. Leider hatte er auch seine kluge Rede an Prokrustes vergessen: Nicht daß er ein besonders schlechter König geworden wäre – er zählt in der Skala der Könige zu den eher besseren –, aber unter ihm waren dennoch nicht alle gleich vor dem Gesetz, sondern einige gleicher als andere. Dazu kam, daß Theseus auch als Ehemann vergeßlich war: Seine Liebschaften, schreibt Robert von Ranke-Graves, brachten die Athener so häufig in Verlegenheit, daß sie erst Generationen nach seinem Tode seine wahre Bedeutung erkannten.

Eckhard Henscheid *Kurz: Ein Skandal*

Mit den Hunden sollte einmal eine Aussprache anberaumt werden. Kaum ist im Humanbereich mal alles friedlich und in Ordnung, schon mischen sie auf und drängeln sich vor. Bzw. ich meine, wenn es uns eines Tages doch noch gelänge, das verlorene Paradies wiederzufinden – ich fürchte, alles würde erneut an den Hunden scheitern. Vor allem an diesen großen. Sitz ich da neulich so im Walde und sinn ein bißchen vor mich hin, wie gut ich es doch habe und wie still die Erde ist, Dämmrung wollte die Flügel spreizen, aus der Heimat hinter den Wipfeln rot, da kamen die Wolken her – mit ihnen aber ausgerechnet ein riesiger, zottiger, vierschrötiger Bernhardiner, und was macht er? Mit großem weichem Pathos gibt er mir die Pfote und will mit mir in die Welt hinein ziehen und Freud und Leid teilen! Oder auch in der Eisenbahn: kaum sitzt man gemütlich im Coupé und sieht ins weite Land hinaus, schon steht wieder so ein eisgrauer Hirtenhund auf weiter Flur und regelt den Verkehr. Und in der Kirche ist es nicht anders: kaum öffnet sich der Tabernakel, schon kommt wieder einer herausgeeiert, Schaftstiefel, Melone auf der Birne, Regenschirm, Spazierstock, wie der cleverste Dandy...

Jaja, mit unseren scheint's gutmütigen Vierbeinern sollte mal ein deutliches Wort gesprochen werden. Nötig wäre, mit ihnen mal klipp und klar Fraktur zu reden. Und dabei sollte unsererseits durchaus eine scharfe Klinge geführt werden. Z. B. eine nagelneue Rasierklinge! Denn sowas mögen sie gar nicht gern, die Mistkrüppel...

Urs Widmer *Mein Staat, eine Utopie*

Meine warme Sonne scheint über meinem Staat, meine Luft ist salzig, mein Wind brisig, mein Winter schneeig. Meine grünen Palmen wiegen sich im Wind meines Pazifiks. Meine eisigen Gebirge schweigen. Es gehen meine nackten braunen Frauen durchs Schilfgras. Überall sind Pergolas mit Trauben. Ich höre meine Untertanen singen. Immer um 4 Uhr müssen sie ein Brombeerjoghurt essen, ich weiß, was gesund ist für sie. Rings um meinen Staat ist das Mus. Wer sich bis zu uns hineingebissen hat, wird von meinen Grenzwächtern gezwungen, sich zurückzubeißen. Da kennen wir nichts, ich und meine Untertanen.

Aus unsern Brunnen fließen Flüssigkeiten, je nachdem. An unsern Bäumen hängen Eßwaren. Unsre Singvögel fliegen uns in den Mund, wenn sie nicht in ihren Nestern aus Polenta sitzen und warten, bis sie gepflückt werden.

Alle Hunde sind verboten.

Ab sofort sind auch der Milchreis, der Opel und der Damenhut verboten.

Alle meine Menschen sind gut. Wenn es einen Krach gibt, bin ich der Stärkere. In meinem Städtebau herrscht ein Chaos, da ich alle Architekten, die ich erwische, in die Rheinschiffahrt versetze. Da, wo das neue Schauspielhaus war, ist jetzt mein Varieté mit meiner Gartenwirtschaft und meinem Kino. Man sieht einen alten komischen Film, in dem der Inhaber mit Schweiß auf der Stirn den Angestellten erklärt, warum sie die Angestellten sind. Nachher ist Tanz. Ich wiege Susanne in meinem starken Arm, sie hat blonde Haare und einen weichen Atem, ich bin ein Staatsoberhaupt, das alle lieben. In meiner Ehrenloge sitzen meine Günstlinge, sie spielen Schach, trinken Wein und unterhalten sich.

Es wird gearbeitet. Alle schnitzeln wie die Wilden an ihren Weihnachtsgeschenken. Weihnachten ist ein alter Brauch in meinem Staat. Wir holen uns einen Nadelbaum aus dem Wald und schmükken ihn mit Wachskerzen und Engelshaar. Darunter stellen wir die Geschenke, die wir selber gemacht und in Weihnachtspapier eingewickelt haben. Nachher essen wir. Es gibt Horsd'œuvre, Schweinelendchen in Rahmsauce, Weine, Käse, Früchte und Eise. Wir waschen erst am andern Morgen ab, weil Weihnachten ist.

In meinem Rundfunk kann jeder senden, was er will. Es ist eine Frage der Muskelkraft, wer zuerst am Mikro ist. Jetzt ist wieder 4 Uhr. Alle essen ihr Brombeerjoghurt. Jeder kann bei uns zaubern. Meine Untertanen benützen dazu den Zylinder. Wir können fliegen.

Alle Whimpies, Gumpelmänner, Mövenpicks und Wienerwalds werden zugemauert. Alle können immer mein Auto benützen, nur, es muß da sein, wenn ich es haben will. Ich bin der Förster meines Staats. Wenn ich nicht in den Wald will, wachsen die Bäume auch von allein.

Globi wird von meiner Geheimpolizei sorgfältig überwacht, damit er nicht allzu viele gute Taten macht. Pfadfinder, Kadetten und Katholiken werden zu Weinbauern umgeschult. In die Schulen allerdings fahre ich mit dem eisernen Besen. Tag und Nacht schleiche ich an die Fenster, um zu sehen, ob die Eltern ihren Kindern sagen, man sitzt still am Tisch, wenn der Großvater betet.

Der Rhein wird mit neuem Wasser gefüllt. Der Auto-Test wird

abgeschafft. Das Auto wird abgeschafft. Es gibt keine Aussteuern mehr. In meinem Staat herrscht eine Friedhofsruhe, wenn um 4 Uhr alle ihr Brombeerjoghurt essen, jetzt in der Sonne, unter den Pergolas. Nur die Vögel zwitschern. Alle haben Knoblauch gern.

Es ist Schluß damit, daß man in Malmö einen Gorgonzola kaufen kann und in Frankfurt einen Emmentaler.

Wer sich für ein vereinigtes Europa einsetzt, muß sofort durch unser Mus in die Außenwelt. Da sind die Grenzen meiner Toleranz erreicht.

Im übrigen wird, wer gegen mein Regime stänkert, von meiner Palastwache herbeigeschleppt. Er muß das nochmals sagen. Ich höre es mir an, ich gebe nach, weil ich der Klügere bin. Mit lauter Stimme will mein Untertan mein Regime loben, aber gerade ist es 4 Uhr, glücklich sehe ich meinem ertappten Untertanen zu.

Volker Braun *Kontinuität*

Während wir beinahe gekonnt
Um die Ecke biegen, erklären wir ruhig
Daß wir die Richtung beibehalten.

Bei all den schönen Schritten nach vorn
Behaupten wir standhaft unsre Position.

Ohne mit der Wimper zu zucken
Nicht mal augenzwinkernd
Wechseln wir die Sachen
Und bleiben bei unsern Begriffen.

Wir lernen dazu
Was wir immer gewußt haben.

Die *Linie*, sicherlich, ist eine Gerade:
Die kürzeste Verbindung zwischen zwei Epochen.

Wenn wir uns also merklich ändern
Soll es doch niemand merken.

So verändern wir, vorgeblich unverändert
Die Welt, die es braucht.

Und es wird sich daran nichts ändern
Bis eines schönen Jahrhunderts
Fragt mich nicht wie
Der Kommunismus ausgebrochen ist.

Peter Weiss *»Die Freiheit führt das Volk« von Delacroix und »Das Floß der Medusa« von Géricault*

Wie Guernica war auch die Barrikade von Delacroix, mit der Gestalt der Freiheit, nach dem Pyramidenmuster komponiert, in dem sich das Aufgewühlte als gebändigte Einheit darstellte. Die Farbe war reduziert auf bleierne Töne, auf ein dumpfes Umbra, auch die rote Glut in der Trikolore wurde gedämpft von den Schwaden des Rauchs. Über Pflastersteinen und Brettern und den wächsernen, flach hingeworfnen Leibern der Toten stieg die Volksführerin auf, die kräftige, halbentblößte Wäscherin, in locker flatterndem Rock, Fahne und Gewehr tragend, mit dem zur Seite gedrehten Gesicht der Nike gleichend, die ihr immenses Profil in Picassos Bildraum streckte. In ihrer fleischigen Fülle, die Faust um die scharf gezeichnete Schußwaffe geballt, den schweren Schenkel vorgestemmt, zeigte sie das Stadium an, in dem die Idee zur materiellen Gewalt wird. In der Dreieinigkeit des Proletariats schlossen sich ihr Arbeiter, Intellektueller und Jugendlicher an. Ayschmann wies auf den Mann in schwarzem Jackett und Hut und mit der breiten Binde um den Hemdkragen. In ihm hatte Delacroix sich selbst porträtiert. Diese biographische Einzelheit verlieh dem Bild einen zusätzlichen Wert, denn sie sprach von einer durch die Zeitumstände erzwungnen Entscheidung. In seinem Wesen eher konservativ, stellte der Künstler sich doch in die vorderste Reihe der Revolutionäre, er war seiner Rolle noch nicht ganz gewachsen, er kniete, leicht zurückweichend, wie nach einer Stütze hinter sich suchend, das Gewehr etwas ängstlich in den Händen, den Finger unbeholfen am Hahn, und dieser Augenblick drückte seine ganze Lebenssituation aus. Was er wiedergab, war ein Wunschbild und besaß deshalb auch etwas von der Absonderlichkeit des Traums, es war seinem Gesicht anzumerken, daß er eigentlich nicht hierher gehörte, verwundert, im überaus real Gemalten, sich der eignen Handlung kaum bewußt und sie bald auch widerrufend, nahm er, visionär, die Position eines Zukünftigen ein. Am weitesten nach vorn, einen Schritt an der Beschirmerin vorbei, war der Junge gelangt, aus den Gassen kam er gestürmt, begeistert seine Pistole schwingend. Während die Fahnenträgerin unverwundbar schien und die andern Kämpfer, in statuarischer Haltung, abwartend, sich wachsam verhielten, konzentrierte sich alles Mitreißende, Spontane, Heroische in diesem Halbwüchsigen, und indem er den Fuß hob, um über die Gefallnen zu springen, die übergroße Munitionstasche schlenkernd an der Hüfte, war es, als stünde der Sieg der Revolution schon bevor. Darin aber lag gleichzeitig das Schreckliche, denn nicht nur würde der Junge, völlig schutzlos dem Gegner preisgegeben, mit Bestimmtheit in der nächsten Sekunde niedergeschossen werden und in den Leichenhaufen fallen, der gradezu bereit zu sein schien, ihn aufzunehmen, sondern wir wußten auch, was auf den achtundzwanzigsten Juli Achtzehnhundert Dreißig folgte. Das Volk, versammelt unterm Ideal der Freiheit, war bereits betrogen, das Handwerk des Aufstands hatte es ausgeführt wie vier Jahrzehnte zuvor, mit seinen Opfern hatte es höheren Klassen den Weg geebnet, im Hintergrund blieb es auch jetzt, neuer Geldadel, neue Monarchie drängte sich vor. Nachdem in der Folge von Revolution und Gegenrevolution der napoleonische Thron die Diktatur der Jakobiner ersetzt und das Königtum sich auf den Trümmern des Kaiserreichs wiederhergestellt hatte, lag vor der Barrikade die uneingeschränkte Herrschaft des Großkapitals, gegen die der Kampf, in weiteren revolutionären Phasen, fortgesetzt werden würde. Das Erstarrte in diesem Bild, das doch Anspruch drauf erhob, einen Sprung der Geschichte in seiner Kühnheit und Großartigkeit zu preisen, hing damit zusammen, daß der Maler selbst vorm Übergang zur Erneurung innehielt, daß er in einer Zwischenstellung verblieb, beschwert von den Resten romantischer, allegorischer Anschauungen. Vor ihnen, die hier zusammenbrachen im Feuer, die sich wieder aufrafften, lagen die Bastionen von Achtzehnhundert Einunddreißig, Vierunddreißig, Achtundvierzig und Einundsiebzig und auch die Eroberungen im Bereich der Kunst, wie sie Form fanden bei Courbet, Miller, Daumier, van Gogh. Zwischen den Aufständischen wollte Delacroix sich hervorheben, doch jetzt erschrak er. Dem Bürgertum war er näher als seinen Helden, schon war er bereit, sich gegen die Umwälzung zu wenden. Grade in dieser Gebrochenheit aber kennzeichnete er die Situation auf der Barrikade. Bleich, gespannt seinen Platz einnehmend, mit rotem Band umgürtet, den Zylinder verwegen schief auf dem Kopf, repräsentierte er die Klasse, die mitten im Kampf nach ihren eignen Vorteilen Ausschau hielt, ein Datum hatte er visualisiert, so wie Picasso es mit seinem Bild tat, eine Sekunde widersprüchlicher Hoffnungen, und während das Volk unter der Freiheitsgöttin verblutete, blickte er, der Mitläufer, düster, melancholisch, seinem Aufwachen entgegen, und dieses Aufwachen war voller Verrat. Genau so war jener Tag in Paris. Die Arbeitenden hatten begonnen, um ihre Rechte zu kämpfen, zwischen ihnen aber befand sich, bedrängend, behindernd, bindend, die Reaktion, unendlich mühsam war das Erklimmen einer höheren historischen Stufe, erst jenseits des Walls aus aufgerißnen Straßensteinen würde der wissenschaftliche Sozialismus entstehn, rasend angegriffen, diffamiert, untergraben im kommenden Jahrhundert von der bis an die Zähne bewaffneten Bourgeoisie. Zwölf Jahre früher war das Floß der Medusa in die akademischen Kunsträume eingebrochen. Das Gemälde des Delacroix fand Würdigung bei dem, der sich Bürgerkönig nannte, denn zur Apotheose seines Wegs zur Macht war es geworden, ihm diente jetzt, hochbesoldet, der Künstler.

Géricaults Bild jedoch war ein gefährlicher Angriff gewesen auf die etablierte Gesellschaft. Mit seinem gewaltigen Format schon, sieben zu fünf Metern, drohte es, alle übrigen Werke im Salon zu erschlagen, unerträglich aber war den Honoratioren das Thema, das die Korruption der Beamtenschaft, den Zynismus, die Selbstsucht der Regierung entblößte. Am zweiten Juli Achtzehnhundert Sechzehn war, durch Unfähigkeit des Kommandanten und Fahrlässigkeit der Marinebehörden, die Medusa, das Flaggschiff eines französischen Flottenverbands auf dem Weg nach Senegal, in der Nähe von Cap Blanc auf Grund gelaufen. Von den etwa dreihundert Kolonialsoldaten und Siedlern an Bord konnten die Rettungsboote kaum die Hälfte fassen. Der Kapitän, die höhren Offiziere und einflußreichen Passagiere nahmen mit Gewalt Besitz von den Booten. Auf einem Floß, notdürftig aus Bohlen und Maststücken erbaut, drängten sich die übrigen Schiffbrüchigen zusammen. Die Rettungsboote sollten das Floß ziehn, beim aufkommenden Sturm aber wurden die Taue gekappt, das Floß trieb ab, und von den hundertfünfzig Menschen, die dort, verhungernd, verdurstend gegeneinander kämpften, waren nach zwölf Tagen noch fünfzehn am Leben. Lag das Ereignis auch fast drei Jahre zurück, so wurde der Name Medusa im Bildtitel doch nicht zugelassen, als Schiffbruchsszene wurde das Werk, hoch über den andern Gemälden, in schlechtem Licht aufgehängt. Der vom Maler geschilderte Augenblick, da der Mast der rettenden Fregatte am Horizont auftauchte, war mit solcher Verzweiflung, solchem Aufruhr geladen, daß die Vertreter der bourbonischen Restauration ihn mit Recht als einen ersten Schritt zur Revolte gegen ihr Regime deuteten. Die Überlebenden auf dem Floß streckten sich in einer gemeinsamen Bewegung empor, von den Toten im Vordergrund weg, mehr und mehr sich aufrichtend, bis zum dunkelhäutigen Rücken des Hochgehobnen, dem der Wind das Tuch in der winkenden Hand zur Seite riß. Die Komposition folgte dem Prinzip der Doppeldiagonale, womit sowohl die Struktur der großen Fläche gefestigt als auch eine Verschiebung zweier Perspektiven hergestellt wurde. Von links unten dehnte sich die Gruppe, in ihrer erregten, ineinandergreifenden Gestik, nach rechts oben aus, zielend auf den winzigen Mast, der gleich von einer heranrollenden Welle verdeckt werden würde, von rechts unten, ansetzend am über Bord hängenden Arm eines Toten, stieg die andre Linie auf, vom geblähten Segel der linken Höhe entgegengerissen, so daß die Richtung, die von der Masse der Figuren beschrieben wurde, die Fahrtrichtung des Floßes durchkreuzte. Dies weckte eine Empfindung von Schwindel. Nicht auf das ferne Schiff zu, sondern daran vorbei glitt das Floß, und diese Wahrnehmung erfuhr eine weitere Beunruhigung durch den Anblick der Woge, die, von niemandem auf dem Fahrzeug beachtet, sich turmhoch vor dem leeren Bug erhob, um auf die Übriggebliebnen niederzuschlagen. Delacroix hatte seine Gestalten frontal dem Beschauer zugewandt, sein Aufruf zum Mitstreiten wurde nur durch seine eigne halb zögernde, halb kokettierende Haltung gedämpft. Géricault verzichtete auf diese direkte Agitation, die Schiffbrüchigen drehten sich zum größten Teil nach rückwärts, sie waren völlig für sich, der nach vorn gekehrt Sitzende, die Hand um einen Toten geschlungen, war in Erschöpfung und Trauer versunken, wie vom Blick eines Ertrinkenden war das Floß gesehn, und die Rettung war so entlegen, daß es schien, als müsse sie erst erdacht werden. Eine Täuschung, eine Halluzination konnte diese auftauchende Hilfe sein, der sich die letzte wachwerdende, gradweise sich steigernde Kraft zuwandte, in einer Zukunft lag sie, weit weg von der Welt, in der die Zuschauer sich befanden. Aus der vereinzelten Katastrophe war das Sinnbild eines Lebenszustands geworden. Voller Verachtung den Angepaßten den Rücken zukehrend, stellten die auf dem Floß Treibenden Versprengte dar einer ausgelieferten Generation, die von ihrer Jugend her noch den Sturz der Bastille kannte. Sie lehnten und hingen aneinander, alles Widerstreitende, das sie auf dem Schiff zusammengeführt haben mochte, war vergangen, vergessen war das Ringen, der Hunger, der Durst, das Sterben auf hoher See, zwischen ihnen war eine Einheit entstanden, gestützt von der Hand eines jeden, gemeinsam würden sie jetzt untergehn oder gemeinsam überleben, und daß der Winkende, der Stärkste von ihnen, ein Afrikaner war, vielleicht zum Verkauf als Sklave auf die Medusa verladen, ließ den Gedanken aufkommen an die Befreiung aller Unterdrückten.

Alexander Kluge
Hiebe nach rechts und links, nicht ohne Güte

An der Hauptwache, vor dem Esplanade-Kino, wo »Er wollte König sein« gespielt wird, haben zwei Gruppenmitglieder einen China-Stand aufgeschlagen. Kommunistischer Bund Westdeutschlands (KBW) kann es nicht sein, da dieser im Streit liegt mit dem Gewerbeaufsichtsamt, weil er 10 DM Standgebühr verweigert. Es ist aber ein Chinastand. Diskussion mit Passanten (Bürgern) über den Imperialismus der SU. Jetzt aber eine eigentümliche Verkehrung der Fronten gegenüber Diskussionen, die sonst an diesem Ort stattfinden: Bürger verteidigen die SU.

Das bestätigt, sagen die zwei Genossen, die den Stand halten, die sozialdemokratische Ersatzfunktion des Sozialimperialismus, daß Bürger gewissermaßen den gesunden Menschenverstand, sowie sie einmal wirkliche Argumente hören, von der Verteidigung des Westens (»Gehen Sie doch mit Ihren Ansichten in die DDR«) abziehen und sagen: Immer diese Drohung, daß wir nach Sibirien kommen, das glaubt doch keiner. Das werden Sie merken, sagt der hochgewachsene Genosse am Stand, ein nervöser, differenzierter Soziologe mit stark ausgebildeten Schläfen, wenn Sie erst durch die Panzer der SU überrollt sind. Eine Bürgerin, Besitzerin eines Steh-Ausschanks mit Würsteverkauf in der Zeil, sagt: Wenn ich Sowjetunion höre. Die saufen und üben ihre Macht aus. Das ist ganz natürlich.

Nachdem sie das gesagt hat, es ist eine Art Schlußwort, wendet sie sich weg. Ein Lehrer, der als Bürger den Stand umsteht, ruft ihr nach: »Muttchen, viel Spaß zu Hause mit deinen Vorurteilen!« Konsequent greift ihn der kleinere der Standgenossen, schwarzhaarig, agiler als der andere, an: Genosse, es ist ganz unpassend, wie du redest. Du mußt die Frau überzeugen und nicht beschimpfen. Der Lehrer ist betroffen. Er möchte doch eher zu den Stand-Haltern zählen als zur Plebs, die hier angepfiffen, umerzogen werden muß. Das machen wir doch irgendwie falsch, sagt er. Man kann nicht immer und zu jeder Zeit auf die unbelehrbare Konsummasse eingehen. Sondern *die* müssen zusammenhalten, die schon etwas kapiert haben. Die einen wachen Geist haben. Die Konsummasse, seien wir doch mal ehrlich, kann nur noch wegsterben.

Die Kämpfer am Stand sind pikiert. Es geht nicht, daß sie diesen Standpunkt des betreffenden Bürgers einfach im Raum stehen lassen, aber sie wollen auch ihn überzeugen und ihm nicht einfach die falschen Ansichten von oben her verbieten. Wenn diejenigen, die auf der falschen Linie stehen, nur noch wegsterben können, so hätte der Mann ja auch sein eigenes Urteil gesprochen. Der Ton seines Nachrufs auf das »Muttchen« ist ganz falsche Linie. Der magere Große sucht einen Ansatzpunkt in der eigenen Erfahrung des Lehrers, aus dem sich eine Korrektur seiner Haltung ableiten läßt. Er fragt: Was ist dein Beruf? Was arbeitest du? Was sagst du zu den Kindern, wenn sie etwas sagen, was deiner Meinung nach falsch ist? Der Lehrer ist aber offenbar auch im Unterricht autoritär. Er veräppelt die Kinder, wenn sie etwas falsch sagen, und läßt das, was sie statt dessen sagen sollen, auswendig lernen.

Der Humanismus ist doch geschenkt, sagt der Lehrer, dem das Interesse für seine Arbeit, das ausführliche Befragtwerden wohltut, wenn immer bei den vermassten Konsumbürgern damit angefangen wird. Das ist ein Faß ohne Boden (er weist auf Roßmarkt und Zeil). Das geht nicht ganz unten, sondern nur ziemlich weit oben.

Die zwei Kämpfer am Stand befinden sich in einem Engpaß. Gehen sie weiter auf den einzelnen, den Lehrer, ein, so erlischt immer mehr das Interesse der Umstehenden. Sie finden auch den Bogen zur imperialistischen Sowjetunion nicht so leicht, wo doch die Entscheidung liegt. Andererseits, wenn sie abbrechen, haben sie nicht gründlich gekämpft. Das Argument mit dem Humanismus hat außerdem zwei verschiedene Seiten, eine falsche Linie verbindet sich mit einer teilweise richtigen. Es kostet sicher Zeit, das zu präparieren.

Es handelt sich um eine neuorientierte Gruppe der ML, die hier zwei Kämpfer aufgestellt hat. Es ist wichtig, daß sie unterscheiden zwischen einer provokativen Falle, in die sie nicht hineinrennen dürfen, und der Grundlagenarbeit, bei der sie nur durch genaues Eingehen auf die Erfahrungen des Mannes einen fortgeschrittenen Standpunkt für ihn erarbeiten können.

Die Entscheidung ist gefallen. Kommen wir zurück auf die SU, sagt einer der Umstehenden friedlich. Die halten sich doch nur durch die Getreidetransporte aus dem Westen. Statt daß der Westen hier solidarisch zusammensteht und die Transporte stoppt. Ich glaube, es wäre in vierzehn Tagen mit der SU aus.

Auch das ist kein Standpunkt eines Marxisten, der einer Analyse standhält. Die hier von zwei Mann gehaltene Insel an gutem, aufklärerischem Willen, mitten im Distributionszentrum, wie in einem Fluß, »in dem einer bis zum Bauch im Wasser steht und mit einer Kaffeetasse das Wasser entgegen der Strömungsrichtung flußaufwärts schippt«. Sie dürfen sich aber auf keinen Fall geschlagen geben. Dies ist Kanalbau, Dammbau, wie ihn die Betriebe betreiben, in der zweiten Natur, in der es nicht auf die Ackerkrume oder die wirklichen Flüsse ankommt, sondern auf die Äcker und Wässer in den Köpfen der Bewohner.

Es bilden sich aus dem verhärteten ML-Standpunkt im Kampf neue Zweige. »Wie aus dem Holzstab des Papstes, sobald der Pilger, durch Kraftworte verstoßen, sich auf dem Rückmarsch über den Apennin befindet, grüne Blätter sprießen.« Das Gleichnis hält selbstverständlich einer Analyse nicht stand. Auf jede Rede, die falsch ist, siebenmal schweigen, achtmal eine Einhilfe geben, daß diese Passanten, das »Grundwasser«, den Maßstab der Irrtumsproduktion weltweit erkennen und sich wenigstens wundern. Wie zwei Sklavenfechter aus Spartakus' Heer durch die unbesonnenen römischen Heere »Furchen« legen:

»In Einsamkeit,
in Einsamkeit
da wächst ein Blümlein gerne ...«

Helmut Heissenbüttel *Zwei Herbste*

Tele Control Herbst 5. 2. 1979

Dieser Beitrag hat eins klar gemacht. Die außerparlamentarische Opposition der sechziger Jahre hat, wie angekündigt, den Marsch durch die Institutionen angetreten und ihr Ziel teilweise schon erreicht. Die Rede ist hier von jenen jungen Lehrern, die einst bei ihren Protestmärschen in jugendlicher Ignoranz die Verteidigung der Freiheit in Vietnam durch die Amerikaner verdammten und jetzt als linksextremistische Studienräte, die sich eine demokratische Tarnkappe aufgestülpt haben, ihre linke Gesinnung an die nächste Generation weiterreichen dürfen. Darüber wäre wohl viel noch zu sagen.

Marsch durch die Institutionen Herbst

Nicht ein Linksextremist, wie in der Zeitung stand, sondern einer, der vielen Parteien und Gruppen zugehört hatte, Überläufer an vielen Fronten, war es, der, auf seinem langen Marsch durch die Institutionen zum schweren Alkoholiker geworden, nur noch durch das Absingen der Internationale aus dem Rausch geweckt werden konnte. Darüber wäre wohl viel noch zu sagen.

Peter Rühmkorf *Von mir - zu euch - für uns*

Auf-auf, meine bettlägerigen Gespenster,
meine abgestandene Windhose!
Dieses gewaltige Zeitalter des Verfalls
kann man doch nicht so einfach unberufen
an sich vorbeirauschen lassen –
Entweder das Schicksal handelt
oder du selber!

Hier wo sich so manches
schon bei bloßem Hinsehn zersetzt,
noch Niveau gehalten?
Soweit kommt's!
Da wolln wir doch lieber noch mal ein paar alte neue
Maßstäbe anlegen.

Eine Stimme, meine Herrschaften, eine Stimme!
Müssen wir denn alles
wieder alleine machen? noch am Grabesrand
den Deckel hoch
und das rote Tuch rausgezogen?! –
O wir wenigen Engel, die wir die Welt hier beflügeln.

Sich den Kopf zergrübeln,
auch ne Leistung –
Aber du kriegst ja nichts raus.
Wo waren wir stehen geblieben,
damals,
Sommer Siemundsechzig?

Nein, ich will weg von hier und zwar:
wie dieser Kugelschreiber, wenn er auf den Rest
geht, nochmal richtig loskleckst,
werd ich ungebremst
auslaufen wie verrückt und offen hinschmiern:
Richtig, i c h r e d v o n m i r,
z u e u c h,
f ü r u n s.

Michael Buselmeier
An einige Besucher des Akademischen Lesesaals

Ihr Gott- und Wahrheitssucher mit abgerissenem Studium,
geheime Poeten, Härtefälle, ich mittendrin!
Hier über der Mensa war, bis sie dichtgemacht wurde,
eure Heimat und Wärmestube, eure Universität,
im abgestandenen Küchengeruch, der in eure Haut eindrang,
täglich am selben harten Platz sitzend, streitend
um die beiden gelben Ledersessel, Notizen hinter
vorgehaltener Hand, und während ihr in Zeitungen
und Atlanten blättertet, mit weißen Handschuhen,
Ärmelschonern, flogen Falter durchs Fenster auf euch.

Brüder, ihr nützt keinem etwas, niemand braucht uns,
immer grauer werdend, keine Angst, niemand tut uns was!
Ihr hinkt ja, bekleckert, eure Aktentaschen sind schwer,
so täuscht ihr euren Wirtinnen Fleiß in den Wissenschaften vor,
heimkehrend gegen Abend in eure Dachkammern
kriegt ihr die Tür nicht gleich auf, sie klemmt.
Leere Flaschen unterm Eisenbett, Schuhschachtel
voller Briefe, zittrig, so aus der Welt gerutscht,
Wickelkinder, wo seid ihr jetzt, was geht
in euren Köpfen vor, was träumt ihr.

Kurt Bartsch *Sozialistischer Biedermeier*

Zwischen Wand- und Widersprüchen
Machen sie es sich bequem.
Links ein Sofa, rechts ein Sofa
In der Mitte ein Emblem.

Auf der Lippe ein paar Thesen
Teppiche auch auf dem Klo.
Früher häufig Marx gelesen.
Aber jetzt auch so schon froh.

Denn das ›Kapital‹ trägt Zinsen:
Eignes Auto. Außen rot.
Einmal in der Woche Linsen.
Dafür Sekt zum Abendbrot.

Und sich noch betroffen fühlen
Von Kritik und Ironie.
Immer eine Schippe ziehen
Doch zur Schippe greifen nie.

Immer glauben, nur nicht denken
Und das Mäntelchen im Wind.
Wozu noch den Kopf verrenken
Wenn wir für den Frieden sind?

Brüder, seht die rote Fahne
Hängt bei uns zur Küche raus.
Außen Sonne, innen Sahne.
Nun sieht Marx wie Moritz aus.

Sarah Kirsch *Post*

Irgendwo auf der Welt steht mein Baum, denn ich weiß, daß jedem Menschen ein Baum zusteht. Ebenso eine Grasart und ein bestimmter Vogel. So kann mein Vogel schon Körner fressen, auf einen Baum sich niederlassen, ein Ereignis erkennen. Das Ereignis meines Vogels sollte in diesem naßkalten Februar ein erfreuliches sein, kein Riesenregen, eher die Ankunft eines Postwagens mit Briefen von Dick und Doof, Schilderungen von Leben auf dem Land, die Grenzbehörden kleben das Abziehbild einer geschützten Vogel- oder Menschenart auf den Wagen und winken »Rot Front«, die ausgestreckten Daumen zeigen die Weltrichtung an.

Wolf Biermann *Ballade vom preußischen Ikarus*

Da, wo die Friedrichstraße sacht
Den Schritt über das Wasser macht
da hängt über der Spree
Die Weidendammerbrücke. Schön
Kannst du da Preußens Adler sehn
wenn ich am Geländer steh

dann steht da der preußische Ikarus
mit grauen Flügeln aus Eisenguß
dem tun seine Arme so weh
er fliegt nicht weg – er stürzt nicht ab
macht keinen Wind – und macht nicht schlapp
am Geländer über der Spree

Der Stacheldraht wächst langsam ein
Tief in die Haut, in Brust und Bein
ins Hirn, in graue Zelln
Umgürtet mit dem Drahtverband
Ist unser Land ein Inselland
umbrandet von bleiernen Welln

da steht der preußische Ikarus
mit grauen Flügeln aus Eisenguß
dem tun seine Arme so weh
er fliegt nicht weg – und stürzt nicht ab
macht keinen Wind – und macht nicht schlapp
am Geländer über der Spree

Und wenn du wegwillst, mußt du gehn
Ich hab schon viele abhaun sehn
aus unserm halben Land
Ich halt mich fest hier, bis mich kalt
Dieser verhaßte Vogel krallt
und zerrt mich übern Rand

dann bin ich der preußische Ikarus
mit grauen Flügeln aus Eisenguß
dann tun mir die Arme so weh
dann flieg ich hoch – dann stürz ich ab
mach bißchen Wind – dann mach ich schlapp
am Geländer über der Spree

Volker von Törne *Lied vom realen Sozialismus*

Der Sozialismus wird erbaut
Nicht an einem Tage –
Gut, Genossen, doch ihr baut
Nun schon 30 Jahre
Den Sozialismus ganz real
Von Rostock bis nach Thale –
Real ist auch der Intershop,
Wo ich mit Westgeld zahle.

Die Grenzen müssen sicher sein
Im Land und an den Küsten –
Das ist wahr, doch wahr ist auch:
Wir rosten, wenn wir rüsten.
Und läßt der Wolf, der Klassenfeind
Uns nicht in Frieden schlafen –
Ist die Partei ein Schäferhund,
Sind wir ein Volk von Schafen?

Wie Kaiser Rotbart lobesam
Tief unten im Kyffhäuser
Schläft Karl Marx – sprecht nicht zu laut,
Genossen, tretet leiser!
Das ist ein Parteibeschluß:
Niemand darf ihn wecken –
Was er sähe, würde ihn
Wohl zu sehr erschrecken.

Darum ist das Land so still
Hinter Zaun und Hecke –
Alter, reg dich und wach auf,
Daß dein Kuß es wecke,
Daß dein roter Zungenkuß
Ihm durch alle Glieder
Fährt – und selbst die Sicherheit
Singt Wolf Biermanns Lieder.

Rudolf Bahro wird gewählt
In die höchsten Gremien
Der Partei, für Hermann Kant
Schreibt Kunert zahme Xenien,
Das ZK gibt Freibier aus –
Erich dreht die Leier
Im Palast der Republik
Zu Mickels Friedensfeier.

Helga M. Novak
Zwei Geschichten aus dem befreiten Portugal

Internationale

Das portugiesische Fernsehen überträgt eine Konferenz im Kreml. Am Ende –
singen sie die Internationale.

(Die Sowjetunion kauft in Porto hunderttausende Flaschen Wein und bezahlt kaum mehr als die Hälfte des Weltmarktpreises.)

Siebzigjährige Funktionäre, eingepreßte Hutränder auf den Schädeln. Sie räuspern sich, erheben sich gemessen, und ohne viel mit den Stühlen zu scharren –
singen sie die Internationale.

(Sowjetische Trawler fischen die portugiesische Küste leer.)

Blitzsauber stehen die Delegierten in Reih und Glied. Weiße Hemden, Jacketts, Krawatten um. War einer von ihnen jünger als siebzig, so hat er es mit keiner Miene verraten. Gemächlich –
singen sie die Internationale.

(Die Prawda schreibt: die Linksextremisten mit ihren unkontrollierten Arbeiterräten und wilden Landbesetzungen arbeiten einem faschistischen Putsch in die Hände.)

Keiner hat gestockt, weil er den Text überdachte. Und weiter, weiter »Herr der Sklaven«, und weiter, weiter »wache auf!« Lauter Brusttöne. Im Stil von Serge Jaroffs Donkosaken –
singen sie die Internationale.

Nach der Demonstration

Den Traktor vorgespannt, und auf dem offenen Anhänger nach Lissabon. Hinein in die Hauptstadt und marschiert. Für die Arbeiterräte, für die Häuserräte, für Enteignung, für die Landreform!

Die Demonstration ist zu Ende. Langsam entspannen die Fäuste, aber an Heimfahren ist nicht zu denken. Jetzt sind wir mal da, also rein in die Wirtschaft und fünf Gänge bestellt.

Anschließend pfeift der Genosse W. dem Kellner und läßt sich ein Kästchen Zigarren bringen. Er nimmt diese und jene und tastet sie ab, bis er sich zwinkernd eine in den Mund steckt. Die Bauern machen Stielaugen und hüsteln anerkennend. Dann gibt er eine Direktive aus: alle Mann ins Bordell! Wir Ausländer fragen verlegen, wie wir zum Traktor zurückfinden, um dort zu warten.

Und die Bauern? Wie früher zupfen sie an gebügelten Röcken. Wie früher prüfen sie Schenkel, Hinterteile und geschwollene Lippen. Die ›Verdammten dieser Erde‹, eben noch lauthals aus dem

Schlaf gerissen, sind ihrer Ansicht nach allesamt männlichen Geschlechts.

Wie früher fällt Regen aus den Löchern des Herbstes. Wir sitzen auf dem Anhänger und reden über Babeuf und reden und reden.

GUNTRAM VESPER *Kontaktfreude*

Ein Zwischenfall vor der Stadthalle während einer der ersten Vietnamkundgebungen hatte seinerzeit ein Nachspiel vor dem Amtsgericht in Göttingen. Angeklagt war ein Porträtmaler namens Dieter. Uns ist, als müsse er aus Regensburg stammen. Im Februar und März wurden während der Versammlungen wiederholt Kleider und Mäntel weiblicher Personen in einer ekelerregenden Weise besudelt. Dieter war ein Freund von Gernot. Gernot behauptet, er habe ihn kaum gekannt. Während die blonde Frau ihre ganze Aufmerksamkeit dem Redner zuwandte, nahm der hinter ihr stehende oder auch sitzende Täter die Besudelung vor, um bei der nächsten Gelegenheit zu verschwinden. Die ganze Handlungsweise, erinnert sich Gernot, ließ auf das Treiben eines Menschen schließen, der an diesen Orten gewissen Neigungen huldigte. Auf Ersuchen der Veranstalter wurden allabendlich mehrere Kriminalbeamte, die ohnehin anwesend gewesen wären, in der Nähe auffallend blonder Frauen plaziert. Schließlich konnte Gernots Freund festgenommen werden. Gernot will nicht sein Freund gewesen sein. Während der Ansprache eines vietnamesischen Kommilitonen beobachtete Hauptwachtmeister Stanizek den Täter, wie er sich unterhalb der Restaurationsterrasse in auffälliger Weise an eine Frau drängte und im Schutz des Halbdunkels die infrage kommende Handlung vornahm. Natürlich, sagt Dieter dem Amtsrichter, hat mich jedesmal die Reue über mein Tun gepackt. Gernot berichtet uns jedoch, zu einer Entschuldigung habe Dieter sich nicht durchringen können.

HUGO DITTBERNER *Ein öffentliches Gedicht*

Allerhand zu tun heute:
die Chile-Demonstration
FÜR ALLENDE! GEGEN DIE MILITÄRS!
das teach-in CIA IN CHILE AM WERK!
die Aktion RETTET LUIS CORVALAN!
Organisation,
alles an einem Tag;
und nicht genug.

Ich setze mich mit Schwung
an den Kaffeetisch
und zücke den Füller;
es knallt.

Drüben im Sonnenschein
schießt jemand vom Balkon
ein Foto von mir:
wie ich produziere,
den Kampf im Kopf
und vor Augen.

Vor der Haustür treffe ich ihn wieder.
»Was soll das?«
packe ich ihn.

»Die Universität«, sagt er
leise,
»sammelt Fotos ihrer Dichter!«

PETER RÜHMKORF *Selbstporträt*

Wie ich höre, hast du lange nicht von dir selbst
    gesungen, Onkelchen?!
Die Menschheit muß ja allmählich denken,
    sie ist unter sich –
Wieviele Reiche haben inzwischen
    ihren Besitzer gewechselt?
Das Bewußtsein ist siebenmal umgeschlagen.
Da schnei ich nun herein
    mit lauter letzten Fragen.

Darf man eintreten, Platz nehmen,
    fragen, wie man wieder nach draußen kommt?
Aber Kinder, da ist doch irgendwas
    mit der Perspektive los!
Alle Wände verzogen
    seit wir das letzte Mal über Zukunft sprachen.
Prinzip Hoffnung total aus der Flucht.
'N wahres Wunder, daß wir nicht
    alle schon schielen.

Soll ich euch mal sagen, was ist?
Also von mir aus können wir sofort – hier
vom Tisch aufstehen und die Welt umwälzen,
aber mit-wem-denn, mit w e m ?
Mit der Arbeiterklasse hängt Ihr
doch auch nur noch übers Weltall zusammen
(Ein Medium von höchster kommunikativer Kompetenz)
Ihr atmet die gleiche Luft –
mehr ist bald nicht.

Ichweiß – ichweiß –, man soll den Sozialismus
nie völlig verloren geben.
›20 000 STICKSTOFFWERKER HABEN EINE FREIWILLIGE SONDERSCHICHT
ZU EHREN DES GENOSSEN LE –‹ NA WAS IST?!
Dagegen IG Metall: ›150 000 ARBEITSPLÄTZE DER DEUTSCHEN
WAFFENINDUSTRIE LANGFRISTIG GEFÄHRDET!‹
Die Wahrheit macht einem immer mal wieder
einen dicken Strich durch den Glauben.
Man kuckt in die Zukunft – jedenfalls ich! –
wie in eine Geschützmündung

Vielleicht ist es einfach nur dies:
mein Herz zieht allmählich die Geier an.
Wer links kein Land mehr sieht,
für den rast die Erde bald
wie ein abgeriebener Pneu auf die ewigen Müllgründe zu –
Düdelüdüt, nu lauf doch nicht gleich
zur Mama mit deinen Verwüstungen.
Düdelüdüt! noch 'n Tusch für das Krankenversicherungs-
kostendämpfungsgesetz!
Konstantinopolitanischerdudelsackpfeifenmachergesellen-
risikozulage!

Ludwig Harig
Revolution und Planstelle. Ein Exposé

Max Stirner sagt: »Mir geht nichts über Mich.« Dieses Wort sollte mal zum Ausgangspunkt einer Untersuchung gemacht werden, die sich mit der Wechselbeziehung von absolutem und relativem Geist beschäftigt. Während als das Absolute der hegelsche Staat, als das Relative die bakuninsche Anarchie angesehen werden müßte, bekäme, physikalisch gesprochen, das Absolute statische, das Relative dagegen dynamische Qualität zugeschrieben. Das würde einsehbar machen, daß der dynamischste Ausdruck der Anarchie die Revolution, der statischste Ausdruck des Staates die Planstelle ist. So stünde die Revolution, die als dynamisches Prinzip bekanntlich auf Veränderung drängt, in gewisser Opposition zur Planstelle, die als statisches Prinzip durchaus etwas Erhaltenswertes darstellt. Abzuhandeln wäre also einerseits das Problem, das sich aus dem Unterschied zwischen, und andererseits das Problem, das sich aus dem Zusammenhang von Revolution und Planstelle ergibt. Die Aristoteliker könnten das Thema ungestraft als Ursachen- und Wirkungs-, die Leibnizianer als Grund- und Folgekorrelation beschreiben. Über die formallogische Untersuchung würde allerdings die psychologische, die den Reiz- und Reflex-, und die politische, die den Ziel- und Zweckzusammenhang darstellen könnte, hinausgehen, was wiederum Einblicke in die Kausalität von Politik und Psychologie ermöglichte. Sicherste Gewähr versprächen die Untersuchungsergebnisse der dialektischen Methode, die aber mit allen Mitteln, nicht allein mit schieren Entweder-Oder-Antithesen, operieren müßte. Dabei wären die beseitigende, die erhöhende und die bewahrende Aufhebung so darzustellen, daß im Spiel dieser dialektischen Bewegungen schlüssig würde, wie die Beseitigung von Planstellen Revolutionen hervorruft, die ihrerseits wieder, auf höherer Stufe, nach Planstellen verlangen, welche von sich aus wieder jenen bewahrenden Zug in sich tragen (als eudämonistische Utopie aller Revolutionäre), und wie andererseits die Schaffung von Planstellen Revolutionen beseitigt, diese Planstellen aber, im gehobenen und im höheren Dienst vor allem, innere Revolutionen bedingen, welche den bewahrenden Charakter des Staates eher fördern als mindern (als Konkurrenzanreiz aller Planstellenbesitzer). Aus diesen Überlegungen ergäben sich Notwendigkeiten zu Beispielen aus der jüngsten deutschen Geschichte, die den Nachweis der Richtigkeit dieser Theorie jedoch nur partiell erbringen würden, da die Revolutionen bei uns zulande nur Revolten, die Planstellen vielfach nur außerplanmäßige Dienstverhältnisse sind. Aus dieser Beobachtung würde sich dann eine Verteidigung unseres so vortrefflich funktionierenden liberalen Systems, worin bekanntlich zwischen Revolution und Planstelle eher eine rivalisierende Konvergenz herrscht anstatt unversöhnlichem Konflikt, nachweisen lassen. Jedenfalls ergäbe sich ein Anhaltspunkt zur Erklärung der Einsicht Blochs, daß ein Revolutionär immer nur aufrechten Ganges vor seine Haustür treten solle, aber auch zu der Tatsache, daß die früheren Revolteure, die, in Anwartschaft auf Planstellen, einiger eilig zur Verfügung gehaltener außerplanmäßiger Dienstverhältnisse wieder verlustig gingen, enttäuscht und folglich gesenkten Hauptes vor die Türen der provisorischen Dienststellen traten und fürderhin für eine Fortsetzung der Revolution untauglich blieben, das anfangs zitierte Wort auf ihrer gebeugten Stirn, und die Synthesis von Karl Korsch in der gebrochenen Brust: »die Abschaffungen, die die Anschaffungen sind.«

Jörg Fauser *Trotzki, Goethe und das Glück*

Kaum war ich von der Spritze runter
tappte ich in die nächste Falle:
die Revolution.

Die Revolution hieß Louise,
hatte unglaublich schmale Hüften,
blitzende Augen, flatterndes schwarzes
Haar, kam aus Paris
und war Trotzkistin.

Wir wohnten zusammen in einem
der besetzten Häuser, schafften drei
Nummern pro Nacht, hielten uns glänzend
in Schuß, hielten es sogar
für Liebe, und ich palaverte,
wenn Palaver gefragt war,
schwenkte Fahnen, wenn Fahnen
gefragt waren, und frühstückte
entgegen allen Lehren
des Großen Vorsitzenden
mit einer Flasche Wermut
und einem netten dekadenten Gefühl
im Bett.

Das ist das Glück dachte ich.

Das ist das Glück sagte ich zu Louise.
Warum lassen wir die Revolution nicht sausen,
das sinnlose Palaver und die Fahnen
und die endlosen Auseinandersetzungen
und die Maschinenfabrik in Shanghai,
suchen uns irgendeinen stillen Winkel
wo ich in Ruhe mein Bier trinken
und zwischendurch mal'n Gedicht schreiben kann –
et du reste l'amour?

Und Trotzki? schrie Louise,
und die Genossen im Knast?
Dein bourgeoises Glück, pah!
Bier und Gedichte, während
die Revolution organisiert wird!

Von da an lief alles schief. Als ich
im Suff mal mit einer anderen ankam,
ging Louise mit dem Messer
auf mich los. Dann mischte sie
bei einer Frauengruppe mit und ich
mußte nehmen was kam:
meistens nur Bier und manchmal irgendeine
neurotische Studentin, und später
selbst das nicht mehr,
und dann schmissen sie mich raus,
und ich zog woanders hin.

Das alles ist etliche Jahre her, aber neulich
traf ich ein Mädchen, das noch in den Kreisen
verkehrt, und fragte sie nach Louise.

Louise, sagte das Mädchen –
die ist wieder in Paris.
Sitzt sie im Zentralkomitee? fragte ich.
I wo, sagte das Mädchen, die hat irgendson
Goetheforscher geheiratet.

An dem Abend trank ich alles durcheinander,
ich soff wie lebensmüde, aber als ich gestern
an dem Haus vorbeikam – es sieht
inzwischen ziemlich verkommen aus,
absolut déjà vu –
dachte ich, wer weiß,
vielleicht hast du doch Glück gehabt.

Peter Rühmkorf
Einen zweiten Weg ums Gehirn rum

für Theodor Verweyen

›In mir arbeitet ES –‹
Wenigstens einer von uns, der noch was tut,
WO ICH nur so rumhäng . . .
(Bald mach ich ohne Schnaps den Mund gar nicht mehr auf)
Also bitte, Herr Ober, noch ne letzte Lokalrunde
für'n unberechenbaren Einzelgänger!
Wenn wir alle gemeinsam einen heben.
verzieht sich
– w e t t e n ? ! –
vielleicht die ganze Statistik.

Ob so etwas jemand nicht in den falschen Hals bekommen kann? –
Im Zweifelsfall Sie, mein Frollein, mit der verwackelten
Zielgruppe.
Sie leiden wohl heute schon
an den Themen von morgen – äh?
Aber mit'm Tropfen Malteser trinken Sie doch niemandem
etwas weg.
Wissen Sie, in solchen Zuständen hat Alexander mal
den Euphrat überschritten.
Vollkommen im Kleister.
Von Goethe ganz zu schweigen.
Der hat sich drei Fläschchen Mosel täglich genehmigt;
fast mehr als er gedichtet hat.

Mein Großvater sagte immer,
die Füße müßt es zweimal geben.
Ich sage: d i e L e b e r.
Wenn einer dann noch kleine zehn Jährchen durchhält
und vielleicht heute schon
auf ein Krankenbett von 86 spart,
kriegt er praktisch vom Facharzt jedes gewünschte Organ.
Aber die Zwischenzeit muß natürlich
auch ein bißchen unterhaltsam sein;
nicht einfach bloß weggewischt;
schließlich wird ja nicht meine gesamte Person
auf einen Schlag aussetzen.

A u f g e b e n ? I c h m i c h ?
W a s , s c h o n d i e s J a h r ?
Ehrlich gesagt, von meiner Auffassung vom Glück her kann ich mir
solche Gedanken gar nicht leisten.
Lieber noch ein bißchen mit meinen
mürben Stellen experimentiert u n d
– solange das Hirn noch nicht abgebunden hat –
dem Vulkan in die Krypta gegriffen! –
Meine Grenzen nach innen überschreiten ...
Noch einmal diese Stoffe-da erzeugen ...
Eine unbekannte Verbindung eingehn ...
Happen Manna destillieren –
Goldglubber –
Nervenplankton –
Stratosphärensperma –
E s m u ß d o c h n o c h e i n e n z w e i t e n W e g
u m s G e h i r n r u m g e b e n !

Thomas Brasch
Und der Sänger Dylan in der Deutschlandhalle

ausgepfiffen angeschrien mit Wasserbeuteln beworfen
von seinen Bewunderern, als er die Hymnen
ihrer Studentenzeit sang im Walzertakt und tanzen ließ
die schwarzen Puppen, sah staunend in die Gesichter
der Architekten mit Haarausfall und 5000 Mark im Monat,
die ihm jetzt zuschrien die Höhe der Gage und
sein ausbleibendes Engagement gegen das Elend der Welt. So sah

ich die brüllende Meute: Die Arme ausgestreckt im Dunkel neben
ihren dürren Studentinnen mit dem Elend aller Trödelmärkte
der Welt in den Augen, betrogen um ihren Krieg,
zurückgestoßen in den Zuschauerraum
der Halle, die den Namen ihres Landes trägt, endlich
verwandt ihren blökenden Vätern, aber anders als die
betrogen um den, den sie brauchen: den führenden Hammel.

Die Wetter schlagen um:
Sie werden kälter.
Wer vorgestern noch Aufstand rief,
ist heute zwei Tage älter.

Gert Loschütz *Meine Freunde*

Meine Freunde reden davon
daß ihre Telefone abgehört werden
den Staat stelle ich mir jetzt vor
als ein großes Ohr

Meine Freunde reden davon
daß ihre Post geöffnet wird
den Staat stelle ich mir jetzt vor
als eine eifersüchtige Ehefrau

Meine Freunde reden davon
daß ihre Wohnungen durchsucht werden
(in ihrer Abwesenheit)
den Staat stelle ich mir jetzt vor
als eine neugierige Vermieterin

Meine Freunde reden von
den Polizeieinsätzen bei Demonstrationen
den Staat stelle ich mir jetzt vor
als einen großen Knüppel

Meine Freunde reden manchmal
wie über erfolgreich abgeschlossene Kämpfe
dann stelle ich mir den Staat vor als ein Altersheim
voll junger Genossen

Hans Magnus Enzensberger
Die Dreiunddreißigjährige

Sie hat sich das alles ganz anders vorgestellt.
Immer diese verrosteten Volkswagen.
Einmal hätte sie fast einen Bäcker geheiratet.
Erst hat sie Hesse gelesen, dann Handke.
Jetzt löst sie öfter Silbenrätsel im Bett.
Von Männern läßt sie sich nichts gefallen.
Jahrelang war sie Trotzkistin, aber auf ihre Art.
Sie hat nie eine Brotmarke in der Hand gehabt.
Wenn sie an Kambodscha denkt, wird ihr ganz schlecht.
Ihr letzter Freund, der Professor, wollte immer verhaut werden.
Grünliche Batik-Kleider, die ihr zu weit sind.
Blattläuse auf der Zimmerlinde.
Eigentlich wollte sie malen, oder auswandern.
Ihre Dissertation, *Klassenkämpfe in Ulm, 1500*
bis 1512, und ihre Spuren im Volkslied:
Stipendien, Anfänge und ein Koffer voller Notizen.
Manchmal schickt ihr die Großmutter Geld.
Zaghafte Tänze im Badezimmer, kleine Grimassen,
stundenlang Gurkenmilch vor dem Spiegel.
Sie sagt: Ich werde schon nicht verhungern.
Wenn sie weint, sieht sie aus wie neunzehn.

Marie Luise Kaschnitz *Brandsatz*

Einen Brandsatz heimlich in ein Warenhaus legen ist kein Kunststück, Fräulein, und dann weglaufen und es brennt in der Nacht. Wenn Sie protestieren wollen, verbrennen Sie sich doch selber, natürlich öffentlich, etwa vor der Hauptwache, beim U-Bahn-Eingang, auf dem neuen versenkten Platz. Sie müssen nur genug Petroleum mitnehmen und Streichhölzer und ein leichtes Sommerkleid anziehen, am besten eines aus Nylon, das gibt eine schöne Flamme, und fremdes Eigentum beschädigen Sie dabei nicht. Euereins will immer davon kommen, etwas anzetteln und davonkommen mit heiler Haut. Kerls, wollt Ihr denn ewig leben, sagte einmal ein König zu seinen jungen Soldaten, er selbst war da schon alt, aber gerade deswegen, nur die alten Leute sind Idealisten, und, Kellner, noch ein Bier.

HEINRICH BÖLL *Freies Geleit für Ulrike Meinhof?*

Kein Zweifel – Ulrike Meinhof lebt im Kriegszustand mit dieser Gesellschaft. Jedermann konnte ihre Leitartikel lesen, jedermann kann inzwischen das Manifest lesen, das nach dem Untertauchen der Gruppe geschrieben ist. Es ist inzwischen ein Krieg von 6 gegen 60 000 000. Ein sinnloser Krieg, nicht nur nach meiner Meinung, nicht nur generell, auch im Sinne des publizierten Konzeptes.

Ich halte es für psychologisch aussichtslos, Kleinbürgern, Arbeitern, Angestellten, Beamten (auch Polizeibeamten), die vom Erlebnis zweier totaler Inflationen geschreckt sind, ihren relativen Wohlstand ausreden zu wollen, wenn man ihnen nicht erst einmal ausführlich und nationalökonomisch exakt darlegt, wie fürchterlich »gleich« die Chancen bei der Währungsreform waren. Und hat je einer die jüngeren Polizeibeamten darüber informiert, auf dem Hintergrund welcher Polizei*geschichte* die ihren tatsächlich schweren Beruf ausüben, oder sind die jungen Juristen alle darüber informiert, auf dem Hintergrund welcher Rechts*geschichte* sie ihren Beruf ausüben?

... Für einen so abscheulichen Satrapen wie Baldur von Schirach, der einige Millionen junger Deutscher in die verschiedensten Todesarten trieb und zu den verschiedensten Mordarten ermutigte, sogar für ihn gab es Gnade. Ulrike Meinhof muß damit rechnen, sich einer totalen Gnadenlosigkeit ausgeliefert zu sehen. Baldur von Schirach hat nicht so lange gesessen, wie Ulrike Meinhof sitzen müßte. Haben die Polizeibeamten, Juristen, Publizisten je bedacht, daß alle Mitglieder der Gruppe um Ulrike Meinhof, alle, praktische Sozialarbeit getan haben und Einblick in die Verhältnisse genommen, die möglicherweise zu dieser Kriegserklärung geführt haben? Schließlich gibt es ein Buch im Wagenbach Verlag, Titel: »Bambule«, Verfasserin: Ulrike Marie Meinhof. Lesenswert, aufschlußreich – als Film immer noch nicht gesendet.

Wieviel junge Polizeibeamte und Juristen wissen noch, welche Kriegsverbrecher, rechtmäßig verurteilt, auf Anraten Konrad Adenauers heimlich aus den Gefängnissen entlassen worden und nie wieder zurückbeordert worden sind? Auch das gehört zu unserer Rechtsgeschichte und läßt Ausdrücke wie Klassenjustiz so gerechtfertigt erscheinen wie eine Theorie des Strafvollzugs der politischen Opportunität.

Ulrike Meinhof und der Rest ihrer Gruppe haben keinerlei Chance, irgend jemand politisch opportun zu erscheinen. Äußerste Linke, äußerste Rechte, linke und rechte Mitte, Konservative und Progressive aller Schattierungen, sie alle kennen keine Parteien mehr, sie sind dann nur noch Deutsche und sich einig, einig, wenn sie endlich in ihre deutsche Schwatzgenüßlichkeit zurückfallen, sich ungestört ihrem Fraktionschinesisch ergeben können, wenn geschehen sollte, was nicht geschehen darf; wenn man eines Tages lesen würde, daß auch Ulrike Meinhof, später Grashof, dann Baader und Gudrun Ensslin als »erledigt« zu betrachten sind. Erledigt wie Petra Schwelm, Georg von Rauch und der Polizeibeamte Norbert Schmid. Erledigt, vom Tisch, wie man so hübsch sagt, und aus dem deutschen Gemüt, mag's sich noch so links dünken.

Muß es so kommen? Will Ulrike Meinhof, daß es so kommt? Will sie Gnade oder wenigstens freies Geleit? Selbst wenn sie keines von beiden will, einer muß es ihr anbieten. Dieser Prozeß muß stattfinden, er muß der lebenden Ulrike Meinhof gemacht werden, in Gegenwart der Weltöffentlichkeit. Sonst ist nicht nur sie und der Rest ihrer Gruppe verloren, es wird auch weiter stinken in der deutschen Publizistik, es wird weiter stinken in der deutschen Rechtsgeschichte.

Haben alle, die einmal verfolgt waren, von denen einige im Parlament sitzen, der eine oder andere in der Regierung, haben sie alle vergessen, was es bedeutet, verfolgt und gehetzt zu sein. Wer von ihnen weiß schon, was es bedeutet, in einem Rechtsstaat gehetzt zu werden von »Bild«, das eine weitaus höhere Auflage hat, als der »Stürmer« sie gehabt hat?

Waren nicht auch sie, die ehemals Verfolgten, einmal erklärte Gegner eines Systems, und haben sie vergessen, was sich hinter dem reizenden Terminus »Auf der Flucht erschossen« verbarg? Wollen sie in dieser überreizten Situation, in dieser gegenseitigen Verhetzung, die Entscheidung ganz allein den Polizeibeamten überlassen, die verstört und überarbeitet sind und – hier mag's angebracht sein – auf eine psychologisch gefährliche Weise frustriert?

Weiß keiner mehr, was es bedeutet, einer gnadenlosen Gesellschaft gegenüberzustehen? Wollen die ehemals Verfolgten die verschiedenen Qualitäten des Verfolgtseins gegeneinander ausspielen und ernsthaft die Termini »kriminell« und »politisch« in absoluter Reinheit voneinander scheiden, einer Gruppe gegenüber, die ihre Erfahrungen unter Asozialen und Kriminellen gesammelt hat, und auf dem Hintergrund einer Rechtsgeschichte, wo das Stehlen einer Mohrrübe schon als kriminell galt, wenn ein Pole, Russe oder Jude sie stahl? Das wäre weit unter einem Denkniveau, wie es unter verantwortlichen Politikern üblich sein sollte.

Ulrike Meinhof will möglicherweise keine Gnade, wahrscheinlich erwartet sie von dieser Gesellschaft kein Recht. Trotzdem sollte man ihr freies Geleit bieten, einen öffentlichen Prozeß, und man sollte auch Herrn Springer öffentlich den Prozeß machen, wegen Volksverhetzung.

Die inzwischen längst nicht mehr so jungen Pragmatiker, die allerorts in wichtigen beratenden Funktionen sitzen, manche von ihnen mitten in der politischen Verantwortung; sie, die gelegentlich Plattheit und Pragmatismus aufs gröblichste miteinander verwechseln; die so mühelos und schmerzlos vom Faschismus in die freiheitlich demokratische Grundordnung übergewechselt haben oder worden sind; sie waren bis 1945 zu gläubig oder zu dumm, um nachdenklich zu werden. Sie waren »desillusioniert«, ein bißchen reumütig, sehr rasch bekehrt, und ihre Schmerzen waren nicht viel mehr als ein bißchen Hitlerjugendwehwehchen.

Diese gelegentlich etwas glattzüngigen Mechaniker, die alles so gut und das meiste besser wissen und nun im Vollgefühl ihrer Etabliertheit hin und wieder mit gelinder Wehmut sich nach Ideologie sehnen (wie nach einem Parfüm, das ihnen fehlt in ihrer absoluten Geruchlosigkeit), ist es ihnen nicht ein bißchen zu leicht geworden und gemacht worden, haben sie nicht ein bißchen zu wenig Ideologie, Weltanschauung, Metaphysik in Erinnerung, als daß sie begreifen könnten, was sie nie erfahren haben: was es bedeutet; verfolgt und gehetzt zu sein, ständig auf der Flucht? Als Politischer, als Krimineller, und als »Krimineller«?

Wollen sie, daß ihre freiheitlich demokratische Grundordnung gnadenloser ist als irgendein historischer Feudalismus, in dem es wenigstens Freistätten gab, auch für Mörder, und erst recht für Räuber? Soll ihre freiheitlich demokratische Grundordnung sich als so unfehlbar darstellen, daß keiner sie in Frage stellen darf? Unfehlbarer als alle Päpste zusammen je waren? Ich weiß, das sind viele Fragen, aber fragen dürfen wird man ja noch.

PETER-PAUL ZAHL *der harte kern*

der harte kern
– einer kirsche
zum beispiel –
ist immer ungenießbar

er wird ausgespuckt

bei gutem boden
wird ein baum
aus ihm

Erich Fried *Auf den Tod des Generalbundesanwalts Siegfried Buback*

1

Was soll ich sagen
von einem toten Menschen
der auf der Straße lag
zerfetzt von Schüssen

den ich nicht kannte
und nur wenig zu kennen glaubte
aus einigen seiner Taten
und einigen seiner Worte?

2

Dies Stück Fleisch
war einmal ein Kind
und spielte

Dieses Stück Fleisch
war einmal ein Vater
voll Liebe

Dieses Stück Fleisch
glaubte Recht zu tun
und tat Unrecht

Dieses Stück Fleisch
war ein Mensch
und wäre wahrscheinlich

ein besserer Mensch
gewesen
in einer besseren Welt

3

Aber genügt das?
Könnte man nicht dasselbe
von anderen Menschen sagen
die eingingen in die Geschichte
befleckt und verurteilt
vom Nachruhm
ihrer Unmenschlichkeit?

4

Was er für Recht hielt
hat Menschen
schaudern gemacht
in Verruf gebracht

Was er für Recht hielt
hat dieses Recht

Seine Nachrufe waren
nur so
wie Nachrufe sind

5

Was er getan hat
im Leben
davon wurde mir kalt ums Herz

Soll mir
nun warm ums Herz werden
durch seinen Tod?

6

Der Abscheu vor ihm
half Herzen
verhärten wie seines

sein Tod
wird helfen
sein Lebenswerk fortzusetzen

Sein Tod wird helfen
das Denken
auf ihn abzulenken

und so zu verdecken das Unrecht
von dem dieser Mensch
nur ein Teil war

Schon darum
kann ich nicht ja sagen
zu seinem Tod

vor dem mir
fast so sehr graut
wie vor seinem Leben

7

Es wäre besser gewesen
so ein Mensch
wäre nicht so gestorben

Es wäre besser gewesen
ein Mensch
hätte nicht so gelebt

ALFRED ANDERSCH *Artikel 3(3)*

1
niemand darf wegen
seines geschlechtes
seiner abstammung
seiner rasse
seiner sprache
seiner heimat und herkunft
seines glaubens
seiner religiösen oder
politischen
anschauungen
benachteiligt oder
bevorzugt werden.

2
ein volk von
ex nazis
und ihren
mitläufern
betreibt schon wieder
seinen lieblingssport
die hetzjagd auf
kommunisten
sozialisten
humanisten
dissidenten
linke.

3
wer rechts ist
grinst.

4
beispielsweise
wird eine partei zugelassen
damit man
die existenz
ihrer mitglieder
zerstören kann
eigentlich waren
die nazis ehrlicher

zugegeben
die neue methode ist
cleverer

5
dreißig jahre später
gibt es wieder
sagen wir
zehntausend
die verhören
die neue gestapo

wehrt euch
vielleicht gibt es zeitungen
die eine rubrik einrichten
jeden tag in einem kasten
eine visage
die fotografie einer fresse
die verhört
mit namen
beruf
adresse
sowie
in den meisten fällen
mitgliedsnummer der
nsdap

dann selbstverständlich
keine gewalt
sondern
geht hin
und zeichnet
die wohnungstüre
das haus
des folterers
mit hakenkreuzen

ich garantiere euch
der wird es sich überlegen
ob er noch einmal
verhört

der läuft zu
seinem boss
und sagt
sorry boss
die machen mich
dingfest
der wird mir
zu gefährlich
dem geht der
arsch mit grundeis

hört auf zu winseln
wehrt euch
die beste verteidigung ist
der angriff
(clausewitz)

6

als die nazis
während des krieges
in dänemark
den judenstern einführen wollten

trug der könig von dänemark
bei seinem nächsten ausritt
den gelben stern
auf seiner uniform

warum legen
der scheel
der schmidt
der willibrandt
der genscher
der maihofer
nicht den
judenstern an
wenn sie
beim frühstück lesen
daß man schon wieder
eine lehrerin
gefoltert hat

ah ich vergesse
daß sie eine solche meldung
mit der lupe
suchen müßten

wie wär's denn
bundesdeutsche zeitungen
wenn ihr
den deutschen dissidenten
wenigstens ein zehntel des raums
einräumen würdet
den ihr
den russischen
widmet
doch zieht ihr es vor
aus dem glashaus
mit steinen zu schmeißen

die splitter im fremden
anstatt den balken im eigenen
auge zu sehn

7

das neue kz
ist schon errichtet

die radikalen sind ausgeschlossen
vom öffentlichen dienst
also eingeschlossen
ins lager
das errichtet wird
für den gedanken an
die veränderung
öffentlichen dienstes

die gesellschaft
ist wieder geteilt
in wächter
und bewachte
wie gehabt

ein geruch breitet sich aus
der geruch einer maschine
die gas erzeugt

ERICH FRIED *Die Anfrage*

Mit Verleumdung und Unterdrückung
und Kommunistenverbot
und Todesschüssen in Notwehr
auf unbewaffnete Linke
gelang es den Herrschenden
eine Handvoll empörte Empörer
Ulrike Meinhof
Horst Mahler
und einige mehr
so weit zu treiben
daß sie den Sinn verloren
für das was in dieser Gesellschaft
verwirklichbar ist

Was weiter geschah
war eigentlich zu erwarten:
Wieder Menschenjagd
Wieder Todesschüsse in Notwehr
die bekannten Justizmethoden
die bekannten Zeitungsartikel
und die Urteile gegen Horst Mahler
und gegen Ulrike Meinhof

Aber Anfrage an die Justiz
betreffend die Länge der Strafen:
Wieviel Tausend Juden
muß ein Nazi ermordet haben
um heute verurteilt zu werden
zu so langer Haft?

VOLKER BRAUN *Die Geräusche meines Lands*

Hinter geschlossenen Türen sitzend
Höre ich Geräusche, das Knirschen
Der Industrien und der Leiber
Unter dem Plan. Der Redner redet:
Was immer das Leben kürzte, der Hunger
Liegt an der Kette der Maßnahmen
Tragik geregelt zwischen den Eckdaten.
Sprich lauter, Genosse, sind wir Illegale.

Kopf und Bauch gefüllt mit Notwendigkeit
Daß mir die Ohren klingen. Der Lärm
Stört mich nicht, er hält mich in der Welt.
Andernorts die, Bombenbastler, sitzen
Ein in schalldichten, zur Strafverschärfung
Gelassen: und kein Mucks der Gegend
Bis sie überschnappen und hängen
Wie Ulrike am Nagel. Schrei, Genosse
Gegen die Stille plötzlich in mir

Hans Joachim Schädlich *Hörtest*

Eine gute Hörtestgruppe der hauptstädtischen Auftragsbehörde sitzt in einem Abhörraum und hört gut. Und notiert.

Im Tonstudio sitzt ein Toningenieur. Er kann zwei Tonbandgeräte betreiben.

Neben dem einen Gerät liegen zwei kleine Kartons: im einen die eine, im anderen die andere eingefangene Stimme. Sie sind getrennt, für das Verhör.

Neben dem anderen Gerät liegt ein großer Karton; mit sieben willigen Antworten auf einfache Fragen. Die Stimme eines bemühten Beamten, der trotzdem mit dem Bleistift auf die Schreibtischplatte geklopft hat, ist herausgeschnitten dazwischen. In den Antworten ist das Klopfen geblieben.

Für den Toningenieur ist es wenig. Er legt die eine gefangene Stimme auf das eine Gerät und die sieben erleichterten auf das andere. Erst bringt er die eingefangene Stimme zum Reden, danach die erste von sieben erleichterten Stimmen.

Für die Abhörgruppe ist es schon mehr. Ein einstimmiges Minuszeichen hinter der Ziffer Eins in der ersten Spalte beläßt dem stellvertretenden Verwalter eines größeren Materiallagers in S. die Aufstiegschance.

Ein guter Toningenieur spart einer Abhörgruppe die Zeit. Die erste von sieben erleichterten Stimmen bietet sich noch zum Vergleich an, da ist die eine gefangene Stimme schon zurückgeholt, daß sie der zweiten erleichterten Stimme vergleichsweise vorsprechen kann.

In der ersten Spalte notieren fast alle Testhörer ein Pluszeichen hinter der Ziffer Sechs. Nach dem Minuszeichen hinter der Sieben rauchen die meisten Testhörer eine Zigarette.

Da legt der Toningenieur die andere gefangene Stimme auf das erste Gerät. Auf dem zweiten Gerät kreischen aber sieben Vergleichsgrößen zum Anfang zurück unterdessen, das spart wieder Zeit.

Ein Pluszeichen notieren die meisten Testhörer hinter der Ziffer Sieben in der zweiten Spalte.

Eine gut eingehörte Testgruppe beantwortet zwei Fragen vergleichsweise gleichzeitig: Wer ist wer und Wer wen.

Peter Schneider *Die freiheitlich-demokratische*

Erst nach 1933 wurde der Beamte in seiner gesamten Persönlichkeit gesinnungsmäßig erfaßt. In einem Kommentar zum Verfassungsrecht des großdeutschen Reiches hieß es: *Nur der darf zum Beamten ernannt werden, der neben der Eignung für das Amt die Gewähr dafür bietet, daß er jederzeit rückhaltlos (das heißt ohne ›wenn und aber‹) für den nationalsozialistischen Staat eintritt.*

Verblüffend ist es aber doch, wenn man das nationalsozialistische Gesetz zur Wiederherstellung des Berufsbeamtentums mit entsprechenden Formulierungen nach 1945 vergleicht. Sie kennen doch sicher die Illustriertenrubrik ›Denkbar‹. Unter verschiedenen Zeichnungen steht da: »Die Zeichnungen sind scheinbar gleich. Sie unterscheiden sich jedoch in zehn versteckten Einzelheiten, die Sie herausfinden sollen.«

Meine Frage nach dem versteckten Unterschied bezieht sich auf folgende drei Formulierungen:

Beamte, die nach ihrer bisherigen politischen Betätigung nicht die Gewähr dafür bieten, daß sie jederzeit rückhaltlos für den nationalen Staat eintreten, können aus dem Dienst entlassen werden.

Die Einstellung in den öffentlichen Dienst setzt voraus, daß der Bewerber die Gewähr dafür bietet, daß er jederzeit für die freiheitlich-demokratische Grundordnung im Sinne des Grundgesetzes eintritt.

Einer Zulassung Ihrer Tochter zur Oberschule kann nicht zugestimmt werden, weil sie nicht die Gewähr dafür bietet, sich jederzeit für unseren Arbeiter- und Bauernstaat einzusetzen.

Unterschiede gibt es in den drei Formulierungen schon, aber das Wörtchen ›jederzeit‹ kommt dreimal vor. Offensichtlich ist auch, daß die neueren Formulierungen nicht an die demokratischen Traditionen des Beamtentums anknüpfen, sondern an diejenigen der Kaiserzeit und des Dritten Reiches. Damit hier keine Zweifel entstehen, hat unser Innenminister das Wörtchen ›jederzeit‹ ausdrücklich so ausgelegt, daß seine Beamten sich jederzeit *aktiv innerhalb und außerhalb des Dienstes für die Erhaltung der ... einzusetzen* haben. Übrigens fällt mir auf: noch nie ist so oft von der ›freiheitlich-demokratischen ...‹ die Rede gewesen. Gibt es die erst seit zwei Jahren? Oder spricht man erst von ihr, seitdem man dabei ist, sie abzuschaffen?

Im Januar 1972 schrieb Herbert Wehner, kurz bevor er dem Beschluß zustimmte: *Wenn man hier einmal anfängt, wo wird man enden? Wann wird die nächste Gruppe fällig sein und die übernächste? Ich sehe keinen Sinn darin, die freiheitliche Grundordnung durch den ersten Schritt zu ihrer Beseitigung schützen zu wollen. Kampf gegen Kommunismus darf nicht als Schablone für die Verdächtigung und Schmähung von allem, was nicht konservativ ist, gebraucht werden.*

Vor fast zehn Jahren habe ich mich im Stadtpark einmal auf eine Wiese in die Sonne gelegt. Damals ist ein Polizeibeamter gekommen und hat mir gesagt, daß das Liegen auf der Wiese verboten ist und daß es fünf Mark kostet. Als ich ihn gefragt habe, warum das verboten ist, hat er es nicht erklären können. Er hat nicht gesagt: »Weil hier frisch gesät ist«, oder »Weil nach der allgemeinen Ansicht das Betreten des Rasens verboten ist«. Er hat nur gefragt, ob ich das zuhause auch mache, was ich glaube, wozu ein Rasen wächst, und daß es eben verboten sei. Neulich habe ich mich nun wieder im Stadtpark auf die Wiese gelegt. Diesmal hat mir eine alte Frau, die auf der Bank neben der Wiese saß, gesagt, ich solle sofort aufstehen, weil es verboten sei, diese Wiese zu betreten. Als ich nicht gleich aufgestanden bin, hat sie gesagt, sie würde die Polizei holen. Da bin ich erst recht nicht aufgestanden, und sie hat wirklich einen Polizisten gerufen. Der Polizist – es war nicht derselbe – hat ihr gesagt, er könne nicht dagegen einschreiten, daß ich auf der Wiese liege: inzwischen sei das nämlich nicht mehr verboten. Die Frau hat ihn gefragt, warum und wieso nicht? Vor sieben Jahren sei das doch noch strafbar gewesen. Der Polizist hat ihr das nicht erklären können. Natürlich fragte ihn die Frau empört: Wozu wächst hier überhaupt noch ein Rasen, wenn ihn jeder gleich wieder zertrampeln darf? Dann hat sie sich wieder auf ihre Bank gesetzt.

Wenn dieser Beamte nun nicht seinem jetzigen, sondern dem vorigen Dienstherrn treu gewesen wäre? Der Nachteil der »Jederzeit«-Treue zum Dienstherrn ist doch, daß ein wirklich treuer Beamter nichts mehr erklären kann und vor lauter Treue in einen Loyalitätskonflikt gerät! Er kommt einfach nicht mehr mit.

Luise Rinser *Gespräch über Deutschland. 1978*

Am Telegrafenamt in Rom. Ich will ein Telegramm aufgeben »per Germania«. Das Fräulein fragt: »Per quale Germania? Per la Di-Di-Erre (DDR)?« – »Nein, per la Bi-Erre-Di (BRD).« Aber diese Abkürzung versteht sie nicht. Ich sage: »Per la Germania occidentale.«

(Dies im Gegensatz zu Germania orientale.) Ich sage dem Fräulein, daß wir in Germania die Bezeichnungen West- und Ostdeutschland nicht mehr haben. Sie fragt: »Warum?« Ich mag es ihr nicht erklären. Aber ein Herr neben mir, Italiener, sagt: »Germania non esiste più.« Deutschland existiert nicht mehr. »Aber doch«, sagte ich, »ich bin Deutsche.« Er sagt unbeirrt: »Ein Land, aufgeteilt in zwei feindliche Staaten, orientiert nach zwei ganz verschiedenen Richtungen, ist kein Deutschland mehr. Glauben Sie vielleicht an die Wiedervereinigung? Wünschen Sie sie?« Ich sage: »Warum sollte ich sie wünschen? Meine Wünsche gehen in eine ganz andre Richtung. Ich wünsche ein friedliches Europa, in dem die beiden deutschen Staaten freundschaftlich nebeneinander, miteinander leben. Alles andre, Signore, sind Probleme der Vergangenheit.« Der Herr muß gehen, ich auch, nach der andern Seite. In meinen Ohren bliebs haften: Germania non esiste più. Könnte der lapidare Schlußsatz einer Schillerschen Tragödie sein.

Was für ein Deutschland meinte der Signore? Was für eins meine ich? Wenn zwei sagen »Deutschland«, meinen sie dann dasselbe?

Deutschland, ein Wunschtraum, eine (Fichte'sche) Idee. Die deutsche Seele, die deutsche Romantik, das deutsche Lied. Deutschland, eine harte sperrige politische Realität. Deutschland, ein Wirtschaftswunderland noch immer, mit allen Folgen. Deutschland, Vorbild für alle law-and-order-Staaten. Deutschland, ein begehrter wirtschaftlicher und politischer Partner. Deutschland, das Land, in dem die Mörder aus dem Dritten Reich fröhlich, an höchsten Stellen postiert, weiterleben, in dem aber Leute, die zehn Jahre früher harmlose »Linke« waren, Berufsverbot bekommen. Was für ein widersprüchliches Land. Lieben kann ichs nicht. So nicht.

Rolf Hochhuth *Geschichtsatlas*

Jahre, »Taten« – an den Wind verloren.
In den Wind gearbeitet! – klagt Salomo.
Hekatomben hat Geschichte weggeschoren,
wüstgelegt, genarrt, von nirgendwo
und um nichts nach nirgends deportiert.

Brüder, Vettern, Kinder, Eltern
wie Benzin auf »Vormarsch«-Straßen
querweltein verbraucht, auf Feldern
an der Rollbahn abgeworfen – oder fraßen
Feuer oder Fische oder Straßen ihren Leib?

Zum Beispiel die M.s am Markt, Friseur,
politikfremd veropfert – jeder hat sie gekannt.
Ich meine die M.s aus La Tranche-sur-Mer,
du meinst die aus Kiew – wie fliegenden Sand
hat der Kriegswind sie ins Nichts geschleudert.

Und der du's liest und der ich's schreibe:
wo wirft *uns* die Politik auf Abraumhalden?
Bomber kreisen – eine Bleibe
ist kein Haus mehr, längst verwalten
sie die Völker per Computerbank.

Du bist auch mit allen Steckbrief-Daten,
Reisen, Steuern, Leberflecken
längst gespeichert – vorgeladen,
kann kein Wald, kein Raum dich mehr verstecken,
wenn der Staat, gesichtslos, nach dir greift.

Hanns Joseph Ortheil *Fermer*

Die ersten Tage in der Kaserne seien ihm vorgekommen wie Tage nach einer großen Katastrophe; staunend und hilflos habe er den Ereignissen nur begegnen können, der Ruhe, mit der er sich die Stiefel geschnürt, der Ausdauer, mit der er sein Gepäck auf den langen Fußmärschen durch die unbeobachtete Gegend geschleppt, der Intensität, mit der er immer wieder die Sauberkeit des Gewehrlaufes überprüft habe. In den kurzen Pausen zwischen den einzelnen Verrichtungen sei er müde und beinahe besinnungslos auf sein Bett gefallen; doch am Abend sei er nicht eingeschlafen. Ein im Kopf anhaltendes Dröhnen habe die Ereignisse des Tages nicht versteckt, sondern sie immer wieder hervorgekehrt und sie Bild für Bild abrollen lassen, als sei eine Unterbrechung längst unmöglich.

Die Floskeln der Befehlssprache habe er wie unter einem unabänderlichen Zwang oft bis tief in die Nacht wiederholt. Aber auch während des Tages habe ihn alles von Verrichtung zu Verrichtung getrieben, so daß er kaum noch jene Unterhaltung mit sich selbst habe fortsetzen können, die ihm während der Schulzeit wenigstens noch einen Rest von Freiheit erhalten habe. Vor allem aber sei ihm jede Möglichkeit zum Lesen genommen worden, als er einmal am frühen Abend durch einen Zufall für kurze Zeit allein in der Stube gewesen sei, habe er es einmal versucht. Doch schon die ersten, nach dieser ihm unendlich lang erscheinenden Zeit gelesenen Sätze hätten ihn so traurig gestimmt, daß ihm beinahe die Tränen ins Gesicht gelaufen seien und er sich geschämt habe, so hilflos zu sein.

Das Leiden der Menschen in den Büchern habe oft noch den Schein von Kreatürlichkeit, und in Momenten steige das Bewußtsein dieser Menschen an ihr Leiden heran und überwerfe es mit dem Schimmer der Verachtung. Das Leben in der Kaserne aber unterbiete alle Möglichkeiten; es sei ein Stillstand ohne Anspruch gewesen. Nichts aber sei ihm furchtbarer und erschreckender als die Vorstellung des ereignislos verstreichenden Lebens, das kraftlos in den Tod versickere.

Auch die anfangs noch bemühten Gespräche zwischen den Soldaten seien allmählich eingestellt worden; in der freien Zeit hätten sie Karten spielend in den dunklen Stuben gesessen oder mit dem Ohr am Kofferradio, das leise habe spielen müssen. Fast alle hätten begonnen, mehr zu rauchen und zu trinken, seien auch stiller und jähzorniger geworden, und manchmal habe er in den langen, wach durchlegenen Nächten das Stöhnen eines Onanierenden im Schnarchen der anderen gehört.

Er habe bemerkt, daß seine Gedanken langsamer geworden seien und die täglichen Handgriffe sich an ihre Stelle gedrängt hätten. Schweigend noch habe er still gehalten und habe doch nicht aus noch ein gewußt. Erst für Augenblicke, dann in der weiten Ferne der Träume habe sich in den Nächten der Wunsch gebildet, diesem Gefängnis, in dem man ihn habe untauglich machen und ihm die Nichtigkeit des Erwachsenseins habe einimpfen wollen, zu entkommen. Manchmal habe auch am Tage der Blick aus den geöffneten Fenstern über die Mauern des Kasernenhofes diesen Wunsch lauter angeschlagen. Er habe sich nicht weiter bedacht und für Tage noch der Sache ihren Lauf gelassen.

Gestern abend jedoch, an diesem Vorfrühlingsabend, sei er, den bewilligten Ausgang zu einem Sapziergang in die Nähe des Flusses nutzend, nicht mehr in die Kaserne zurückgekehrt.

MICHAEL SCHARANG *Eine Person wird von einer Amtsperson folgendermaßen belehrt*

Von Ihrer Sicht können Sie das nicht richtig beurteilen.
Dazu fehlt Ihnen der Überblick.
Sie sehen nicht alle Zusammenhänge.
Dazu ist Ihr Augenmerk viel zu sehr auf Sie selbst gerichtet.
Es ist zu wenig aufs Ganze gerichtet.

Dabei kommen dann solche Fehleinschätzungen zustande.

Wie zum Beispiel, daß Sie einen Regen für einen Wasserfall halten.
Oder, daß Sie die Decke Ihres Zimmers für einen Sargdeckel halten.
Oder, daß Sie den Hauptplatz für einen Kriegsschauplatz halten.

Oder, daß Sie Ihre Rückgratverkrümmung für einen Steuerschwindel halten.
Oder, daß Sie unsere Beratungsstelle für einen Spionagering halten.

Solche Fehleinschätzungen führen dann zu falschen Erwartungen.

Sie können vom Staat nicht erwarten, daß er nur für Sie da ist.
Sie können von mir nicht erwarten, daß ich Ihnen aus eigener Tasche was gebe.
Kaufen *Sie* die Wiener Schwachstromwerke, wenn es Ihnen nicht paßt, daß Sie an Siemens verkauft werden.
Sie können von niemandem erwarten, daß er *seine* Tüchtigkeit zu *Ihrer* Tüchtigkeit macht.
Sie können nicht erwarten, daß wir einen Teil der Kosten des Rollstuhls übernehmen, wenn Ihre Frau es nicht einmal der Mühe wert findet, selbst herzukommen.

Solche falschen Erwartungen führen nämlich zu Fehlbeurteilungen.

So, wenn Sie sagen, das hätten Sie alles vorhergesehen.
Oder, wenn Sie sagen, diese Ämter würden ohnedies bald in Flammen aufgehen.
Als die Beine Ihrer Frau noch gesund waren, sind Sie auch nicht gekommen und haben gesagt, ich möge mich dafür interessieren.
Oder, wenn Sie sagen, Sie würden sich die Hände abhacken, damit Sie nicht mehr von der Hand in den Mund leben müssen.
Oder aber, wenn Sie die Denkpausen, die unser Bürgermeister beim Sprechen macht, umbenennen wollen, wie Sie gesagt haben.

Solche Fehlbeurteilungen führen dann zu falschen Schlüssen.

Die Haut, aus der einer heraus kann, müßten Sie mir nämlich erst zeigen.
Ebenso den Schatten, der da angeblich dazugehört.
Vor allem aber müßten Sie erst einmal beweisen, daß Ihnen wirklich jedesmal ein Licht aufgeht, wenn Sie ein Bremslicht aufleuchten sehen.
Und zeigen Sie mir den, der seine Wohnungstür aushängt um Sie bei Ihnen einzuhängen.
Zeigen sie mir, wo zwischen meiner vorgesetzten Dienststelle und Ihrem Hausherrn ein Zusammenhang besteht.

Solche falschen Schlüsse führen leicht zu Fehlhandlungen.

So bot ich Ihnen einen Stuhl an, Sie aber setzen sich nicht.
Sie verweisen selbst immer wieder auf den langen Weg, den Sie bis hierher zurücklegen müssen, den epileptischen Anfall aber bekommen Sie hier.
Mich interessiert nicht, daß Sie einen Zug entgleisen lassen wollen.
Sie können aber nicht die Schuhplakate herunterreißen, nur weil Ihre Sohle Sie im Stich läßt.
Und Sie können nicht etwas haben, was ganz einfach nicht da ist.

Herbert Achternbusch *Blutentnahme*

14. Dezember 1975. Heute früh um 4 Uhr wollte ich Heinz zu seinem Auto in der Germeringer Straße fahren. Knapp vor der Bahnunterführung zum Pippinplatz, wo der Gegenverkehr Vorfahrt hat, hielt ich, weil mir ein Polizeiwagen entgegenkam, und setzte ein paar Meter zurück, was später die Beamten als auffällige Fahrweise bezeichneten. Sie hielten hinter mir und winkten mir auszusteigen. Sie fragten mich nach meinem Namen und machten einen Alkotest mit mir. Er verlief knapp positiv, worauf ich mit zur Blutentnahme ins Starnberger Krankenhaus zu kommen hatte. Heinz rief, daß ich Tabletten eingenommen hätte und die beiden doch nicht so sein sollten. Ich riet ihm, zu Fuß zu seinem Auto weiterzugehen. Ein Beamter parkte meinen Wagen vor der Sparkasse und brachte mir den Schlüssel mit den Worten, die an den anderen Beamten gerichtet waren, daß das Fahrzeug ordnungsgemäß abgestellt sei. Ich ging zu meinem Auto, um seine Maßnahmen zu überprüfen, und er hatte tatsächlich recht: beide Türen waren verschlossen. Ich wurde angerufen, daß sie nicht so viel Zeit hätten, und ich sagte, daß sie deswegen doch Nachtdienst machten, worauf sie was Unverständliches motzten. Ich wurde sehr langsam nach Starnberg gefahren, und ich dachte, Mühltal kommt nie. Es hatte leicht geschneit, aber doch nicht so leicht, daß auf der Straße kein Schnee gelegen hätte. Meist war die Straße nur naß, doch im Wald hatte sie diesen Belag. Ich hatte kein schlechtes Gewissen und war guter Dinge, was sich freilich nicht äußerte. Auf den Gedanken, in diesem gemächlichen Fahrzeug wegen Trunkenheit am Steuer zu sitzen, wäre ich nicht gekommen. Es war eher so, als sei mein Fahrzeug ausgefallen und ich würde freundlicherweise von der Polizei hingefahren, wohin ich wollte. Ich hatte so gut wie nichts getrunken, nur eine Grippe machte mich etwas schwerfällig. So fuhren wir weiter die Würm entlang, und dann kam Starnberg in Sicht. Ich wußte im voraus, wo es zum Krankenhaus hinaufgeht, und ich hoffte, daß der Nachtarzt ein vernünftiger Mensch sei. Ein Mann in weißem Kittel sagte den beiden, daß es zehn Minuten dauern werde, bis der Arzt komme. Zu mir sagte er das nicht. Im Neonlicht merkte ich plötzlich, daß ich zu einem Delikt verkommen war, aber ich hielt stand und wußte, wer ich bin. Es summte etwas im Raum, mein Kopf war es nicht, weil ich zu nüchtern war. Hier zu warten, sagte ich, haben Sie viel Zeit. Aber wir sahen uns jetzt nicht mehr an. Der Weißkittel hatte den Polizisten auf ihre Frage hin sofort gezeigt, in welchem Raum der Ambulanz sich eine Schreibmaschine befindet. Beide suchten das elektrische Anschlußkabel, gefunden lobten sie sich. Sie wollten zur Sache schreiten, indem sie mir einen Stuhl anboten. Ich blieb stehen, den weiteren Verlauf besser verfolgen zu können. Wenn

ich auf einem Stuhl sitze und nicht selber schreibe, schlafe ich sofort ein. Sie fragten mich nach meinem Namen. Ich sagte, daß sie den schon wissen, und daß ich mehr nicht sage. Sie sagten, daß sie mich hiermit darauf aufmerksam machen, daß ich das Recht habe, nichts zu sagen, was zu meinem Nachteil sei. Dann kam der junge Arzt. »Arm frei!« Aber ein Mensch bin ich und das ist mehr als eine Zier des Staates. Ich sagte, daß ich mir kein Blut nehmen lasse. Der Arzt hielt mich für verrückt. Die Beamten verharmlosten den Vorgang, indem sie sagten, wie schnell es vorbei sei. Der Arzt riet nur zur Vernunft. Ich fragte ihn, ob er wisse, was Vernunft ist, was er bejahte. Nach Ansicht der Beamten verschlechterte ich durch mein Verhalten meine Lage. Ich fand meine Lage nicht schlecht. Zu meinen Lasten ging ein neues Delikt. Die Beamten rieten sich zur Gewalt, das allerdings lehnte der Arzt ab. So stiegen wir wieder ins Auto, nachdem der Beschluß gefaßt worden war, mich auf die Starnberger Wache zu bringen, wo ihrer »mehr« seien und der Amtsarzt mir das Blut entnähme. Dem diensthabenden Beamten wurde erklärt, daß ich einer von denen sei, die über die Polizei sagen, sie tue die ganze Nacht nichts. Ich fühlte mich nicht bemüßigt, diese Vergröberung meines anfänglichen Einwands zu korrigieren. Der Amtsarzt war verhältnismäßig schnell da. Er saß unter einem Kalenderblatt, auf dem Kardinal Döpfner einen Polizisten begrüßt. Auch von ihm ließ ich mich nicht auf den Stuhl bitten. Man sagte ihm, wie der Fall liege und er erbrachte seinen erkennungsdienstlichen Beitrag, indem er meine Größe, mein Alter, mein Gewicht und meinen Zustand schätzte, letzteren als betrunken, ich sah ihn nur an, diesen Trottel. Er griff zu einer Spritze, und ich sagte nochmals, daß ich mir kein Blut entnehmen lasse. Ein Paragraph wurde mir nicht gezeigt. Er gab den Beamten den Befehl, mich zu halten. Schon in den Fängen von fünf Polizisten fragte ich mich, ob der Amtsarzt denn ihr Vorgesetzter sei. Es fehlte ein Vertreter der Gerechtigkeit, denn als ich sagte – man hatte mich schon zu Boden gebracht – wer hier feststellt, daß ich mich nicht wehre, sondern nur weigere, sagte einer dreist: »Niemand!« Meine Weigerung sah so aus, daß ich meine Arme mit aller Kraft an mich preßte und weder mit den Füßen noch dem Kopf oder sonst was stieß. Ich wehrte mich schon deshalb nicht, weil ich spürte, daß sie mich niederschießen würden, gehässig wie sie waren. Um meine Arme auseinander zu bringen, mußten sie mich auf den Boden werfen. In meiner Hilflosigkeit sagte ich, daß ich mehr demokratische Rechte hätte, als sie wüßten. Worauf mir wieder so eine Stimme über das Maul fuhr: »Das kennen wir schon. Das sagt ein jeder.« Einer kniete sich auf meine Kehle, und ich kriegte keine Luft. Er hatte mich von hinten und setzte sein Knie seitlich ein. Seinen Hintern hatte ich über meinem Gesicht. Als ich ein wenig Luft bekam, er änderte geringfügig und kurzfristig seine Lage, fragte ich nach seinem Namen. Er sagte, daß er mir den nicht sagt. Er hatte einen langen spitzen Schnurrbart. Im nächsten Augenblick setzte er sich auf mein Gesicht. Da spürte ich auch den Stich im linken Arm, und ganz ungehörig gab meine Vene Blut her. Der Schwarm löste sich von mir, und ich war für sie von überhaupt keinem Interesse mehr. Ich wollte meine Lage begreifen und das Maß der Demütigung nicht wahrhaben. Auf die Stichwunde wollte mir der Amtsarzt ein Pflaster tun – ich knöpfe gerade das Hemd auf und sehe, daß es drei Einstiche sind –, ich habe wahrscheinlich aus Widerwillen die Zeit, in der der Polizist auf meinem Gesicht saß, kürzer empfunden, als sie war. Dann war ich keiner Bewegung mehr fähig, auch keiner Lippenbewegung. Ich hörte einen Anzeige um Anzeige tippen. Jetzt hatte ich mich auch der Staatsgewalt widersetzt. Noch ziemlich nah hörte ich den Amtsarzt sagen, daß da ein Vater etwas versäumt habe. Ich hörte, wie er einen der Gautinger Polizisten fragte, wer im Krankenhaus oben Dienst gehabt hätte. »Der Hermes«, sagte der Polizist, worauf ich den Amtsarzt entgegnen hörte: »Das Arschloch!« Die einzige Verbalinjurie, die überhaupt gefallen war. Es folgten etwas längere Erwägungen etwas weiter weg von meinen Ohren, als seien sie alle in einem anderen offenstehenden Raum gegangen. Was jetzt mit mir zu tun sei. Ob ich in eine Zelle solle. Ob eine Zelle frei sei. Es war eine frei. Aber die Starnberger Polizei war dafür, daß mich die Gautinger mitnimmt, die wußten, wo ich wohne, weil sie mich kannten. Oder wir lehnen ihn einfach vor die Tür, meinte ein Starnberger. Dem entgegnete der Amtsarzt mit »Das geht nicht«. Man kam überein, mich nach Gauting zu fahren und vor meiner Wohnung auf die Straße zu werfen. Mir verging keine Zeit, die Sätze schienen mir von hinten gesprochen, obwohl ich sie verstand. Ich hatte Anwandlungen, mich für die Polizei zu schämen und sie dieser Entwürdigung zu entheben, indem ich mich erhebe. Aber ich konnte mich nicht bewegen, auch die Augen nicht. Es kamen zweimal die Gautinger Polizisten, ich solle mit ihnen gehen. Sie sahen auf mich herab, und ich sah sie verzerrt in meinem Blickfeld. Aber in meinen Blick tauchte kein anderer Blick. Irgendwann mittendrinnen in meinem Liegen, und dieses Liegen gehörte mir, richtete einer den Läufer, auf dem ich lag, etwas ab von mir. Ich war ihm dankbar, daß er mir das Sakko, das noch am rechten Arm hing, nicht irgendwie überlegte. Ich dankte, daß diese Kräfte kein Mitleid kennen. Man fragte den Amtsarzt, was er für diesen Einsatz bekäme. Das gehöre zu seinem Dienst. Frage und Antwort wurden als Scherz aufgenommen. Das Ergebnis der Blutuntersuchung sei in vier Tagen da. Dann faßte man mich an, hob mich hoch und ich kam auf die Beine zu stehen und versuchte mitzugehen, doch wie sich das Blut nicht von meinem Willen beeinflussen ließ, so jetzt auch nicht die Beine. Reduziert bis auf die Gedanken hatte ich Angst, daß auch die mich verlassen könnten, als ich mit dem Gesicht über Betontreppen abwärtsschwebte. Wer könnte ihnen etwas anhaben, wenn sie mich jetzt fallen ließen? Aber alle drei, auch der, der sich meiner Beine angenommen hatte, hielten mich tapfer fest, schoben mich mit dem Kopf voraus in ihren vw-Kombi, legten mir die Beine nach, als wollten sie die nicht vergessen, und dahin ging es, unvergleichlich schneller als auf der Hinfahrt. Ich lag auf einer feuchtdreckigen Gummimatte, deren Rippen sich unerbittlich in mein Gesicht drückten, wenn sie eine Rechtskurve nahmen und mein Gesicht unter den Hintersitz zu gleiten schien. Dieser Tag hatte es auf mein Gesicht abgesehen. Ich liebe mein Gesicht, wissen Sie. Wird wenigstens der Schnee so tief auf der Straße sein, daß ich weich liege? Nach einiger Zeit würde ich schon fähig sein, nach meiner Frau zu schreien. Aber nein, ich werde ins Gautinger Polizeirevier getragen, auf einen Stuhl gesetzt und kommentiert. Mein Zustand hat sich so verfestigt, daß ich sitzen bleibe. Der Zufall hat mein Auge auf einen Aktenordner gesetzt, auf ein auseinandergelaufenes grünliches VP. Angaben zur Person. »Er sagt ja nichts. Blutentnahme. Er hat bei der Blutentnahme wild um sich geschlagen. Wir mußten ihn festhalten. Er ist in die Unterführung hineingefahren«, und eine Verdrehung nach der anderen. Ich höre einen Mann, der einen Einbruch anzeigt, Fenster eingeschlagen, Mann in hellem Mantel gesehen. Die Anzeige könne nicht auf Bedrohung, nur auf Hausfriedensbruch und Sachbeschädigung lauten, belehrt ihn ein Polizist und schickt ihn wieder heim, sie kämen gleich. Der käme oft zu ihnen. Sie kommen überein, den Fall der Ablösung zu überlassen. Immer wieder kreuzen Polizeibeamte die Räumlichkeit, als bestehe darin ihr Tun. Irgendwann, da es hieß, daß ich schon zwei Stunden dasitze und mich nicht rege und mich auch im Kombi nicht geregt habe – keine Rede von meiner Bodenlage –, kommt meine hergeholte Frau und stellt fest, daß mit mir was geschehen sein muß. Sie gibt meine Personalien her. Und der neue Strafbestand der Beamtenbeleidigung zeichnet sich ab: Ich hätte sie Arschlöcher geschimpft. Und weil sie das den ganzen Tag hören, könnten sie das nicht mehr hören und hatten deswegen etwas fester zugepackt, sagt einer zu meiner Frau. Ich kann mit meiner Frau nicht sprechen, bloß keinen Weinkrampf kriegen. Wissen Sie, mein Mann ist sehr empfindlich. Eine ältere Polizistenstimme behauptet, daß sie noch meine kürzlich verstorbene Mutter gekannt hätte. Sie sei immer zu ihm gekommen, wenn sie Sorgen gehabt hätte – und der Sohn benimmt sich so, wie es ihm in seinen zwölf Jahren noch nicht vorgekommen sei. VP. Da ich unfähig bin, meiner Frau zu folgen und mich jetzt kein Polizeibeamter mehr tragen will, bittet meine Frau um einen Krankentransport. Wieder versichern sich die Beamten, daß der Alkotest für sie gerade noch positiv ist und daß der Amtsarzt gesagt habe, Medikamente seien zu meinen Gunsten und senkten den Alkoholspiegel. Irgendeiner hat für meinen Zustand das Wort Schock gefunden und das zirkuliert jetzt ungereizt. Sie versichern sich, daß mich der Amtsarzt für den Transport freigegeben hat. Ausdrücklich hat er gesagt: Dem fehlt nichts. Aber die beiden hatten auch meiner Frau zugestanden, daß ich keinen betrunkenen Eindruck gemacht habe. Die Ablösung scheint gekommen zu sein, weil die Frage aufkommt, ob es der Gautinger Amtsarzt gewesen sei. Der Starnberger. Wer? Der Käfer, Erleichterung, mein Fall scheint überhaupt nur noch in Starnberg passieren zu können. Jetzt möchten die Sanitäter, daß ich mit ihnen gehe. Der geht nicht. Ich komme auf eine Tragbahre. Sie lassen im Freien ihre Hände über mir kreisen. Aus ihrer Aussage folgere ich, daß ihnen meine Augen nicht folgen. Er hat einen schweren Schock. Er ist nicht bei Bewußtsein, sagen sie einem Polizisten auf der Treppe. Im Sanitätswagen bäume ich mich auf, so daß ein Gurt wegschnellt und die zwei Sani hinausspringen, ich schrei: »Fünf Polizisten!« Reaktion: »Du wirst schon nicht sterben!« Dann ist wieder Ruhe, und ordnungsgemäß werde ich heimgebracht, aber auf Verantwortung meiner Frau, wie sich die Polizisten von den Sanitätern, die mich ins Starnberger Krankenhaus eingeliefert hätten, und die Sanitäter von meiner Frau, vergewissern ließen. Offensichtlich wollen sie mich auf der Bahre nicht hineintragen, ich soll gehen. Unser Hund schleckt mich ab. Meine Frau weist den Weg. Die Kautsch steht am gewohnten Platz. Es geht auf acht, es wird Tag. Inzwischen ist es wieder dunkel geworden, doch derselbe Witterungszustand: es schneit, ohne daß sichtlich Schnee zusammenkäme. Die Blutergüsse werden schmerzhaft, ich habe Schluckbeschwerden, wenn mein Kehlkopf zusammenbricht? Es war nur so ein freiheitlicher Drang, der mir riet, nichts von mir herzugeben. Bevor ich ins Würmbad gehe,umarmt mich meine Frau und ich schrei auf, weil mir alles weh tut. Dort erzähle ich mit anderen Worten, was mir letzte Nacht geschehen ist. Der Schlosser erzählt, wie sein Sohn in die Lage kam, einem Polizisten eine Ohrfeige zu geben. Der wollte mit seinem Gummischlauch zurückgeben, verfing sich aber damit in der Dachrinne. 40 Mark ans Rote Kreuz. Sie hätten mich sehen mögen, von draußen. Durchs Fenster hätten sie schauen mögen. Gegen die kommst du nicht auf. Um gegen die Aussage eines Polizisten aufzukommen, brauchst du fünf Zeugen. So ist das! Aber wenn einer einigermaßen normal ist, dann wird er sowieso kein Polizist. Oder kannst du dir vorstellen, daß du ein Polizist bist?

Wolfgang Deichsel *Achim*

Achim und sein Freund sind über eine leere Straße gegangen, obwohl die Verkehrsampel rot zeigte. Ein Mann hat sich mit ihnen angelegt. Ein Polizist mit Aktenmappe kommt vorbei.

Achim: Herr Wachtmeister, ich möchte eine Anzeige machen! *(Der Polizist bleibt stehen.)* Ich bin eben bei Rot über die Kreuzung gegangen.

Mann: Ich hab ihm gesagt, daß Rot ist, und da ist er auch noch frech geworden.

Polizist: Leut, laßt uns mit dem Kleinkram in Ruh! Ich will auch mal heim!

Achim: Ich will den Mann da anzeigen, weil er sich hochgradig verdächtig gemacht hat, weil er was gemacht hat, was ihm selbst gar nichts nützt, und daß einer was tut, was ihm selber gar nichts nützt, das würd ich nur verstehn, wenn der bei der Polizei wär, aber der ist nicht bei der Polizei. Jetzt stellen Sie mal sofort die Personalien von dem fest, damit man sieht, ob er eine Herkunft hat, oder ob der vielleicht grad zufällig operiert worden ist, denn er steht für mich unter dringendem Verdacht, mit dem Ampelnetz in direktem, geheimen Anschluß zu stehn, denn sehn Sie: von einer Ampel kann kein Mensch verlangen, daß sie erklärt, warum sie rot wird – sie wird rot, weil sie rot wird, auch wenn die Straße leer ist – aber von dem Mann da, weil er doch aussieht wie ein Mensch, verlang ich, daß er mir klar macht, warum er mich am Arm gepackt hat, wie ich über die Straße, die ganz leer war, gehn wollte.

Mann: Warum? Weil Rot war! Weil Rot war!

Achim: Sehn Sie, er hat nur immer den einen Satz: ›Weil Rot war!‹ Oder sind Sie vielleicht bei der Polizei angestellt?

Mann: Ich bin Kaufmann, Herr Wachtmeister, da bezahl ich übrigens genug Steuern.

Polizist: Was sollte denn Ihre Aussage beinhalten, daß die Polizei was tut, das ihr selbst nichts nützt?

Achim: Sie haben doch nichts davon, wenn Sie einen aufschreiben, der falsch geparkt hat, und der Herr da, der hat auch nichts davon, wenn ich bei Grün über die Straße gehe. Was schadet es ihm, wenn ich vor ein Auto komme. Normal wäre doch nur, wenn er bei Rot ruft: ›Bleib stehn, da ist ein Polizist!‹ Damit ich nicht erwischt werde, oder zu dem Polizisten, wenn mich einer erwischt hat, sagt: ›Es war noch grün.‹

Mann: Das fehlt noch.

Polizist: Das fehlt noch. Jetzt kommt ihr mal mit!

Freund *(zieht Achim weg)*: Komm laß doch den Quatsch!

ACHIM: Ich wollte nur ein paar sachdienliche Hinweise geben.
MANN *(hält Achim fest)*: Mitkommen!
ACHIM *(zeigt auf die Hand des Mannes)*: Da! Hier! Bitte! Jetzt können Sie das selbst beobachten, wie die Außensteuerung einsetzt! Warum macht er das?
MANN: Weil Rot war! Du Halbaffe! Rot! Rot! Rot!
POLIZIST: Rot.
MANN: Es war Rot.

KLAUS STILLER *Vor dem Gesetz*

Vor dem Gesetz stehen Polizisten. Zu diesen Polizisten kommt ein Mann aus dem Volk und bittet für sich und seine Frau um Eintritt in das Gerichtsgebäude. Aber die Polizisten sagen, daß sie ihnen jetzt, das heißt am 28. Mai 1974, den Eintritt zur öffentlichen Verhandlung im Sitzungssaal 701 nicht mir nichts dir nichts gewähren können.

»Es ist möglich, daß Sie der Verhandlung gegen den Verleger K. W. als Zuhörer beiwohnen«, sagen die Polizisten, »vorher müssen Sie uns aber Ihre Ausweise aushändigen und den Inhalt Ihrer Taschen auf den Tisch ausbreiten!«

Der Mann aus dem Volk und seine Frau geben ihre Ausweise arglos aus der Hand und legen ihre Habseligkeiten auf den Tisch. Unterdessen reichen die Polizisten die Ausweise einem dritten Polizisten weiter, der damit in einem angrenzenden Raum verschwindet. Der Mann aus dem Volk überlegt und fragt dann, ob denn die Ausweise des Prozeßpublikums im Nebenraum registriert würden. »Nein, nein«, sagen die Polizisten, »wir wollen nur prüfen, ob Sie Hausverbot haben ...«

Solche Schwierigkeiten haben der Mann aus dem Volk und seine Frau nicht erwartet. Eine öffentliche Verhandlung soll doch jedem und immer zugänglich sein, denken sie. Aber als ihnen die Polizisten – auf Waffensuche – jetzt mit Metallsuchgeräten am Körper entlangfahren, fügen sie sich doch darein, diese ganze Prozedur über sich ergehen zu lassen, um die Erlaubnis zum Eintritt zu bekommen.

Es dauert Minuten, bis der Mann und die Frau ihre Ausweise zurückbekommen.

Sie sagen sich: Wir spielen dieses Spiel mit, nur damit niemand von uns glaubt, wir hätten etwas zu verbergen.

Als sie endlich passieren dürfen, vergessen sie die einzelnen Kontrollmaßnahmen und geben sich mit den Erklärungen der Polizisten zufrieden. Während der Mann aus dem Volk der Verhandlung lauscht, flüstert ihm seine Frau zu, sie finde es ungerechtfertigt, daß man ihr im Verlauf der Kontrolle auch Kamm und Schlüsselbund abgenommen habe.

Der Mann aus dem Volk wird rebellisch. Und, da er in dieser scheinbar willkürlichen Maßnahme noch keinen tieferen Sinn erkannt hat, läuft er zu den Polizisten am Eingang zurück und bittet, ihm die Notwendigkeit dieser Beschlagnahmung zu erklären.

»Was wollen Sie denn jetzt noch wissen?« fragen die Polizisten. »Wir haben Kamm und Schlüsselbund in Verwahrung genommen, um zu verhindern, daß sie während der Verhandlung als Wurfgeschosse verwendet werden.«

Schließlich wird das Vertrauen des Mannes in die Ehrlichkeit der Türhüter schwächer. Und er weiß nicht, ob er es mit Banditen zu tun hat oder ob ihn seine eigene Einbildungskraft täuscht. Wohl aber erkennt er jetzt das Dunkel, das die Türen des Gesetzes umgibt.

Nun sind der Mann aus dem Volk und seine Frau in den Prozeß mithineingezogen. Der Größenunterschied zwischen der Staatsgewalt und dem Volk hat sich sehr zu ungunsten des Volkes verändert. Inzwischen kennen die Polizisten jene Leute namentlich, die sich für diesen Prozeß interessieren, und, um den Mann aus dem Volk einzuschüchtern, brüllen sie ihn an: »Hier kann niemand Einlaß erhalten, der sich von uns nicht überprüfen läßt! Denn wir müssen wissen, wer das Recht auf Öffentlichkeit in einem solchen Verfahren noch in Anspruch zu nehmen wagt ...«

Peter Huchel *Das Gericht*

Nicht dafür geboren,
unter den Fittichen der Gewalt zu leben,
nahm ich die Unschuld des Schuldigen an.

Gerechtfertigt
durch das Recht der Stärke,
saß der Richter an seinem Tisch,
unwirsch blätternd in meinen Akten.

Nicht gewillt,
um Milde zu bitten,
stand ich vor den Schranken,
in der Maske des untergehenden Monds.

Wandanstarrend
sah ich den Reiter, ein dunkler Wind
verband ihm die Augen,
die Sporen der Disteln klirrten.
Er hetzte unter Erlen den Fluß hinauf.

Nicht jeder geht aufrecht
durch die Furt der Zeiten.
Vielen reißt das Wasser
die Steine unter den Füßen fort.

Wandanstarrend,
nicht fähig,
den blutigen Dunst
noch Morgenröte zu nennen,
hörte ich den Richter
das Urteil sprechen,
zerbrochene Sätze aus vergilbten Papieren.
Er schlug den Aktendeckel zu.

Unergründlich,
was sein Gesicht bewegte.
Ich blickte ihn an
und sah seine Ohnmacht.
Die Kälte schnitt in meine Zähne.

PETER-PAUL ZAHL *Im Namen des Volkes*

am 24. Mai 1974
verurteilte mich
das volk
– drei richter
und sechs geschworene –

zu vier jahren
freiheitsentzug

am 12. märz 1976
verurteilte
mich das volk

– nach der reform
nur noch drei richter
und zwei geschworene –

in gleicher sache
zu fünfzehn jahren
freiheitsentzug

ich finde
das sollen
die völker
unter sich ausmachen

und mich
da rauslassen.

Hannelies Taschau *Nicht vernichten nur jagen*

Verbreiten wo sie wohnen nämlich in
dem Giebel Haus achtzehn uns gegenüber
Und vorsorglich auch die Nachnamen nennen
nicht nur die Vornamen und den Anfangs
buchstaben vom Nachnamen und dann Punkt
Uns fielen die Tauben auf in den
Kühltruhen von Soustons
dann hörten wir von deutschen Tauben
schießern
dann sahen wir die beiden auf dem
Campingplatz
Wir erkannten einander wie Nachbarn das
tun gedämpft
Dann sahen wir sie in der Bank
dann als Angler als Geister im Dunst
von Mimizan Plage
Er saß auch mal auf einem Bulldozer
und verschob Sand
Die waren auffällig
verliebt auch
sprachen französisch wollten nicht zurück
lange nicht
Sie trug einen Overall er sagte mal: Widerstand
Sie sagte mal: Schmacht
Für uns ohne Zusammenhang
Auf diese wollten wir – vorsorglich – die
Aufmerksamkeit lenken

Nicolas Born *Im D-Zug München-Hannover*

Köpfe rollen in Bahnhöfen
trüber September 77
Weinberge stürzen in die Farben
die Pakete auf den Karren enthalten Zeitzünder
kleine Schiffe auf dem Main.
Friedlich ist das Licht
friedlich ist der Raucher auf dem Gang
auf dem Rasen neue Gesichter am Ball.

Ror Wolf *Der letzte Biß*

Eine halbe Stunde war vergangen. Im düsteren Schneeregen war nichts passiert. Ein lustloses Geschiebe auf klebrigem Boden. Es wollte nicht klappen. Der Dicke rackerte, aber er fand keine Lücke, er stand nicht richtig. Lotte langte kurz hin, aber schaffte es nicht, er blieb hängen, eingeklemmt von mehreren Beinen. Das ging eine Weile so weiter. Paul nahm die Hand zur Hilfe. Lutz stocherte unter der Dunstdecke auf der anderen Seite herum. Keiner traute sich. Keiner biß zu. Keiner wußte, wie es gemacht wird. Das Feuer fehlte. Aber plötzlich machte sich Emma frei auf diesem schlüpfrigen Boden, das war eine gute Gelegenheit, also fackelte Friedrich nicht lange und schob ihn gemächlich hinein. Emma bot sich noch einmal an, da war Paul nicht mehr zu halten, Emma wurde gelegt, und Paul bohrte unermüdlich. Jetzt kam auch der Dicke durch, vorne war alles offen, Lutz war eingedrungen, er hatte endlich das Loch gefunden, denn Hertha zeigte auf einmal erschrekkende Blößen, Emma wälzte sich auf der Linie im Schlamm, doch in diesem Moment befreite sich Hertha aus der Umklammerung, Lotte schüttelte Friedrich ab, Emma zog sich zurück, aber der Dicke stieß nach in die Tiefe, die unerhört schnellen Mönche hetzten die blauweiße Hertha über den Rasen bis ihre Abwehr erschlaffte, sie drückten und drückten, zweimal rutschte Bernard das glitschige nasse Ding aus den Händen, schon sprang Friedrich dazu und schob ihn lächelnd hinein in die untere Hälfte, als er das klaffende Loch sah, preßte er ihn mit unheimlicher Wucht hinein, stocktrocken, jetzt stand er richtig, Lutz ließ nicht locker, der Dicke ackerte wie verrückt, er war voll bei der Sache, der wuchtige Mann, und Paul bediente Emma mit einer Kerze. Sie prallten schwingend zusammen, die Männer mit den schwarzen Handschuhen, sie arbeiteten lautlos in schwarzen Strumpfhosen im fahlen Flutlicht. Hertha wehrte noch einmal ab, aber es nützte nichts mehr, die Mönche rissen sie in der Mitte auf, Lutz spritzte schnell in die Lücke und drückte ab, von einem Aufstöhnen begleitet. Jetzt lief es endlich, da jubeln die Glocken von Rio, jetzt lief es wie selten, der Betzenberg bebte, jetzt lief es so gut wie schon lange nicht mehr, Fritz hatte die Pfeife schon in der Hand, er ließ es weiterlaufen, ein letztes Aufbäumen, und im Liegen vollendet der Dicke mit einem Rückzieher. Das war das Ende auf dem zerwühlten Rasen. Emma schleppte sich mit bespritztem Trikot in die Kabine, Oberschenkel und Hände verklebt. Lotte krümmte sich noch und hielt die blutigen Schenkel. Was mit Hertha war, konnte keiner mehr sagen. Ein Aufschrei zerfetzte die Flutlichtatmosphäre.

Udo Lindenberg *Alles klar auf der Andrea Doria*

Bei Onkel Pö spielt 'ne Rentnerband.
seit zwanzig Jahren Dixieland.
'n Groupie haben die auch, die heißt Rosa oder so
und die tanzt auf'm Tisch wie'n Go-Go-Go-Girl.
Und dann Paula aus St. Pauli, die sich immer auszieht
und Lola hat Geburtstag
und man trinkt darauf, daß sie wirklich mal so alt wird
wie sie jetzt schon aussieht
und überhaupt ist heute wieder alles klar
auf der Andrea Doria.

Gottfried heißt der Knabe da hinten am Klavier
und für jede Nummer Ragtime kriegt er 'n Korn und 'n Bier
Ein Typ in der Nische schockiert seine Braut
und Bernie Flottmann denkt, er wär'n Astronaut.
Jetzt kommt noch einer 'rüber aus der Dröhndiskothek
und ich glaub', daß unser Dampfer bald untergeht,
aber sonst ist heute wieder alles klar
auf der Andrea Doria.

Bei Onkel Pö spielt 'ne Rentnerband
seit zwanzig Jahren Dixieland
'n Groupie haben sie auch, die heißt Rosa oder so
und die tanzt auf'm Tisch wie'n Go-Go-Go-Girl.
Es kommt mal wieder gar nicht so drauf an
und Leda träumt von einem Pelikan
und überhaupt ist alles längst zu spät
und der Nervenarzt weiß auch nicht mehr,
wie's weitergeht,
aber sonst ist heute wieder alles klar
auf der Andrea Doria.

Jürgen Theobaldy *Lob der Haut*

Und schließlich, was hält uns wirklich aufrecht?
Manchmal denke ich, es ist unsere Haut.
Ohne unsere Haut wären wir bloß
ein formloses Etwas, eine ungeschützte Wunde.

Morgens wollen wir aufstehen, stell ich mir vor,
da sinken wir ins Laken zurück wie nichts.
Wir sind nichts, ein Klumpen auf dem Bett
für den Rest unserer Tage, Amen.
Haben wir Glück, kommt jemand vorbei, der Mitleid hat
mit uns. Aber wer könnte das sein? Jemand
mit einer schönen, glatten Haut.

Ohne unsere Haut, wie kämen wir da
aus den Häusern? Vermutlich gar nicht.
Ade Fußballplatz, ade Jugendclub . . .
Vorbei die Zärtlichkeit der Fingerkuppen,
die dir das Sonnenöl in die Haut rieben!
Vorbei die Abende in diesen bequemen Sesseln
vorm Fernseher! Vorbei die langandauernden Nächte,
Haut an Haut im Bett!

Unsere Haut, wir brauchen sie! In ihr gehen wir
ins Kino, und sehen wir genau hin,
stellen wir fest: es sind die *Helden,*
die eine besonders reine Haut haben.

Volker von Törne *Lob der Haut*

Ja, die Haut hält uns zusammen. Unentbehrlich
Beim Gang ins Büro oder ins Kino. Kein Sonnenbad
Ohne die Haut, kein Kräuterbad in der Badewanne
Beim Duschen würde uns glatt das Blut davon
Laufen ohne die Haut. Und wohin mit den duftenden
Cremes, den Lotions, dem Sonnenöl und dem Puder
Ohne die Haut? Hätten wir Haare ohne die Haut
Von Glatzen ganz zu schweigen? Nichts wären wir
Ohne die Haut als ein Klumpen Fleisch und
Knochen, nicht zu vergessen das Fett, das wir

Angesetzt haben im bequemen Sessel vorm
Fernseher. Vorbei die langandauernden Nächte
Im Bett, Haut an Haut, ohne die Haut. Ja
Unsere Haut, wir brauchen sie. Und schließlich
Wie sollte man uns die Haut über die Ohren
Ziehen ohne die Haut? Also ich lobe die Haut
Und gehe ins Kino, ein formvolles Etwas mit
Haut und Haaren. Mensch, ohne Haut, das wäre
Wirklich was, um aus der Haut zu fahren

Hubert Fichte *Gespräch mit dem Ledermann*

Fichte: Warum fasziniert dich Leder?

Eppendorfer: Leder ist wie eine atmende Haut. Leder ist einerseits eine Art von Schutz und zweitens eine Art von Überhaut. Es hat wohl etwas von Tier an sich. Es ist, glaube ich etwas Animalisches, was uns mit Leder verbindet. Einfach Schweiß unter Leder, und bei jeder Bewegung sich das Leder spannt, sich über den Brustkorb wölbt, mit dem Oberschenkel beutelt, in den Stiefeln. Das ist eine Art von Schärfe, ein scharfer Geruch von Schweiß und Leder und Körper. Manche Leute schätzen Parfum. Ich glaube dieser Geruch aus Schweiß und Leder und Körper ist eine Art von Parfum. Das ist eine Art von Droge. Man hat vielleicht das Gefühl, als hätte man mit dieser Kleidung, mit dieser zweiten Haut eine Art von Leben in der Faust.

Fichte: Aber eigentlich hat dich doch die Kleidung. Du wirst doch vom Leder umspannt.

Eppendorfer: Manche Leute meinen, Leder sei nur die Rüstung oder das Handwerkszeug. Für mich hat Leder eine Art von Fell. Ich habe als kleiner Junge schon immer eine Vorliebe gehabt für Panther. Ich liebte einfach Panther. Die Geschmeidigkeit, die Strenge der Form. Trotzdem eine fließende Linie. Diese spielerische Kraft, die Geschmeidigkeit. Das ist etwas, was Leder auch hat. Diese Pantherillusion. Ich habe ... als ich dann älter wurde, bin ich im Zirkus jedesmal gewesen und habe versucht, mit dem Dompteur mich anzufreunden. In einem Zirkus ist es mir dann auch gelungen, mit ihm in den Käfig zu dürfen und den Panther, natürlich einer, der im Zirkus geboren war und mit der Flasche aufgezogen war und für den der Dompteur einfach der Meister war, den einfach auf den Schultern aus der Manege tragen zu dürfen in seinen Käfig. Das war ein ungeheurer Höhepunkt. Das habe ich unwahrscheinlich genossen.

Fichte: Also du schlüpfst in den Panther hinein, wenn du Leder anziehst?

Eppendorfer: Ich würde fast sagen, ja. Das ist keine Wesensflucht. Es ist eine Art von Freude.

Fichte: Wirst du vom Panther aufgefressen?

Eppendorfer: Es ist eine Art von Bruderschaft. Ich habe Lust mit ihm ... Ich habe nie Angst vor ihm. Ich finde es einfach schön, mit ihm zu spielen, mit ihm rumzutoben.

Fichte: Ist das Leder nun in dieser Szene für dich das allerwichtigste?

Eppendorfer: Nein. Nicht das Leder ist das Wichtigste, sondern was sich mit diesem Leder identifiziert. Was als Komplex existent sein sollte. Leder gibt auch einer Tunte die Chance, ein Mann zu sein.

Fichte: Mußt du Wehrdienst leisten?

Eppendorfer: Nein.

Fichte: Warum nicht?

Eppendorfer: Mich wollen sie nicht.

Fichte: Du bist sozusagen wehruntüchtig.

Eppendorfer: Ja.

Fichte: Würdest du den Kriegsdienst verweigern?

Eppendorfer: Ja.

Fichte: Glaubst du, daß es in der Bundesrepublik noch sehr viel Antisemitismus gibt?

Eppendorfer: Ja, ne ganze Menge, doch.

Fichte: Und Vorurteile gegen die Neger?

Eppendorfer: Ja, auch.

Fichte: Ausländer?

Eppendorfer: Sicher.

Fichte: Und gegen Homosexuelle?

Eppendorfer: Ja, auch, da hat sich nichts geändert. Der Deutsche ist überhaupt prädestiniert für Diskriminierung irgendwelcher Minderheiten.

Fichte: Wie, glaubst du, daß man den Ländern der Dritten Welt helfen sollte?

Eppendorfer: Nicht indem man Entwicklungshelfer hinschickt. Nicht indem man Gelder flüssig macht, damit sich irgendwelche Potentaten goldene Betten kaufen können, sondern daß man als Industriemacht hilft, ihre Länder auch zu industrialisieren, da sehe ich die einzige Chance, daß man Fachkräfte rüberschickt, um dort Fabrikkräfte im eigenen Land auszubilden, dann haben sie eine Chance. Mit Gerede und mit Ideologien ist nichts zu wollen.

Fichte: Glaubst du, daß die Idee der Gewaltlosigkeit in der augenblicklichen politischen Situation eine Chance hat?

Eppendorfer: Es ist zu hoffen, daß sie eine Chance hat, aber im Augenblick ... faktisch ist doch niemand daran interessiert.

FICHTE: Hast du dich je mit Gewaltlosigkeit, mit den Theorien Gandhis auseinandergesetzt?

EPPENDORFER: Ja.

FICHTE: Aber du befolgst sie nicht streng?

EPPENDORFER: Aus denselben Gründen bin ich auch kein Christ. Ich liebe meine Feinde beispielsweise nicht.

FICHTE: Glaubst du, daß es jemals eine Welt geben wird, in der Freiheit, Gleichheit und Brüderlichkeit . . .

EPPENDORFER: Nein.

FICHTE: Warum nicht?

EPPENDORFER: Weil der Mensch, wie ich ihn heute sehe, einfach zu egoistisch, zu intolerant, zu inhuman ist, um überhaupt der Garant zu sein für irgendeine Brüderlichkeit.

PAUL WÜHR
Womit unsereiner nicht einverstanden sein kann

und dann hat er mir so eine Schere gegeben
hat gesagt
ich soll ihm also den Schwanz
zwischen die Schere nehmen
und zudrücken

das war so unheimlich befreiend
und sein Blick war auch so vertrauensvoll
und so ängstlich
auch so lieb

und ich wollte es nicht
weil ich hatte Angst
ich könnte ihn abschneiden

wobei man hier endlich mal
frei sein kann
frei handeln kann

und ich habe zwar die Schere
in die Hand genommen
und so getan als würde ich zudrücken

wir waren also unheimlich zusammen
hab's aber nicht richtig gemacht

na sagt er immer fester
und ich wollte nicht
ich hatte schreckliche Angst
ihm etwas abzuschneiden

und der hat mir aber auch leid getan
er war ja wahrscheinlich
gar nicht anders dran als ich

und ich hab' ihn in die Arme genommen
und ihn gehalten
und gewiegt wie ein Kind
und er hat die Augen zugemacht
ich hatte das Gefühl
ich muß die Stärkere sein
dann hab' ich gesagt
alles ist gut

JÜRGEN THEOBALDY *Harte Eier*

Ich habe mich oft gefragt
Wo der Begriff »harte Eier« herkommt
aber ich habe es nie herausgefunden
Jedenfalls ist es das Gefühl
einer Verhärtung der Hoden
wenn du lange nicht gefickt hast

So zwischen 16 und 20
habe ich oft »harte Eier« gehabt
als ich fast nur Mädchen kannte
die es nicht vor der Verlobung tun wollten –
nicht vor der *Verlobung* verstehst du?

Indirekt sprachen sich alle
für »harte Eier« aus: der Pfarrer natürlich
(er hatte wahrscheinlich die »härtesten Eier«)
der Lehrer (weil Lehrlinge frisch
und ausgeschlafen im Büro erscheinen müssen)
der Trainer (denn »harte Eier« geben dir
den richtigen »Biß« im Wettkampf)
und mein Vater sagte: »Gelobt sei
was *hart* macht!« und schickte mich
bleich und spreizbeinig ins Büro

Poesie ist eine Art Widerstand
und ich wußte daß ich eines Tages
ein Gedicht über »harte Eier« schreiben würde
Meine Jugend war nicht ohne Kämpfe
ich hatte Verse im Kopf
und »harte Eier« in der Hose

Johannes Schenk
Natascha malt ein Bild in der Naunynstraße

Du malst ein Bild.
Paar Leute drauf die stehen.
Ein Stück vom Haus, eine Maschine die viel Krach macht.
Mittags trage ich einen Spiegel die Treppe hoch,
beim Trödler geholt für einen zerknitterten Zehner.
Du hast nämlich Schwierigkeiten mit der nackten Frau,
wie sieht das aus, zeig mal,
Du stellst dich vor den Spiegel Flupp!
fallen deine Brüste raus,
wie Melonen in deinem Dschungel
leuchten deine Titten.
Die Vorhänge zugezogen,
draußen scheint die Sonne
und hier baumeln unter deinem gebogenen Rücken zwei Lampen sehr weich
und wölben sich zwei Hälften hinten.
Zwischen deinen Beinen schimmert
was nach süßem Fisch riecht und betrunken macht.
Meine Hose wird aufgemacht, die Jacke, da sind keine Brüste drunter.
Aber einer, dick wie Granatapfel, ja.
Im Hinterhof schreit einer paar Worte auf türkisch
für die Runde oben zwei Stockwerke über uns.
Deine Titten fallen auf mein Gesicht.
So hast du die nackte Frau auf deinem Bild bald fertig:
Natascha gegen die Sonne dick und rund
die riecht nach Melone Sand und süßem Fisch
Johannes der riecht ich weiß nicht nach was.
Du weißt das besser.

Irmtraut Morgner *Keine Dame*

Als neulich unsere Frauenbrigade im Espresso am Alex Kapuziner trank, betrat ein Mann das Etablissement, der meinen Augen wohltat. Ich pfiff also eine Tonleiter 'rauf und 'runter und sah mir den Herrn an, auch 'rauf und 'runter. Als er an unserem Tisch vorbeiging, sagte ich »Donnerwetter«. Dann unterhielt sich unsere Brigade über seine Füße, denen Socken fehlten, den Taillenumfang schätzten wir auf siebzig, Alter auf zweiunddreißig, das Exquisithemd zeichnete die Schulterblätter ab, was auf Hagerkeit schließen ließ, schmale Schädelform mit 'rausragenden Ohren, stumpfes Haar, das irgendein hinterweltlerischer Friseur im Nacken rasiert hatte, wodurch die Perücke nicht bis zum Hemdkragen reichte, was meine Spezialität ist, wegen schlechter Haltung der schönen Schultern riet ich zum Rudersport, da der Herr in der Ecke des Lokals Platz genommen hatte, mußten wir sehr laut sprechen. Ich ließ ihm und mir einen doppelten Wodka servieren und prostete ihm zu, als er der Bedienung ein Versehen anlasten wollte. Später ging ich zu seinem Tisch, entschuldigte mich, sagte, daß wir uns von irgendwoher kennen müßten, und besetzte den nächsten Stuhl. Ich nötigte dem Herrn die Getränkekarte auf und fragte nach seinen Wünschen. Da er keine hatte, drückte ich meine Knie gegen seine, bestellte drei Lagen Slivovic und drohte mit Vergeltung für den Beleidigungsfall, der einträte, wenn er nicht tränke. Obgleich der Herr weder dankbar noch kurzweilig war, sondern wortlos, bezahlte ich alles und begleitete ihn aus dem Lokal. In der Tür ließ ich meine Hand wie zufällig über seine Hinterbacken gleiten, um zu prüfen, ob die Gewebestruktur in Ordnung war. Da ich keine Mängel feststellen konnte, fragte ich den Herrn, ob er heute abend etwas vorhätte, und lud ihn ein ins Kino International. Eine innere Anstrengung, die zunehmend sein hübsches Gesicht zeichnete, verzerrte es jetzt grimassenhaft, konnte die Verblüffung aber doch endlich lösen und die Zunge, also daß der Herr sprach: »Hören Sie mal, Sie haben ja unerhörte Umgangsformen.« – »Gewöhnlich«, entgegnete ich, »Sie sind nur nichts Gutes gewöhnt, weil Sie keine Dame sind.«

Karin Kiwus *Im ersten Licht*

Wenn wir uns gedankenlos getrunken haben
  aus einem langen Sommerabend
    in eine kurze heiße Nacht
wenn die Vögel dann früh
  davonjagen aus gedämpften Färbungen
in den hellen tönenden frischgespannten Himmel

wenn ich dann über mir in den Lüften
weit und feierlich mich dehne
in den mächtigen Armen meiner Toccata

wenn du dann neben mir im Bett
deinen ausladenden Klangkörper bewegst
dich dumpf aufrichtest und zur Tür gehst

und wenn ich dann im ersten Licht
    deinen fetten Arsch sehe
        deinen Arsch
                        verstehst du
    deinen trüben verstimmten ausgeleierten Arsch
dann weiß ich wieder
    daß ich dich nicht liebe
                                wirklich
        daß ich dich einfach nicht liebe

Bodo Morshäuser *Bild aus der Dämmerung*

Es war wichtig, daß sie die ganze Nacht
miteinander stritten,
das würden sie nie bestreiten.
Nun legt sie erschöpft ihre Hand auf seinen Bauch,
und auch er streichelt sie wieder.
Sie sind jetzt müde genug,
Verständnis aufzubringen, aber auch zu müde,
um noch genau und ehrlich zu sein.

Helga Schubert
Meine alleinstehenden Freundinnen

Meine alleinstehenden Freundinnen kann man spät abends besuchen und auch unangemeldet. Meistens ist schon jemand da. Man kann zu ihnen jemand mitbringen. Meine alleinstehenden Freundinnen kommen nie unangemeldet, und wenn sie vorher von der Ecke anrufen. Sie wollen, daß man dann allein ist. Sie bringen niemand mit.

Meine alleinstehenden Freundinnen sind stolz auf ihre Unverwechselbarkeit. Auf das vor allem. Ihre Türschilder sind handgemalt unübersehbar. Neben dem Türschild hängt ein Schreibblock und daneben an einem Bindfaden ein Bleistift, für die vergeblich Gekommenen.

Die Wohnzimmer meiner alleinstehenden Freundinnen fallen durch breite Liegen auf. Diese Liegen sind mit Teppichen oder Samtdecken und Kissen bedeckt. Daneben stehen Glasvitrinen mit Nippes von den Großmüttern. Ihre Fernsehapparate übersieht man leicht, weil sie sie aus Scham zwischen Büchern verstecken. Sie benutzen keine Übergardinen. Als Beleuchtungskörper verwenden sie Architektenarbeitslampen an der Wand. Die Wände sind weißgekalkt und voller Bilder, so daß sie die Wände nicht sooft kalken müssen. Die Bilder sind eingetauscht, in Großmut gekauft oder geschenkt. Manchmal auch selbstgemalt. Aber es hängt mindestens eine Ikone dabei, falls es Ihn doch gibt.

Meine alleinstehenden Freundinnen gehen nicht zum Friseur, besitzen aber heimlich Lockenwickler. Sie schneiden sich ihre Haare gegenseitig. Meinen alleinstehenden Freundinnen ist es ganz egal, was sie anhaben. Und nur zufällig paßt das Samthosenbraun zum Pulloverocker. Sagen sie. – Für ihre Augen geben sie viel Geld aus. Für Lidpuder und -schatten, für Eyeliner, kleine Pinsel, für kuß- und tränenfeste Wimperntusche.

Wenn sie schon nichts für sich tun, müssen sie wenigstens etwas für sich tun.

Mit den Vätern ihrer Kinder ist es im Guten auseinandergegangen. Sagen sie. Aber meistens wollten die Männer bleiben. Das betonen meine alleinstehenden Freundinnen. Darum würden diese Männer sie auch auf der Stelle wieder heiraten oder überhaupt heiraten. Wenn diese Männer nicht schon wiederverheiratet oder eben überhaupt verheiratet wären.

Wenn meine alleinstehenden Freundinnen einen Freund haben, werden sie traurig. Weil sie ihn lieben, wie das auch klingt. Weil sie die Liebe so anstrengt. Dieser soll wirklich der letzte Versuch sein, bei ihm bleiben sie. Auf ihn hat sich das Warten gelohnt. Alles dies hoffen sie. Jedesmal. Alle. Und die Freunde spüren zwar die Hoffnung, aber noch mehr die Anstrengung und werden mißtrauisch.

Meine alleinstehenden Freundinnen nehmen die Pille. Aber gleich zu Anfang sagen sie das ihren neuen Freunden nicht. Weil sie sich sonst ihren Teil denken. Die denken sich schon genug Teile beim Studium der vorhandenen Buchwidmungen. Aber so etwas sammelt sich eben an.

Am Beginn einer neuen Epoche machen meine alleinstehenden Freundinnen einen vorübergehenden Abschiedsbesuch. In nächster Zeit werden sie nicht kommen können und vielleicht auch nicht anrufen, eventuell sogar das Telefon abstellen und den Schreibblock von der Korridortür wegnehmen. Denn es könnte ihn stören.

Im Hinausgehen geben meine alleinstehenden Freundinnen noch eine kurze Einschätzung ab. Demnach ist er endlich einmal ein ganz normaler Mensch, so daß sie für die Fisematenten der anderen Männer kein Verständnis mehr aufbringen können. Er hat in der richtigen Reihenfolge gelebt, erst für den Beruf, jetzt für eine Frau, von der er Gott sei Dank weiß, wie er sie zu nehmen hat. Er ist ein stämmiger Adonis, der nicht zu viel denkt. Oder ein Mann, der sich nicht diesen Leistungsmarotten, diesem Autofimmel unterordnet, ein nachdenklicher und sensibler Mensch, der sie versteht und nicht gleich an das Bett denkt. Er hält die Ehe nicht für eine moderne Form des Zusammenlebens. Will aber den Glauben anderer Menschen, die daran einen Halt suchen, nicht zerstören. Darum läßt er sich auch nicht scheiden, was meine alleinstehenden Freundinnen sehr richtig finden. Vorerst.

Ursula Krechel *Zum Anschauen*

Seht die Frau in der Kneipe.
Schaut euch weniger auffällig um
die da mit der Blumenbluse
eine gepreßte Locke schwebt hoch über ihr
einsam und sehr blond.
Ihre Fersen streicheln das Stuhlbein
hier auf den Tisch legt sie ihre Brüste
wartet, bis die Zeit im Aschenbecher stockt.

Seht, wie sie zur Tür blickt
wenn einer eintritt.
Ihre Hände versacken im Schoß.
Er kommt nicht mehr, der alte Liebgehabte.
Einen neuen angetrunknen, der auch wartet
wie sie auf Wärme unter der Haut
auf das Ende der Seufzer im kalten Bett
einen neuen will sie nicht mehr.

Seht die Frau in der Kneipe
seht uns, ihre kräftigen Töchter.
Wie wir uns gleichen manchmal
so unwegsam weiblich.
Wir lernen von ihr für uns
schaffen Leiden ab, das heimliche, stille
das ihr nicht sehen wollt
schaffen es einfach ab. Seht.

Hans Christoph Buch

Aus den Aufzeichnungen eines Wahnsinnigen

Während ich an der Schreibmaschine sitze, liegt meine Frau im Nebenzimmer in den Armen eines jungen Dichters, über dessen erstes und letztes Buch – es gibt nur dieses eine – ich eine positive Kritik schreiben muß. Während sie, von einem nicht endenwollenden Orgasmus geschüttelt – in meinen Armen hat sie den letzten Orgasmus vor sieben Jahren erlebt – markerschütternde Schreie ausstößt, drängen sich meine Kinder, hungrig und ungewaschen, vor der Tür zu meinem Arbeitszimmer, an der sie laut hämmernd Einlaß begehren. Nach jedem Satz, den ich geschrieben habe, springe ich auf und verjage sie, mit Drohungen und guten Worten, von der Türschwelle. Als selbst Ohrfeigen nichts mehr nützen – die beiden haben seit Tagen nichts zu essen bekommen – habe ich Mitleid mit den schreienden Kindern und koche ihnen Brei in der Küche, nachdem ich sie vorher unter fließendem Wasser von dem seit Wochen an ihnen haftenden Kot befreit habe. Währenddessen beauftragt mich meine Frau, die in der Pause zwischen zwei aufeinanderfolgenden Orgasmen stets eine Zigarette raucht, am nächstgelegenen Zigarettenautomat Zigaretten zu holen. Als ich nach atemlosen Lauf durchs Treppenhaus – wir wohnen im obersten Stock im Seitenflügel eines altmodischen, weitverzweigten Mietshauses – die gewünschten Zigaretten unter der Tür durchschiebe – inzwischen hat mein fünfjähriger Sohn, beim Versuch, seine kleine Schwester mit kochendheißem Brei zu füttern, dem laut um Hilfe rufenden Baby Verbrennungen zweiten und dritten Grades zugefügt – empfängt mich meine Frau mit Flüchen und Verwünschungen, da ich es versäumt habe, dem jungen Dichter, der sich aufgrund seines niedrigen Einkommens nur Bier leisten kann, eine Flasche Wein mitzubringen. Ich verspreche, das Versäumte nachzuholen, und eile, nachdem ich die Wunden des Säuglings notdürftig verbunden habe, im Laufschritt die Treppe hinab, immer vier Stufen auf einmal nehmend, so daß ich mir beim Hinaustreten auf die Straße den Miniskus verrenke. Wie ich erst jetzt feststelle, ist mein Portemonnaie leer; nachdem ich mich mühsam in die Wohnung zurückgeschleppt habe, finde ich auch hier alles Geld aufgebraucht; da mein Konto seit Monaten überzogen ist – wie mir meine Frau bei dieser Gelegenheit mitteilt, hat sie dem jungen Dichter eine Vollmacht über unser gemeinsames Bankkonto ausgestellt – fahre ich mit dem Fahrrad zu einem befreundeten Redakteur am anderen Ende der Stadt, um mir einen Vorschuß auf meine Kritik geben zu lassen, und kaufe von dem Geld in einer Weinhandlung eine Flasche Edelzwicker; dabei fällt mir ein, daß ich es versäumt habe, mich bei meiner Frau nach der bevorzugten Weinsorte des jungen Dichters zu erkundigen, der, wie alle jungen Dichter, ein besonders verwöhnter Mensch sein soll. Als ich mit klopfendem Herzen an der Tür klopfe – das Betreten unseres ehelichen Schlafzimmers ist mir seit Jahren bei strengster Strafe untersagt – macht mich meine Frau, wieder unter Flüchen und Verwünschungen – inzwischen hat mein fünfjähriger Sohn die Verbände seiner kleinen Schwester abgerissen und ihre frischen Wunden mit Salz bestreut – darauf aufmerksam, daß der Wein nicht die für Weißwein erforderliche Temperatur aufweist, während der junge Dichter aus dem Hintergrund des verdunkelten Zimmers ungeduldig nach seiner Kritik verlangt. Wo bleibt meine Kritik, ruft er ungeduldig, wie lange soll ich mich noch gedulden, meine Geduld ist am Ende, und, nachdem ich meine kleine Tochter, die vor Schmerz endlich in Ohnmacht gefallen ist, ins Bett gebracht habe, beende ich, vom Gestöhn der Liebenden zur Eile angefeuert, die in Auftrag gegebene Kritik, wobei ich mich bemühe, die Vorzüge des Buches des jungen Dichters, welche ich neidlos anerkenne, in den leuchtendsten Farben zu schildern, und seine Schattenseiten in Dunkel zu hüllen, um mir nicht von meiner Frau den Vorwurf zuzuziehen, ich sei gegen ihren Geliebten im besonderen und gegen ihr Geschlecht im allgemeinen voreingenommen, eine Undankbarkeit meinerseits, die sie mit jahre- und jahrzehntelangem Liebesentzug zu bestrafen pflegt.

Günter Grass *Alle beide*

Er sagt nicht meine, die Frau sagt er.
Die Frau will das nicht.
Das muß ich erst mit der Frau besprechen.

Angst zum Krawattenknoten gezurrt.
Angst, nachhause zu kommen.
Angst, zuzugeben.
Verängstigt sind beide einander Besitz.

Die Liebe klagt ihre Ansprüche ein.
Und das gewohnte Küßchen danach.
Nur noch Gedächtnis zählt.
Beide leben vom Streitwert.
(Die Kinder merken vorm Schlüsselloch was
und beschließen für später das Gegenteil.)

Aber, sagt er, ohne die Frau hätte ich nicht soviel.
Aber, sagt sie, er tut, was er kann und noch mehr.
Ein Segen, der Fluch, und als Fluch Gesetz wurde.
Ein Gesetz, das immer sozialer wird.
Zwischen den Einbauschränken, die abgezahlt sind,
bildet der Haß
Knötchen im Teppich: nicht pflegeleicht.

Beide entdecken einander,
wenn sie sich fremd genug sind,
nur noch im Kino.

Karin Struck *Klassenliebe*

Erika und Z. behaupten, sie hätten es »ebenso schlimm« gehabt wie wir, H. und ich. Aber der Unterschied ist: Erika und Z. sind Abgestiegene von OBEN. Sie sind »proletarisiert« worden, weil ihre Väter in ihrer Kindheit starben. Oder sich erschossen. Die Frau des Generals ohne Beine ist nicht mehr die Generalsfamilie. Die Frau des Medizinprofessors und Rektors ist nicht mehr die Professorenfamilie. Keine Kindermädchen mehr, keine Köchinnen mehr, kein Herr Professor mehr. Wir müssen klar unterscheiden. Wir müssen differenzieren. Immer haben die, die sich »für die Probleme der Arbeiter« interessieren, einen Grund, sich »für die Probleme der Arbeiter« zu interessieren. Und das ist immer »ihr eigener Grund«. Und ich erfahre von der »Liebe zu Lippizzanern«. Z.s Mutter »liebt Lippizzaner«. Und ich lese einen Artikel über Lippizzaner. »Der Traum vom Kentauren.« An der Kultstätte jener hochgezüchteten weißen Hengste sei die Monarchie noch intakt, alles bewege sich in seinen Formen, zwei Jahrhunderte durften die Lippizzaner auf ihren karstigen Höhen nahe der Adria grasen und danach die kaiserliche Familie und deren Gäste erfreuen am Hof zu Wien, und die Lippizzaner seien die Fürsten unter den Pferden, die Adligen unter den Pferden, und Z. liebte eine Adlige, und Z.s Mutter »liebt Lippizzaner«, und »Im technischen Tagesgewimmel/ bewahren die Elfenbein-Schimmel/ die letzten Brösel und Krümel/ der Majestäts-Tradition«, und Z. ist abgestiegen von Oben, ein General ohne Beine ist nicht mehr da und ein Medizinprofessor, und die Lippizzanerliebende Mutter muß Krankenschwester werden, und manchmal glaube ich, die abgestiegenen, von Oben abgestiegenen Bürgersöhnchen und Bürgertöchter wollen den Sozialismus, wie sie ihre intakte Lippizzanerprofessorenfamilie wieder wollten, und daß deshalb der Sozialismus gar nicht der ist, den man wollen könnte, aber das ist dann schon wieder ein so dummer verquerer Gedanke, und alles ist ja so verklettet, verklettet, daß man nicht mehr entwirren, entkletten kann, kann man nicht mehr?

Franz Xaver Kroetz *Ehealltag?*

Franz: Wie lang seid ihr schon verheiratet?

Eva: Dieses Jahr 15 Jahre, nicht?

Ernst: Ja.

Lisa: Ich hab immer gesagt, ich hab mir das nicht vorstellen können, daß ich es so lange ausgehalten habe, *lacht* aber was bleibt mir denn anderes über? Ich bin abhängig von meinem Mann!

Eva: Das wär ich erst gar nicht geworden.

Ernst: Was bleibt denn anderes über?

Eva: Sie hätte doch auch was anderes machen können.

Lisa: Ja, du sagst das so. Sie hätte, sie hätte. Wer hat mir denn z. B. früher bei meinen Hausaufgaben geholfen? Meiner Mutter war es doch gleich, ob ich bis abends neun oder zehn auf der Straße war. Hauptsache, die hatte ihre Ruhe und ihre Nachbarn, wo sie hingehen konnte ...

Franz: Wenn Sie hier so festsitzen den ganzen Tag und nur den Haushalt machen, also eine Arbeit, von der auch nie was überbleibt, die man immer wieder neu machen muß, haben Sie da nicht manchmal das Gefühl, Sie könnten in die Luft gehen?

Lisa: Ich bin auch manchmal soweit. Ich hab aber auch keinen Mut ... Also, wenn er gestern nicht gesagt hätte, komm, zieh dich an, wir fahren jetzt nach Traunstein zum Golden Gate Quartett, ich hätte die Karten verfallen lassen. Alleine wär ich nicht gegangen.

Franz: Ham Sie keine Freunde oder Freundinnen hier?

Lisa: Ne. Ich hab mir nen Freund immer so vorgestellt, daß man dem oder der was anvertrauen kann, ohne daß sie es dann weitererzählt. Und da hab ich Enttäuschungen erlebt, da hab ich heute noch dran zu knabbern. Jetzt red ich über meine Probleme, aber da hab ich noch mit niemandem drüber gesprochen.

Ernst: Bin ich niemand?

Lisa: Na, außer mit dir, aber man möchte auch mal jemanden haben, wo man sich mit aussprechen kann.

Ernst: Auf jeden Fall ist es so: Sie ist in Traunreut nicht zufrieden, und ich bin zufrieden in Traunreut. Ich hab so viel Bekanntschaft hier, hab ich nicht ein Zehntel davon in Essen gehabt.

Lisa: Aber der Ernst ist auch so. Er ist so oft schon irgendwo eingeladen, ich würd ja mitgehen! Aber der hat kein Interesse daran. Das sind seine Interessen: Flugzeug, Gebirge. Sich mal mit jemandem zusammensetzn oder öfters mal, packt er nicht.

ERNST: Das ist so, ich bin doch mit denen aus Partei und Gewerkschaft zusammen.

LISA: Ja, du gehst, weil du mußt! Wenn du Versammlung hast, bist du mit den Leuten zusammen. Du bist in der Firma, bist mit Leuten zusammen. Diskutierst den ganzen Tag ... Du hast immer wieder Abwechslung.

ERNST: Soll ich um deinetwillen mir andere Bekannte aussuchen, mit denen ich vielleicht nichts gemeinsam hab? Das ist doch deine Sache! Du mußt dir doch deine Bekannten aussuchen, die du gerne hast, dann komm ich auch da hin! Entweder du mußt meine Bekannten akzeptieren oder du schaffst dir auch welche an!

LISA: Ich geh ja auch mit zu deinen Bekannten. Und die Frau Müller, die ham wir schon eingeladen, die ist noch nicht hiergewesen, dann sagte sie, wir sollen mal kommen, dann sind wir da kurz gewesen ... Wo wir überall schon hinkommen sollten! Aber du hast keine Zeit. Du hast immer was anderes im Kopf, und meistens vergißte es auch wieder. Ich mach alles mit: Ich geh mit wandern, ich geh mit fliegen, ich geh mit bergsteigen – wenn ich mal keine Lust hab, bleib ich zu Hause.

FRANZ: Aber für Sie ist es doch sicher schwieriger, einen Bekanntenkreis zu finden als für Ihren Mann in der Arbeit usw.

LISA: Ich könnte, aber ich bin ja zu träge!

ERNST: Vor allem meinst du von allen Leuten, daß sie dir was anhaben wollen. Daß sie dich vielleicht komisch anschauen, du bist ja die Frau vom Kommunisten ...

LISA: Ich bin ja mein ganzes Leben schief angeschaut worden. Wenn man sich das mal so überlegt: Von Kindheit an ham die Leute die Mäuler aufgerissen, weil sich meine Eltern nicht verstanden ham, dann kam die Zeit mit mir, als ich da in dem Alter war ...

EVA: Mich ham sie auch schon gefragt: Was wählt denn dein Vater? Hab ich gesagt: Was wählt denn deine Mutter? *wir lachen*

ERNST: Ich sag immer: Wer Schmidt wählt, wählt Strauß. Schaun wir die Weimarer Republik an. War da nicht auch die SPD der Wegbereiter für den Faschismus?

FRANZ: Dann müßtet ihr ja ein ziemlich getrübtes Eheverhältnis haben!

ERNST: Wieso?

FRANZ: Wenn du sie als Wegbereiter für den Faschismus hältst! Oder kann man Politik so aus der Ehe raushalten?

ERNST: Eigentlich nicht. Aber ich geh zum Beispiel mit einem fliegen, der wählt CSU. Deswegen würd ich den nicht heruntersetzen und sagen, daß er dumm wär. Vielleicht nur in einer Beziehung uninformiert. Unwissend, weil er nicht erkennt, seine Interessen zu wählen.

FRANZ: Aber deine Frau wird ja tagtäglich durch dich informiert!

ERNST: Die Information alleine bringt es nicht. Der Mensch wird auch geprägt. Wenn er zu ner bestimmten Zeit geprägt wird, dann wird er sich an das klammern wie an einen Rettungsring. Da kann man dann nichts mehr machen.

HANS JÜRGEN FRÖHLICH *Ein ideales Paar*

Für Dorothee sind die Kletzkis, wie wir die Kletts nennen, ein ideales Paar. Sie unterscheidet zwischen idealen Paaren und katastrophalen Paaren. Katastrophale Paare sind in ihrem Selbstverständnis furchtbare, selbstzerstörerische und aus Not oder Konvention äußerlich zusammengetriebene Paare. Die Colliers sind ein katastrophales Paar, die Axts sind ein mehr oder weniger katastrophales Paar. Überhaupt gibt es in Dorothees Augen mehr katastrophale als ideale Paare. Anke und H. haben sich von einem ursprünglich idealen Paar inzwischen zu einem katastrophalen Paar hin entwickelt, ebenso Eva und Gregor, obwohl sie die beiden (wie sie jedenfalls neuerdings behauptet) nie für ein unabdingbar ideales Paar angesehen hat, freilich auch nicht für ein unabdingbar katastrophales.

Uns (sich und mich) nimmt sie von dieser Einteilung aus. Sie kann uns nicht in ein solches Schema pressen, weil sie sich selbst nicht in ein solches Schema pressen lassen will, weil sie sich letztlich gar nicht als Bestandteil eines Paares begreift und unsere Beziehungen im Grunde als vollkommen irreale auffaßt, als überhaupt nicht existente, wie auch das Wort *Ehe,* wenn sie es ausspricht und auf uns bezieht, etwas Abstraktes beinhaltet, auch etwas Abstruses, das nur einen momentanen abnormen Zustand ausdrückt. (Und sie benützt dieses Wort auch nur im Zusammenhang mit negativen Erfahrungen).

Andererseits vermute ich, daß sie auch die von ihr sogenannten idealen Paare nicht als wirklich ideale Paare ansieht. Sie ernennt gewisse Paare zu idealen Paaren, weil sie an ideale Paare glauben will. Sie erfindet solche idealen Paare, um sie beneiden zu können. Sie sieht in diesen idealen Paaren den Gipfel des Liebesglücks erreicht, begründet auf anhaltender wechselseitiger Faszination, fortgesetzter Hochstimmung ohne gefühlsmäßige Eintrübungen, ausdauernder Zärtlichkeit und Herzklopfen.

Außer Schönheit und kinohafter Liebe zwischen den Partnern ist Kinderlosigkeit für Dorothee so etwas wie eine notwendige Voraussetzung zu einem idealen Paar, das sie immer auch ein bißchen als ein Paar vor dem Sündenfall betrachtet.

Die Kletzkis schienen alle Voraussetzungen zu erfüllen. Sie waren jung, sie waren schön, sie hatten keine Kinder, aber so geschaffen, wie sie waren, hätten sie jederzeit welche haben können. Eigentlich waren die Kletzkis ein vollkommen *normales* Paar, und vermutlich gerade deshalb nannte Dorothee sie ein *ideales,* weil die Kletzkis aufgrund ihrer finnigen Individualität total entindividualisiert wirkten. Sie waren ein Modellpaar, kein Ereignis. Dorothees Entdeckung. Mit solchen Menschen möchte sie nur noch zusammensein. Sie fängt sofort an, elitär zu denken. Sie will ihre Zeit nicht länger mit Dummschwätzern vertrundeln. Kletzkis sind genau die richtigen.

Ich habe nie in aller Eindeutigkeit erfahren, was die beiden eigentlich machten und wovon sie lebten. Sämtliche Fragen in diese Richtung hinein wurden mit augenblicklichen Aktivitäten beantwortet, die beide Kletzkis so anschaulich nonchalant aufzählten, daß man glauben mußte, sie befänden sich mitten in ihrer Arbeit, die immer eine Gemeinschaftsarbeit war. Aber je detaillierter sie ihre Tätigkeiten beschrieben, um so nebelhafter erschienen sie mir. Im Hintergrund gab es für sie weiterhin die Universität und vermutlich war auch ihre ganze Arbeit Universitätsarbeit, die sie im Range von ordentlichen Studenten ableisteten, dann aber wieder uferte sie aus in politische und wirtschaftliche, in naturwissenschaftliche und kulturelle Bereiche, so daß man am Ende den wahren Charakter (oder den Warencharakter) ihrer Leistungen doch nicht überblicken konnte.

Wie sie in ihrer Arbeit scheinbar unzertrennlich waren, waren sie auch in ihrem Leben und Denken unzertrennlich. Alles führten sie gemeinsam aus. Wenn ER (Kletzki) zu seinem Kongreß mußte, war es selbstverständlich, daß auch SIE (Kletzki) zu diesem Kongreß mußte. Wenn ER ein Buch gut fand, fand auch SIE selbstverständlich dieses Buch gut, dies jedoch, ohne ihm nur nachzureden. Sie waren so aufeinander eingespielt, daß sie beide immer das Gleiche denken, immer das Gleiche fühlen konnten. Daß sie schon im voraus genau wußte, wie er über eine Sache denkt, umgekehrt er ebenfalls im voraus genau wußte, wie sie über eine Sache denkt. Es war ihnen diese Übereinstimmung absolut natürlich, wie es ihnen absolut unnatürlich vorgekommen wäre, wenn es einmal keine Übereinstimmung gegeben hätte. Es gab diese Übereinstimmung aber immer. Auch ihre Reise war wieder eine Reise zu einem Kongreß, der diesmal in Bologna stattfand. Der Besuch bei uns stellte nur eine Zwischenstation dar. Beide wollten in Bologna Referate (ich glaube über Rosa Luxemburg) halten, und beinahe kindlich amüsiert teilten sie uns mit, daß jeder dem andern bei der Abfassung des Referats behilflich gewesen sei, daß er ihr und sie sein Referat praktisch ausgearbeitet hätte und daß er praktisch ihr Referat hielte und sie praktisch sein Referat, daß sie trotzdem beide unterschiedliche Standpunkte verträten, daß er sich indes kritisch mit ihren Standpunkten auseinandergesetzt und sich schließlich ihnen angeschlossen hätte, sie ihrerseits sich kritisch mit seinen Standpunkten auseinandergesetzt und sich gleichfalls ihnen schließlich angeschlossen hätte, also buchstäblich ein *Gedankenaustausch,* weshalb er, sagte Kletzki, von den Argumenten seiner Frau überzeugt, ihr Referat auch überzeugend würde halten können, während sie, sagte Frau Kletzki, wiederum von den Argumenten ihres Mannes überzeugt, mit Überzeugung auch sein Referat vortragen könne, wie die unterschiedlichsten, jedoch keineswegs gegensätzlichen Standpunkte aus der unterschiedlichen Herkunft resultierten: ihre kompromißlosprogressiven aus der oberen Mittelschicht, seine abwägend-doktrinären aus der mittleren Unterschicht.

Das war's.

Dorothee fand die Kletzkis toll. Ihn (Wolf) *hochklug,* sie (Mirjam) *abgrundschön.*

Botho Strauss *Familie im Garten*

Ein Grillplatz im Garten. Vorne ein niedriger Tisch mit fünf Gartenstühlen. Rechts der Grill, daneben ein Wagen mit Getränken. Eine Säule mit einer Madonnenfigur. Stühle, Tisch, Grill sind an den Fußenden in den Boden einbetoniert. Alles bewegliche Gut liegt an schmalen Ketten. Am leeren Tisch sitzen: Albert, Wilhelm, sein Vater, Josefine, seine Schwester; ihnen gegenüber: Lotte neben ihrem Bruder Bernd. Die Personen wechseln häufig ihre Sitzhaltungen, da ihnen sonst jede Ablenkung voneinander, etwa durch Essen oder Trinken, fehlt. Lotte trägt ihr zweiteiliges Kostüm, das von Mal zu Mal farbloser, ausgeblichener erscheint. Sie macht eine Skizze von Albert, dem jungen Mann.

LOTTE: Erkennst mich nicht, Albert?
ALBERT: Doch.
LOTTE: Ich kenn dich. Aber du kennst mich nicht mehr.
Groß, wie du geworden bist.
ALBERT: Doch. *Pause.*
WILHELM: *vorgebeugt, die zusammengefalteten Hände hin und her reibend.* Sie wollen sich also ein wenig um meinen einzigen Sohn kümmern?
LOTTE: Na ja.
Duz mich.
WILHELM: Was meinst du dazu, Schwiegersohn?
BERND: *zieht nervös seine Armbanduhr auf.* Ich meine: Was liegt vor?
Du bist doch verheiratet, Schwester?

LOTTE: Wir leben in Scheidung.

BERND: Liebe? Güte? Erziehungsdrang?

WILHELM: Sehen Sie, mein Söhnchen braucht eher einen Halt als eine weitere Zerstreuung.

LOTTE: *zu Bernd.* Nestler. Nestle doch nicht dauernd an deiner Uhr herum.

WILHELM: Drei volle Jahre wartet der Junge nun auf seinen Studienplatz in Zahnmedizin. Drei Jahre Aufschub. Zwei Jahre Militär vorneweg. Dienst am *Sozial*-staat! Macht, daß er jetzt schon Mitte Zwanzig ist. Und parkt noch immer in Theologie.
Seine beste Zeit vergeht, sein Werdegang bleibt dahingestellt. Es wird aus ihm nichts. Sitzt zu Haus auf Hörnum und hält uns verrücktes Kolleg.

BERND: Die Kriegsgeneration hatte es auch nicht leichter.

WILHELM: Kriegsgeneration? Bist du Kriegsgeneration? Menschenskind, Bernd! Euch ist doch in den sechziger Jahren alles in den Schoß gefallen. Gleich von der Penne ab ins Praktikum, mit ein klein wenig Beziehung –

LOTTE: Also Beziehungen hatten wir überhaupt keine. Unser Vater war nicht so reich! Er war ja nur ein kleiner Mann im Gaswerk und mein Bruder hat sich beim Studieren immer dazu verdienen müssen. Das ist ungerecht, so etwas zu sagen. Und mein Bruder hatte keine Praxis vor der Nase, in die er bloß hineinwachsen brauchte, früher oder später, wie Albert. Sonst hätte mein Bruder ja heute auch seine eigene Praxis und wäre nicht dein Assistent!

WILHELM *(gleichzeitig mit Bernd):* Er ist nicht mein Assistent.

BERND: Ich bin kein Assistent.

LOTTE: Oder sowas Ähnliches. Eingeheirateter Unselbständiger.

WILHELM: Ja, ja. Düsternis, Düsternis.
Ein Staat, ein *Sozial*-staat ... aber darüber kann man ja nicht reden mit euch. *Pause. Lotte zeichnet.*

JOSEFINE: Achtundzwanzigtausend Mark.

BERND: Wir haben gerade erst zwei Uhr fünfzig, Finchen. Noch nicht einmal drei Uhr, Finchen. Vielleicht solltest du wenigstens noch ein halbes Stündchen warten.

JOSEFINE *steht auf*: Du, Bernd, schweige!
Wo sind meine Achtundzwanzigtausend?
Sie geht zum Getränkewagen, sieht sich die Flaschen der Reihe nach an. Der Vater folgt ihr, steht besorgt an ihrer Seite.

WILHELM: Nichts Scharfes, Josefine. Nichts Scharfes!

JOSEFINE: Was soll ich nehmen ...?

WILHELM: Laß dich bitten, mein Kind ...

JOSEFINE: Wo fange ich an ...?

WILHELM: Der Tag ist noch lang ...
Sie nimmt schließlich eine Flasche Wodka oder Gin, gießt sich ein großes Glas voll. Der Vater versucht ihr einerseits behilflich,

andererseits hinderlich zu sein. Er reicht ihr das Glas, um es bald wieder von den Lippen abzuheben. Er streicht ihr, während sie trinkt, über den Scheitel. Er geleitet sie zurück zu ihrem Platz.

ALBERT: Was du da an hast, Lotte, dies Kostüm –
ist das jetzt der neueste Omalook auf dem Festland?
Siehst ja aus wie der letzte Ostermarschierer.

LOTTE: Ich dachte, ich hätte mich einigermaßen angezogen, einigermaßen.

ALBERT: Ich hoffe, du hast nicht vergessen, dir 'ne Mottenkugel in den Zwickel zu stecken.

LOTTE: Du bist ein Flaps, ein Flaps!

ALBERT: Ich würde gern mal sehen, wie du aussiehst, wenn man sexuell mit dir spricht.

WILHELM: Kehr um, Albert! Kehr um!

ALBERT: Ich glaube, du bekommst ein ganz anderes Gesicht, wenn man mit dir über gewisse sexuelle Dinge spricht.

LOTTE: Red doch nicht soviel darüber!

ALBERT: Willst wohl nicht sexuell mit mir reden, nein?

LOTTE: Schon. Aber –

ALBERT: Aber?
Weißt du, Lotte, es gibt zärtliche Mütter, die ihre Kindchen masturbieren, wenn sie weinen ...

LOTTE: Nicht mehr sexuell, bitte!

ALBERT: Und es gibt andere Mütter, oder gab sie,
weniger zärtliche, die banden ihrem Sohn
ein Gerät auf den Leib, das jede Erektion des Kindes vermittels einer elektrischen Klingel im elterlichen Schlafzimmer anzeigte.
Eine solche Mutter hatte mein Vater.

WILHELM: Ich pack mir meine beiden Kinder
unter die Arme,
ich nehm den Albert links und die Josefine rechts,
und sodann stürz ich mich runter vom Norden,
wo ich nicht geboren wurde,
wo meine Kinder nicht geboren wurden,
runter von der Nordsee und raus aus der Nordseeluft,
die uns alle jodvergiftet hat,
ich laß hier das Unsere stehen und liegen,
pack euch beide, ihr zitternden Vögelchen,
wenn ihr nicht endlich euch eure Übel verkneift!
Du deinen Stumpfsinn.
Du deinen Wahnsinn.
Du dein Schweigen.
Du dein Schwätzen.
Du dein Starren.
Du dein Stechen im Auge ...

JOSEFINE: Hör mal, er mopst sich über uns Kinder!

Lotte: Er mopst sich? Aber nein. Er macht sich Sorgen. Ihr quält ihn.

Josefine: Jetzt sag ich dir was: Dein Bruder Bernd hat mich beklaut.

Lotte: Beklaut?
Zu Bernd. Nestle doch nicht dauernd an dir herum. Laß das!

Josefine: Beklaut, ja.
Achtundzwanzigtausend Mark in Gold und Papieren.
Hinter der Wandtäfelung im Schlafzimmer.
Mein ganz Privates, du!

Wilhelm: Niemals hättest du soviel Geld an einem Fleck verstecken dürfen.

Josefine: Aber ein Geld, das vor dem eigenen Mann nicht sicher ist, wer denkt denn an sowas.
Ich hätte ihm doch nie im Leben das Versteck gezeigt.

Lotte: Bernd, rede du.

Bernd: Ich habe vor cirka einem Jahr achtundzwanzigtausend Mark hinter der Wandtäfelung im Schlafzimmer hervorgeholt und an mich genommen.

Wilhelm: Nun ja.
Wir debattieren seit Wochen über nichts anderes.
Muß denn das ausgerechnet heute wieder auf den Tisch?

Josefine: Sie ist die Schwester. Sie gehört zur Familie.
Sie soll es wissen.

Lotte: Warum stiehlst du?

Josefine: Niemand kannte das Versteck. Nur er.
Sogar ich hatte es fast schon vergessen.

Wilhelm: Er gibt es ja zu, er gibt es ja zu.

Josefine: Wahrscheinlich hat er gedacht: die guckt ja doch nie hinter die Wandtäfelung; wer weiß, wann die mal wieder dahinter guckt...

Lotte: Warum stiehlst du?
Du hast doch früher nie gestohlen.
Warum? Hier gehört dir doch sowieso,
mehr oder weniger, früher oder später – alles.

Bernd: Nicht ganz mir.

Lotte: Hast du das Geld zurückgegeben?

Bernd: Nein.

Lotte: Nein?!

Bernd: Bin momentan gar nicht in der Lage...

Lotte: Was hast du gemacht mit achtundzwanzigtausend Mark?

Bernd: Darüber möchte ich nicht sprechen.

Lotte: Die eigne Frau bestohlen...
Mein Gott! Bernd! Wahnsinn!
Sag doch wenigstens, warum?!
Und hör endlich auf, am Hosenbein zu zupfen!

WILHELM: Was soll ich tun? Was soll ich tun?
Das greift aber mächtig in die Tiefenschichten, was? Oder?
Er steht plötzlich auf.
Verlasse meinen Garten und verlaß
mein Haus und meine Praxis.
Geh weg von uns.

JOSEFINE: He! Heeeeeh!

WILHELM *setzt sich wieder*: Siehst du.

JOSEFINE: Überleg dir, was du sagst, Vater,
und furz hier nicht beliebig in die Gegend!

WILHELM: Siehst du.
Auf welchem Forum willst du da Gerichtstag halten?
Die Familie? Die Familie fordert tausend Rücksichten, die Familie ist dem Täter ein schützend Dickicht, in dem er untertaucht und sich nicht fassen läßt.
Bernd steht auf.

JOSEFINE / LOTTE: Wohin?

BERND: Ich gehe nicht weg.
Er geht zu einem Stapel Zeitungen, der in der Nähe des Grills steht, und breitet langsam Zeitungsblätter auf dem Boden aus, um darauf später Teile des Grills zu säubern.

LOTTE: Ich möchte sagen, daß ich meinen Bruder liebe und daß ich mich verantwortlich fühle für ihn, denn ich bin seine ältere Schwester, die früher immer gut auf ihn aufgepaßt hat.

JOSEFINE: Na ja. Nun ist es eben so gelaufen.
Voriges Jahr hatte ich in Keitum ein Lädchen im Kunsthandwerk. Dieses Jahr hab ich mir mal nichts vorgenommen ...
Ich hätte ja auch ein Kind bekommen können.

ALBERT: Ich werd mich in deinen Sex einmischen, Fine! Diebstahl und sich schämen? Ach du heilige Waschmaus! Der Raub, das ist etwas ganz Tiefes, du, etwas ungeheuer Sexuelles, ganz was Seltenes, ein irrer Schrei, ein irrer Aufstieg! Und du quatschst hier dauernd rum, kalt und schwül wie 'ne Messehostess. Du redest doch sonst nicht über Sex. Du redest hier die ganze Zeit über deinen Sex und merkst es gar nicht!

JOSEFINE: Sex! ... Was soll daran wohl sexuell sein?
Vielleicht wenn er mich betrogen hätte, ja.
Aber eine Bestohlene empfindet da doch anders.

ALBERT: Weil du sexuell nicht bis zehn zählen kannst.

JOSEFINE: Albert, ich bin nicht firm in deiner Philosophie. Laß es.

LOTTE *zu Bernd*: Willst du dich nicht wieder zu uns setzen?

BERND: Ich werd grad mal den Grill putzen.

LOTTE *fast heiter*: Was hast du denn bloß gemacht mit dem vielen Geld?
Keine Antwort. Bernd legt weiterhin Zeitungen aus.

LOTTE *ernst*: Bernd, du bist ein Mensch, der sich sehr verändert hat.
BERND: Tja.
Ich bin Pessimist.
LOTTE: Pessimist? Ein Dieb bist du!
Red dich bloß nicht raus.
JOSEFINE: Ich bin sicher, er hatte heimlich Schulden ...
LOTTE: Hattest du heimlich Schulden?
BERND: Pessimist zu sein ...
LOTTE *zu Josefine*: Offenbar.
BERND: ... ist gar nicht so leicht, heutzutage.
Der Glaube an das Gute im Menschen hält überall die Menschen zusammen. Er verbindet.
Aber bist du nun einmal skeptisch und siehst für den Menschen schwarz, ganz allgemein, dann wirst du bald erleben, wie deine besten Freunde sich nach und nach von dir zurückziehen. Obwohl du doch niemanden persönlich beleidigt hast. Sie fürchten die pessimistische Idee an sich, die Wahrheit letzten Endes. Da kannst du persönlich noch so ein prima Kerl sein, den Pessimisten lassen sie alleine stehen. Schade. Dabei wäre es doch denkbar, Pessimist zu sein, ohne gleich ein Menschenverächter. Man müßte doch Pessimist sein dürfen und dabei gerade besonders gesellig.
Josefine ist aufgestanden und auf dem Weg zum Getränkewagen abgebogen, um sich neben Bernd zu stellen. Wilhelm folgt ihr.
JOSEFINE: Vielleicht war es nur so ein plötzlicher Anfall aus der Lebensmitte heraus ...
Die Nerven machen ja, was sie wollen.
Ein Mann stiehlt bei seiner Frau.
Sowas kommt nicht mal im Krieg vor.
Statt Krieg haben wir das.
Haben wir Pech. *Sie geht zu den Getränken.*
WILHELM *flüstert Bernd zu*: Du bist übrigens noch mit der Jahresmiete für den Illustriertenring im Rückstand ... Ich erwähn es nur schon mal.
Er geht hinter Josefine her.
Lotte beugt sich über die Stuhllehne zu Bernd.
LOTTE: Wohin jetzt?
BERND: Wie meinst du?
LOTTE: Hier können wir nicht bleiben, Bruder.
BERND: Warum nicht.
LOTTE: Ich dachte, hier könnte ich endlich mal ein bißchen bleiben.
BERND: Abwarten und Tee trinken.
LOTTE: Als Kind hast du nie gestohlen ...
Aber die Bizeps spielen lassen beim Beten, das warst du! Tu's nicht, sagt die Mutter, tu's nicht, sonst wird dir der Engel kein

Grübchen ins Kinn drücken, wie du es dir so sehr wünschst. Du wolltest als Mann unbedingt so ein Dingens unten im Kinn.

BERND: Na ja. Hab ich jetzt auch eins.

LOTTE: Ich seh nix.

Josefine und Wilhelm kommen zurück zum Tisch. Diesmal hat Josefine ein hohes volles Glas mitgenommen.

ALBERT: Hör mir doch zu!
Was macht ihr mit mir?!

WILHELM: Schweigt aber das Meer, die Ebbe kommt, dann –!

LOTTE: Mußt nicht immer Mittelpunkt sein, Albert.

WILHELM: Die Ebbe kommt, er fürchtet sich.
Er hält Alberts Hand.
Die Natur ist ein rachsüchtiges Etwas.
Geht gleich vorüber, mein Junge.
Diese kleine Familie ... diese kleinste Familie ... sich bloß nicht kränken, Obacht! ... sich bloß nicht kränken gegenseitig ...

JOSEFINE: Das muß doch in etwa dasselbe sein wie früher seine Mondsucht.

WILHELM: Pünktlich beim Kentern der Gezeiten ...

JOSEFINE: Verschleppte Mondsucht, gibt es sowas?
Gott, ich weiß es letztlich auch nicht
Sie trinkt.

LOTTE: Du trinkst gern mal was, ja?
Das brauchst du sicher, um nachts gut schlafen zu können?

JOSEFINE *lächelt*: Auch.

LOTTE: Kannst du denn auch ohne schlafen?

JOSEFINE *lacht freundlich*: Mit etwas geht es schon besser.

HEINER MÜLLER *Medeaspiel*

Ein Bett wird vom Schnürboden heruntergelassen und hochkant aufgestellt. Zwei weibliche Figuren mit Totenmasken bringen ein Mädchen auf die Bühne und stellen es mit dem Rücken zum Bett auf. Einkleidung der Braut. Mit dem Gürtel des Brautkleids wird sie an das Bett gebunden. Zwei männliche Figuren mit Totenmasken bringen den Bräutigam und placieren ihn mit dem Gesicht zur Braut. Er steht kopf, geht auf den Händen, schlägt Rad vor ihr usw.; sie lacht lautlos. Er zerreißt das Brautkleid und nimmt seinen Platz an der Braut ein. Projektion: Geschlechtsakt. Mit den Fetzen des Brautkleids fesseln die männlichen Totenmasken die Hände und die weiblichen Totenmasken die Füße der Braut an das Bett. Der Rest dient als Knebel. Während der Mann vor den (weiblichen) Zuschauern kopfsteht, auf den Händen geht, Rad schlägt usw., schwillt der Bauch der Frau an, bis er platzt. Projektion: Geburtsakt. Die weiblichen Totenmasken holen der Frau ein Kind aus dem Bauch, lösen ihre Handfesseln, legen ihr das Kind auf die Arme. Gleichzeitig haben die männlichen Totenmasken den Mann so mit Waffen behängt, daß er sich nur noch auf allen Vieren fortbewegen kann. Projektion: Tötungsakt. Die Frau nimmt ihr Gesicht ab, zerreißt das Kind und wirft die Teile in die Richtung des Mannes. Aus dem Schnürboden fallen Trümmer Gliedmaßen Eingeweide auf den Mann.

Max von der Grün
Wir sind eine demokratische Familie

Vor drei Jahren beschlossen wir, in unserer Familie Weihnachten abzuschaffen. Drei stimmten dafür: Ich, meine Frau und meine Tochter. Sohn Frank, damals erst drei Jahre alt, enthielt sich der Stimme, er sagte nur, als er gefragt wurde: Ei ei.

Das brachte uns auf einen Kompromiß, denn keinen Baum an Weihnachten in der Wohnung zu haben, war uns, trotz wilder Entschlossenheit, mit diesem bürgerlichen Relikt zu brechen, doch nicht geheuer.

Seitdem putzen wir am Heiligen Abend, genau ab 14 Uhr, eine Tanne (aus dem Sauerland) mit gefärbten und ausgeblasenen Eiern. Es ist ein wunderschöner bunter Baum, die Eier werden von uns, immer genau sechzig Stück, Tage vorher in Heimarbeit und mit vergnüglicher Gemeinsamkeit, ausgeblasen und bemalt. In der Küche. Es gibt bis zum Heiligen Abend nur Eierspeisen, denn irgendwo muß das, was sich innerhalb der Schalen befindet, ja bleiben.

Ein aufgeklärter, aber zufällig zu den Feiertagen angewehter Besucher stand staunend vor dem Baum und sagte: Ein Antibaum. Dem Besucher, Jurist aus alter deutscher Pastorenfamilie, war anzusehen, daß es ihm schmeichelte, in so einer fortschrittlichen Familie Gast zu sein, er bestaunte die Eier gehörig, meinte, da sei wohl viel Arbeit dran, er befühlte die Eier und war noch mehr beeindruckt, weil etliche mit Wasserfarbe, etliche mit Öl bepinselt waren, konkrete und abstrakte Musterung.

Damit aber nicht genug. Die 18 Weihnachtsplatten, die meisten davon LPs, wanderten in den Kleiderschrank ganz nach hinten, wo auch meine seit dreißig Jahren nicht mehr benützte Geige in einem vergammelten Kasten liegt, damit wir nicht der Versuchung erliegen konnten, die Weihnachtsplatten abzuspielen, denn wir hatten uns im Laufe der Zeit eine Menge Frühlingslieder gekauft.

Die spielen wir immer zum Heiligen Abend, nämlich: Der Mai ist gekommen, oder: Alle Vögel sind schon da, oder: Am Brunnen vor dem Tore.

Meine Tochter, sie steht vor dem Abitur, meinte zwar, was wir trieben, sei reaktionär, aber sie konnte es doch nicht lassen, damals nacheinander ihre Freundinnen einzuladen, um ihnen den Baum zu zeigen und die Platten vorzuspielen. Die Freundinnen fanden das ungeheuer aufregend und chic, sie liefen nach Hause und erzählten ihren Eltern von unserem Antibaum. Die Eltern meinten zwar, wir seien verrückt, Schriftsteller hätten eben alle einen Dachschaden und die könnten sich den Dachschaden auch leisten, weil er von der Gesellschaft akzeptiert würde. Aber diese Töchter haben doch erreicht, daß ihre Eltern unsicher wurden auf dem Gebiet der Stillen und Heiligen Nacht.

Ein Jahr später konnten einige dieser Töchter in der Schule stolz melden, daß sie nun auch einen Antibaum hätten, und im letzten Jahr gab es in unserer Siedlung keine Wohnung mehr, in der nicht ein mit Eiern behangener Baum stand, zumindest in den Zimmern der Familien, die sich Intellektuelle, Bürger und Handeltreibende nennen. Nur im grauen Viertel unserer Siedlung, wo diese exotischen Gewächse wohnen, von Linksradikalen auch Proletarier genannt, da hängen noch Kugeln an den Bäumen und brennen noch echte Bienenwachskerzen, und da spielt man auch noch richtige Weihnachtslieder.

Aber auch dieses graue Viertel tauen wir noch auf, der Anfang wurde letzte Weihnachten gemacht, als wir am ersten Feiertag unsere Fenster öffneten und mittels Verstärker unsere Lieder zur anderen Straßenseite hinüberschickten, nämlich: Der Mai ist gekommen, und: Alle Vögel sind schon da.

Erst versuchten die Exoten von der anderen Seite gegen uns anzustinken, mit: O Tannenbaum, und mit: Leise rieselt der Schnee, aber da sie keine Verstärker hatten, ließen sie es bald.

Trotzdem. Meine Tochter und ihre Freundinnen sind sich sicher, daß uns nächstes Jahr der Einbruch in die Arbeitersiedlung gelingen wird, daß nächstes Jahr auch im grauen Viertel Antibäume stehen werden, mit Eiern behangen und mit Frühlingsliedern garniert. Man muß bei den Leuten nur behutsam vorgehen, darf nicht erkennen lassen, daß es eine linke, vielleicht sogar eine radikal linke Initiative ist, meine Tochter tarnt das mit Mode, gegen die auch Proletarier nichts einzuwenden haben, im Gegenteil, für Mode sind sie immer zu haben, sofern sie dafür bezahlen müssen und nicht dafür bezahlt bekommen.

So schön dieser Erfolg ist, mit Konsequenz seit drei Jahren betrieben, was uns gar nicht so leichtfiel, wie es vielleicht den Anschein hat, nämlich, daß wir ihn in das Viertel tragen konnten und vielleicht auch das Exotenviertel unterwandern können, es gab im eigenen Haus einen Mißton, der uns letzte Weihnachten das Blut gerinnen ließ. Denn bei unserer Aufgabe, allen Menschen, die guten Willens sind, den Antibaum schmackhaft zu machen, vergaßen wir ganz, daß unser Sohn Frank älter geworden war. Damals, als wir den Entschluß faßten, Eier statt Kugeln an den Baum zu hängen, da sagte er nur: Ei ei.

Jetzt aber, letztes Weihnachtsfest, meine Frau brutzelte in der Küche die Gans, meine Tochter trug in die Nachbarschaft einen Waschkorb voller Geschenke, und ich lümmelte in meinem Zimmer im Sessel und las in dem Buch: »Einführung in den dialektischen und historischen Materialismus«, da riß es mich hoch, denn ganz laut, mit Verstärker natürlich, lief in unserer Wohnung das Lied von der Stillen und Heiligen Nacht ab.

Sohn Frank hatte im Kleiderschrank gestöbert und die Platten gefunden, er saß im Wohnzimmer auf dem Teppich, um ihn herum die Weihnachtsplatten, er legte sie auf, spielte sie ab, und was das Erschütterndste war: Er sang mit.

Meine Frau kam schwitzend aus der Küche gelaufen und rief: Mein Gott, wo hat das Kind das nur her!

Von mir nicht, sagte ich.

Denkst du vielleicht von mir?

Wir stritten uns dann noch lautstark, aber viel zu hören war nicht von unseren Worten, denn Sohn Frank war bei O Tannenbaum angekommen.

Wir ließen ihn erst gewähren, dann aber nahmen wir ihn ins Gebet: Das dürfe er nie wieder tun, da werde das Christkind böse und bringe keine Geschenke mehr, und überhaupt, was werden die Nachbarn sagen, die müssen uns ja für verrückt halten und glauben, wir hätten einen Dachschaden.

Da wir eine tolerante Familie sind, mit Sinn für Fortschritt und dem Glauben an den Verstand, haben wir das unserem Sohn natürlich nicht mit Holzhammermanier beigebracht, wir haben ihm den Unterschied erklärt, der zwischen einem Baum mit Kugeln und einem Baum mit Eiern besteht.

Frank hörte zu, ganz Innerlichkeit, ganz unser Sohn, was die Aufmerksamkeit betrifft.

Meine Frau ging wieder in die Küche zu ihrer Gans, ich zu meiner Einführung in ... die Tochter kam prustend zurück, sie war ihre Geschenke endlich losgeworden, da hörten wir sie wieder, diese gräßlichen Weihnachtslieder, wie der Schnee leise rieselt. Ich lief zu meiner Frau in die Küche, ich war wütend, ich schrie sie an: Sofort verbietest du deinem Sohn, daß er diese Platten spielt.

Aber sie stand vor dem Herd und weinte, sie sagte nur: Die Gans ist verkohlt. So ein Unglück. Das ganze Fest ist verdorben. Weihnachten ohne Gans ... mein Gott, wenn das meine Mutter noch erlebt hätte ... mein Gott.

im nachbarhaus ist während irgendwelcher kürzerer ferien, während der oster- oder pfingstferien einmal der neffe der frau lampersberger aus deutschland zu besuch gewesen, ein gewisser dieter aus hamburg, gleichaltrig etwa, einer von »draußen«, wahrscheinlich hat die frau lampersberger »draußen« verwandte gehabt. (die »deitschn« aber seien ja oft »solche fokn«, so verdorben, überhaupt, wenn einer aus der großstadt komme ... und prompt:) ich hab mich mit dem dieter unterhalten, und während wir so geredet haben, hat d. einen löwenzahn gepflückt, die blüte abgerissen, aus der kurzen hose sein *pimpale* hervorgeholt und, sich immer noch mit mir unterhaltend, versucht, durch den löwenzahnstengel hindurchzuschiffen. ein kunststück. die mutti hat dieses kunststück wahrscheinlich vom fenster aus beobachtet, denn –

geständnis. au, au. – ja, ich sei mit dem dieter ins nachbarhaus gegangen; ja, er habe mich aufgefordert, mit ihm aufs klo zu gehen; ja, ich sei ihm aufs klo gefolgt; ja, er habe sein puzzile herausgetan und mich aufgefordert, dasselbe zu tun; ja, er habe geschweinigelt; dann, ja, habe er mir aufgetragen, der mutti ja nichts davon zu erzählen.

wahrheit. der dieter hat durch den stengel geprunzt, daraufhin, wir hatten uns über comics unterhalten, sind wir ins haus, ins nachbarhaus in die ebenerdig gelegene lampersbergerwohnung gegangen, wo d. mir einige *akim*- und *sigurd*heftln gezeigt hat; dann sind wir wieder in den hof gegangen.

verhör. »werner komm sofort herauf«, plötzlich, »werner komm sofort herauf!« hinauf. (die *rute* ist schon bereit gelegen.) »so jetzt wirst du mir genau sagen was du jetzt grad im haus drüben gemacht hast mit dem zotl da ... wehe wenn du mich anlügst ...« »...« »das glaub ich dir nicht.« (die rute) »wenn du lügst, kriegst du's umso mehr, also – du warst mit im klo« (rute) »und dort wollt er schweinische sachen mit dir treiben stimmts?!« (rute) »so – und wenn noch einmal sowas is dann ... und den zotl den verdorbenen schaust du gar nicht mehr an.«

am darauffolgenden tag, am nachmittag vor einem sonn- oder feiertag, hat die mutti im geschäft ausgeholfen. ich bin zuhause geblieben mit der anweisung, niemandem aufzumachen. die meiste zeit bin ich auf dem balkon gesessen und hab gelesen. ein außergewöhnlich heißer nachmittag. im nachbargarten ist kurz der dieter mit einer kleinen badewanne aufgetaucht, hat pritschelnd ein bad genommen und mir zwischendurch zugewunken.

geständnis (nach den vorstellungen meiner eltern). der dieter sei drüben im badewandl und ich hier am balkon gesessen, er habe mir zugewunken. – ja, auf einmal sei er herüber, vor unsere wohnungstür gekommen. ja, ich habe ihn hereingelassen, er habe seine badehose ausgezogen. wir seien ins wohnzimmer gegangen. ja, er habe sich nackt aufs bett gelegt und mit seinem puzzile gespielt. nein, ich habe trotzdem nicht hingesehn. ja, er habe gewollt, daß auch ich mit meinem puzzile spiele. – ja, schließlich sei er wieder gegangen.

wahrheit. außer mir ist niemand in der wohnung gewesen, ich selbst habe mich nur in der küche und auf dem balkon aufgehalten.

verhör. am späten nachmittag ist die mutti nachhausegekommen, ist irgendwann ins wohnzimmer gegangen und verändert, mit *schleg,* schläge verheißender miene wieder herausgekommen – das bett, die zierdecke auf dem bett sei nicht so, wie's beim weggehn gewesen sei – ob der dieter dagewesen sei, freilich sei der dieter dagewesen, ich solle zugeben, der dieter sei dagewesen. (abermals, die rute.) ich solle die wahrheit sagen, genau solle ich sagen, was wir auf dem bett gemacht hätten. ein außergewöhnlich heißer nachmittag. massive anschuldigungen. hilflose verantwortungen. wenn man mir nicht glaube, müsse ich eben lügen. ich müsse nicht lügen, ich müsse bloß die wahrheit sagen, »also – er hat sich aufs bett gelegt gibs zu ... – und was hast du gemacht?« die rute. am abend neuerlich die rute, diesmal vom papa. schlafpause; »in der früh« werde man »weiterreden«. am nächsten tag, am morgen des sonn- oder feiertages, ein weiteres verhör. mit der zeit habe ich alles zugegeben, alles habe ich zugegeben, was zuzugeben von mir verlangt worden ist.

Elke Erb *Wie man wohnt*

Am Tage der heiligen Drei, der Könige, kamen die Gäste. Das Tor war offen gewesen, das Schloß kaputt, ich hatte niemanden gehört. Ich ging in den Vorraum, in welchem die Kuckucksuhr schlug, und bemerkte sie. Als ich ihnen freudig verwirrt die Tür zum Wohnzimmer aufschob, lag, über das Vertiko und den Teppich gefallen, eine der Wände, stöhnte und schrie mit ihrer hellroten, wie dessousfarbenen Tünche, roch scharf nach Kalk. Ich schritt mit den großäugig blickenden Gästen ins Schlafzimmer durch, aber die Lampen, welche sich gelöst hatten, sprangen uns an die Beine wie Hunde und auf die Betten wie Katzen. Wir entfernten uns wieder, gingen zur Küche. Der Herd war in die Mitte der Küche gerückt, sprach zum Volk, der Tisch hielt aus Angst vor ihm die Beine verklemmt, der Schrank stand bleich, schien verkniffen zu lächeln. Nur weg, nur weg von hier. Das Badezimmer ließ uns nicht ein, hatte sich eingeschlossen, jetzt frißt es wieder meine Kosmetika auf, dachte ich und ärgerte mich. Wir sahn zum Klosett, es machte sich Spaß, ließ das Becken vollaufen, zog dann, rauschte, wartete vergnügt, rauschte, man erschrak jedesmal heftig. Wie leid taten mir aber die Menschen solcher Unordnung halber. Den Keller, auf welchen wir noch hofften, fanden wir bis obenan mit Holzwolle vollgestopft, er röchelte, und auf dem Boden, zu welchem wir noch stiegen, sausten lange blaue Schaukeln wild durch den Raum, die uns verjagten. Blieb der Hof. So standen wir denn im Kreise umher auf dem Hof, um uns die hohe dunkle Nacht. Aber auf meine Gäste fiel da ein Schnee, und sie wandten sich zu gehn. Lieb, daß ihr gekommen seid, sagte ich. Nehmt nur mein Fahrrad, gell? Es findet schon allein wieder her.

Uwe Johnson *Ein Vorbild*

Diese Mitteilungen hat Jonathan mir erlaubt, »denn sie gehen ja nicht über mich«, auch weil er einen gänzlich anderen Namen führt im Alltag seines Berufs, von dem er sich ausruhte im September vor zwei Jahren, vor sich ein Bier, wie wir fünf anderen auch, behaglich in der Pause zwischen der Arbeit und den Forderungen, mit denen später die Familie auftreten wird. Ein wenig tut er uns leid, weil er an diesem Tag früher in sein Auto steigen muß, um seiner Frau einen Willen zu tun; wir mögen ihn für eine Zeit vergessen haben in dem faulen Gespräch über das amtliche Verbot, den Rasen zu begießen, meiner ist wahrhaftig angebrannt, der kann die Mütze Regen gebrauchen, die der Wind nun über der Insel ausschüttet.

Jetzt, zwei Kilometer weiter östlich, auf einer fast unbefahrenen Straße, bockt Jonathans Auto, stößt ihn durch die Windschutzscheibe und läßt ihn ein paar Meter über den schartigen Beton rutschen, daß die Haut kräftig aufplatzt. Das Bewußtsein ging weg, als der Kopf zum erstenmal aufschlug, sehr zur Erleichterung Jonathans, denn unverhofft war da ein zweites Auto auf der Fahrbahn, besetzt mit einer Frau und vielen Kindern, nun leicht eingedellt von dem Jonathans; mit solcher Erinnerung wäre er ungern aufgewacht. Auf unsere Nachrufe kann er sich verlassen, seine Frau desgleichen: Er hatte doch bloß drei Halbe: sagen wir, und: Es muß diese Husche Regen gewesen sein. Was einem so einfällt zu einer, die ist vielleicht in einer halben Stunde von Beruf Witwe. An dieser Stelle, mit dem Anpreschen von Ambulanz und Polizei, wäre die Geschichte zu Ende gewesen in mancher anderen Gegend.

Aber sie stellen es anders an auf der Insel Sheppey. Die Fahrerin des anderen Wagens, statt erst einmal eine Zeichnung anzufertigen und die Anklage gegen Jonathan zu proben, sie läßt den Krankenwagen holen für ihn und steht wahrhaftig dabei, als er verladen wird. Sie hat etwas anzubieten, nämlich einen seiner Schuhe, der lag an die fünfzehn Meter von Jonathans Wrack entfernt; hoffentlich werde er ihn noch brauchen können. Ihrem Mann reichen weder die Verwirrung der Kinder noch die verregnete Frisur seiner Frau zu dem Entschluß, Mrs. Jonathan vorsorglich anzubrüllen, vielmehr übergibt er ihr seine Karte und verspricht, ihr behilflich zu sein bei den Verhandlungen mit der Versicherungsgesellschaft. So hat Jonathans Frau etwas in der Hand, als sie mit dem nahezu Leblosen abgefahren wird ins Unfallkrankenhaus.

Das aber steht nicht auf der Insel, sondern gut und gern sechzehn Kilometer entfernt in Gillingham, und dennoch hatte Jonathans Frau bald jemanden zur Seite vor der Tür, hinter der er womöglich starb unter den Messern. Der hatte neben ihm an der Theke gestanden, nun log er die drei halben Liter um in einen und ein Viertel, der gab Jonathan für seine Fahrkünste das Prädikat Künstlerisch wertvoll, und vor allem beglückwünschte er sie dazu, daß den Kindern im anderen Wagen schlimmstenfalls ein Härchen gekrümmt worden war. Gegen Mitternacht, während der zweiten Notoperation, mißlang es ihm schließlich, sie abzulenken von der Überlegung, wie handlich doch gelegentlich ein Vertrauen in einen Gott sein möge, falls vorhanden, jedoch verschlug von Zeit zu Zeit ein Hinweis auf das blinde Lächeln, das Jonathans Gesicht überschwemmte, soweit die Sauerstoffmaske das sehen ließ. Dann wieder war das Röcheln in dem stramm eingeschnürten Brustkorb zu hörbar gewesen. (Das ging später über Jonathans Begreifen: der sollte fast die ganze Nacht im Korridor der Klinik gehockt haben? auf den Fersen? ohne zu rauchen? – Wenn da doch bloß ein Stuhl stand: versetzt der, schnippisch geradezu.)

Erst einmal lassen die Chirurgen offen, ob wir je noch etwas besprechen werden mit Jonathan, am Ende ein Totalschaden wie sein Auto, und als seine Frau gegen Morgen abgeliefert wird zu Hause, findet sie die neue Sorge, wie sie denn wieder zu ihm kommt in der Ferne, rascher als mit der geldgierigen Eisenbahn. Wer dann anrief, war die Kontrahentin, die Fahrerin des anderen Wagens, und bot Jonathans Frau statt Rachsucht ihren Zweitwagen zu leihen an. Was für eine Verlegenheit! Denn Jonathans Frau versteht sich nicht darauf, ein Auto zu fahren, dazu hat sie ja ihn. Nun hat sie ihn nicht. Von diesem Morgen gab es einen privaten Taxidienst für sie, da konnte sie anrufen rund um die Uhr bei Nachbarn, Freunden, Bekannten, zweimal am Tag saß sie an Jonathans Bett. (Als sie ihn zurückbekam, war ihr Haushalt die ganze Zeit am Leben gewesen. Hilfe bei den Kindern, beim Einkaufen, der Bewachung des Telefons, all das gehörte beiläufig zu dem Hilfsnetz, das um sie gespannt war.)

Die sie zum Krankenhaus fuhren, für manche von ihnen mag Jonathan auch der Vorgesetzte gewesen sein, der wird zurückkommen mit Lob oder Tadel. Das stimmt für zwei Bengels, die sich einen Lieferwagen der Firma unter den Nagel rissen, die rutschten gewiß mit Spaß über die Autobahn, auch über die längere Strecke zu einem anderen Krankenhaus, auf Vergnügungsfahrten mit einer zuverlässigen Ausrede. Aber es war nicht jene Sorte Schüchternheit, mit der sie seinem Bett näher traten. Wollen wir sie der Neugier verdächtigen? Denn Jonathan hatte Lungenwunden und sieben Rippenbrüche aufgehen lassen zu einem Götzen, Wulst quoll da um Wulst, wie bei der Reklamefigur für ein Gummiprodukt, unverfroren sagten sie ihm das ins Gesicht, obwohl über ihm hätte eine Tafel hängen sollen mit der Aufschrift: BITTE, NICHT ZUM LACHEN REIZEN. Zu rühmen ist an allen ihre Tapferkeit gegenüber den Schildern, die dort tatsächlich angebracht waren in boshafter Vielzahl: WIR WÜRDEN ES ZU WÜRDIGEN WISSEN, WENN DIE PATIENTEN UND IHRE BESUCHER SICH DES RAUCHENS ENTHALTEN WÜRDEN. Es ist so ungefähr die strengste Formulierung. Da standen sie, die Blechschachtel mit Tabak und Papier in der Tasche, die Finger am Feuerzeug, und enthielten sich des Rauchens. Weiterhin befolgten sie die ärztlichen Auflagen und vergaßen keinmal Tabakwaren in der Nähe von Jonathans Bett. Ihr Vertrauen zur Medizin war nicht völlig blind. Sie kannten die hier zusätzlich erforderliche Arznei und überreichten dem Verletzten kleine Fläschchen ohne Etikett, deren Inhalt gemahnte an Mineralwasser, an Tee. Es sollte ihm an nichts fehlen, wenn es nach ihnen ging.

Die Behörden waren gleichermaßen bemüht. Jene Gruppe der Streitkräfte, bei der Jonathans ältester Sohn dient, fahndete nach ihm mit Aufrufen und Anschlägen in den Häfen, in denen er beim Anfang eines Urlaubs vermutet wurde; am nächsten Morgen hatte der Offizier für die Pflege der Beziehungen zur Zivilbevölkerung ihn an Jonathans Bett. Eine andere Behörde war eher ratlos, die Polizei. Die Ursache für den Unfall war ihr unerfindlich, und sie suchte Jonathan auszuhorchen. In seiner Unschuld weiß er heute nur den Beginn eines neuen Lebens mit festgebundenen Händen und Schläuchen in den Venen. Also wurde gegen ihn ermittelt, und ohne Fehl bekam Jonathan ein paar Strafpunkte auf seinen Führerschein, an Stelle jenes Gebrauchtwagenhändlers, der ihm eine Maschine mit defekter Steuerung angedreht hatte. Vorläufig rief ein Hauptkommissar regelmäßig an und ließ ihm ausrichten, dieser krumme blöde Hund *(silly old bugger)* möge sich gefälligst am Riemen reißen, gewiß keine Ausdrucksweise für die gebildeten und anmutigen Lippen einer Lehrschwester, und sie unterschlug ihm kein Wort. Dienstlich befragt, ob er unter Schmerzen leide, antwortete er wie jener legendäre Indianer, der von vielen Pfeilen an einen Baum genagelt stand: *Only when I larf.* Bloß wenn'ch lache.

Das sagt er heute noch. Einmal setzte er hinzu, träumerisch verwundert: Hab ich nicht gewußt, daß ich so viele Freunde hab auf der Insel.

Mittlerweile ist die Schonzeit vorbei, man darf ihn hart anlassen wie früher und ihm erläutern, wie es andererseits sich verhalten könnte: Nachbarn, meinst du, Jonathan. Nachbarn!

Ludwig Fels *Bekanntschaften*

Meine guten alten Freunde, lebt ihr noch? Wir gerieten von heute auf morgen aus der Jugend, sind nun verlobt, verheiratet, verarmt, bereichert, ledig und fertig, einige sind bereits verunglückt, gestorben, haben alles hinter sich gebracht, wie wir manchmal behaupten, weil wir nicht wissen, was uns später oder schon im nächsten Augenblick erwartet. Unsere Reihen lichten sich: jemand wird Soldat, der andere landet im Knast, einer erlebt die Politik im Fernseher, der nächste an seinem Arbeitsplatz. Wir bilden eine verkrachte Gesellschaft.

Einer spielt den Beamten und wohnt in einem echten Arbeiterviertel, das wegen seiner Kleinstadtstraßen berüchtigt ist. Einer ist Künstler und malt seine Bilder in Wohngemeinschaften, ist der Visionär unter linken Theorieverkündern, ein anderer jobbt als Griller an einer Brutzelplatte, wo er teure Burgers verkauft, die nicht sättigen. Einer fährt Mercedes und Honda und beutet die Leutchen im Discotheken-Underground aus, verheizt sie bei progressiver Musik, stillt Durst und Hunger und läßt sich die Kasse mit Freizeitgeld füllen. Einer hat eine Freundin, in die er verliebt ist; von mir möchte ich schweigen. Einer lebt auf einem Dorf, das einen schönen Namen trägt, Seligporten heißt, ein anderer flipt auf Entziehungskuren erst richtig aus. Jeder hat sich in irgendsoein Leben eingebürgert, in haltlosen Zuständen eingerichtet und sich mit seinem Glück abgefunden.

Außer ihnen gibt es noch die Mehrheit der Grüßgottsager und Händeschüttler und Weitermüsser.

Viele halten sich Haustiere. Die meisten sind in alle Himmelsrichtungen verstreut, gegangen oder gefangen, wohnhaft in Betonsilos, Gartenlauben, Schlafsäcken und Eigenheimen. Manche arbeiten, ein paar sogar an sich; von mir wage ich nicht zu sprechen.

Manchmal gelingt es mir, einen von ihnen zum Saufen zu überreden, dann erfahre ich die längst geahnten Wahrheiten und erkenne den Leidgenossen. Wenn wir telefonieren, flüstern wir gelangweilt, damit unser Gespräch nicht zufällig nach einem Anruf klingt. Wir erzählen von Filmen, Büchern, Stücken und Platten, schneiden eine bedauernde Miene und stürzen uns in erinnerungssüchtige Schwärmereien, als wär die Vergangenheit ein Kraftquell, den wir mit Notlügen speisen.

Der Lauf der Zeit hat die Bahnen geändert. Aus den Freunden von gestern wurden die Kameraden von heute, aus den Kumpels von damals werden bis morgen fremde Bekannte. Randerscheinungen, über die man Bescheid weiß und kein bißchen mehr. Die Jugend ist einer altertümlichen Reife gewichen; bald werden wir Kinder haben oder die erste und letzte Krebsgeschwulst, weniger Haare, mehr Falten, vereinzelt noch Zähne. Natürlich bleiben wir uns im Gedächtnis: wie schwache Glühbirnen in finsteren Sälen. Die Höhenflüge haben aufgehört. Wir sind abgestürzt, haben uns in Niederungen verschanzt, passen uns den jeweiligen Umständen an, statt aufzupassen, daß sich nichts wiederholt von all dem, was wir für abgeschafft erklärten.

Aus ist aus, zwecklos, den Totengräber zu verscheuchen. Auch als Hebammen haben wir versagt. Wir haben die Risse zu Brüchen werden lassen: ein Haar, ein Speichelflocken hätte genügt, sie zu kitten. Ich habe die Beziehungen vernachlässigt, wollte mich mit Abwesenheit für Fehler und Schwächen bestrafen, wollte hoch hinaus mit meinem bißchen Grips und war doch nur ein Maulwurf, dem der Mond den Kopf absichelte.

Zuerst sah ich mich in euch als Ganzes, dann nahm ich nur noch Einzelteile von mir wahr, jetzt tut es mir weh, daß ich euch nicht ehren kann.

Ihr seid aus dieser Generation verschwunden. Wo lebt ihr hin?

Ulrich Plenzdorf *Blue Jeans*

Natürlich Jeans! Oder kann sich einer ein Leben ohne Jeans vorstellen? Jeans sind die edelsten Hosen der Welt. Dafür verzichte ich doch auf die ganzen synthetischen Lappen aus der Jumo, die ewig tiffig aussehen. Für Jeans konnte ich überhaupt auf alles verzichten, außer der *schönsten Sache* vielleicht. Und außer Musik. Ich meine jetzt nicht irgendeinen Händelsohn Bacholdy, sondern echte Musik, Leute. Ich hatte nichts gegen Bacholdy oder einen, aber sie rissen mich nicht gerade vom Hocker. Ich meine natürlich echte Jeans. Es gibt ja auch einen Haufen Plunder, der bloß so tut wie echte Jeans. Dafür lieber gar keine Hosen. Echte Jeans dürfen zum Beispiel keinen Reißverschluß haben vorn. Es gibt ja überhaupt nur eine Sorte echte Jeans. Wer echter Jeansträger ist, weiß, welche ich meine. Was nicht heißt, daß jeder, der echte Jeans trägt, auch echter Jeansträger ist. Die meisten wissen gar nicht, was sie da auf dem Leib haben. Es tötete mich immer fast gar nicht, wenn ich so einen fünfundzwanzigjährigen Knacker mit Jeans sah, die er sich über seine verfetteten Hüften gezwängt hatte und in der Taille zugeschnürt. Dabei sind Jeans Hüfthosen, das heißt Hosen, die einem von der Hüfte rutschen, wenn sie nicht eng genug sind und einfach durch Reibungswiderstand obenbleiben. Dazu darf man natürlich keine fetten Hüften haben und einen fetten Arsch schon gar nicht, weil sie sonst nicht zugehen im Bund. Das kapiert einer mit fünfundzwanzig schon nicht mehr. Das ist, wie wenn einer dem Abzeichen nach Kommunist ist und zu Hause seine Frau prügelt. Ich meine, Jeans sind eine Einstellung und keine Hosen. Ich hab überhaupt manchmal gedacht, man dürfte nicht älter werden als siebzehn – achtzehn. Danach fängt es mit dem Beruf an oder mit irgendeinem Studium oder mit der Armee, und dann ist mit keinem mehr zu reden. Ich hab jedenfalls keinen gekannt. Vielleicht versteht mich keiner. Dann zieht man eben Jeans an, die einem nicht mehr zustehen. Edel ist wieder, wenn einer auf Rente ist und trägt dann Jeans, mit Bauch und Hosenträgern. Das ist wieder edel. Ich hab aber keinen gekannt, außer Zaremba. Zaremba war edel. Der hätte welche tragen können, wenn er gewollt hätte, und es hätte keinen angestunken.

Wolf Wondratschek *In den Autos*

Wir waren ruhig,
hockten in den alten Autos,
drehten am Radio
und suchten die Straße
nach Süden.

Einige schrieben uns Postkarten aus der Einsamkeit,
um uns zu endgültigen Entschlüssen aufzufordern.

Einige saßen auf dem Berg,
um die Sonne auch nachts zu sehen.

Einige verliebten sich,
wo doch feststeht, daß ein Leben
keine Privatsache darstellt.

Einige träumten von einem Erwachen,
das radikaler sein sollte als jede Revolution.

Einige saßen da wie tote Filmstars
und warteten auf den richtigen Augenblick,
um zu leben.

Einige starben,
ohne für ihre Sache gestorben zu sein.

Wir waren ruhig,
hockten in den alten Autos,
drehten am Radio
und suchten die Straße
nach Süden.

Nicolas Born
Das Erscheinen eines jeden in der Menge

Ist es eine Wohltat allein zu sein
im Gelage der Gedanken ohne Augenzeugen
ohne das Auge des Entdeckers das sieht wie's schmeckt
ohne das geübte Ohr der Menge?
Was ist eine Tatsache wert die unteilbar ist
was ist ein Universum ohne dein Beben
ohne dein Erscheinen vor leeren Sitzreihen?

Die Menge geht auf der Erde
und nichts vergeht in der Menge
auf den Rücken summender Webstühle
erreichen wir den großen Widerspruch:
das Erscheinen eines jeden in der Menge

Rolf Haufs *Privates Gedicht*

Ist es nicht merkwürdig? Du kommst in dein Zimmer
Und aus den Kleidern fallen
Tausend Gerüche. Doch das Zimmer ist stärker.
Mit jedem Gedanken entfernen sich
Die ernsten Gesichter, denen du eben noch
Zuhörtest als sie
Von Krankheiten sprachen von

Aufenthalten in gepflegten Sanatorien, von
Nicht übersehbaren Gewinnen.
Am Ende rasen alle auf denselben Punkt zu.
Ein einziges Geschoß gegen
Die Anstrengung das Leben zu ändern. Alle
Geräusche einer großen Stadt, die niemandem gehört.
Bäume lösen sich auf in schwarzen Teer.
Lagerhallen füllen sich
Mit unsern altgewordenen Gefühlen: eine seltene
Stille ist auf den Straßen, denen wir doch
Einst Namen gaben berühmter Leute
Erfinder lärmerzeugender Maschinen.

WOLFGANG BÄCHLER *Die Seßhaften*

Oft beunruhigt sie das Glück,
seßhaft geworden zu sein.
Sie planen Umzüge, Reisen,
wechseln das Stammlokal,
wechseln die Stellung,
den Standpunkt, die Frau.

Sie träumen von fremden Ländern
und hoffen, in anderen Räumen
verändert zu erwachen.

Sie suchen den neuen Spiegel
für ihr altes Gesicht
und sehnen sich manchmal
nach Feuersbrünsten,
ohne versichert zu sein.

PETER HANDKE *Aus einem Journal, 1975/77*

Jemand sagt in Gesellschaft etwas, was er für sich schon öfter gesagt hat, unterbricht sich plötzlich und spricht: »Eigentlich unsinnig, was ich da behaupte. – Gut, daß man manchmal in Gesellschaft ist!«

Jemand, der mitten im Beischlaf aufhören und ehrlicherweise sagen würde: »Ich weiß nicht mehr weiter«

Ein Herr will allein sein. (Er ist ohnehin als einziger im Raum.)

Er läutet seinem Diener und sagt zu dem Eintretenden: »Hinaus!« Jetzt ist er endlich allein

Die tägliche Version der »Marquise von O.«: Jemand schwängert, ohne Bewußtsein, eine bewußte Frau

Buben vor der Privatschule: und ich dachte: »Da sind schon die zukünftigen Wirtschaftsverbrecher!«

Ich traf eine Frau, die sagte, sie habe mich vor zehn Jahren, sehr dünn, mit einer Samthose, gesehen. Es war eine Frau, die schon überall gewesen war und überall mit den Einheimischen verkehrt hatte, um deren Lebensweise kennenzulernen, und sie hatte auch schon alles getan, was man, nach dem herrschenden Zeitgeist, getan haben mußte (auch »Bücher« geschrieben, womit sie Scripts für Filme meinte, d. h. Exposés). Jetzt war sie hier in der Weltstadt, »um Kontakte aufzunehmen«, »für einen Jungen, den ich schon lange kenne«. Sie lebt auf dem Land, mit einem »Physiker« und einem »Soziologen« zusammen; sie haben eine Henne, die manchmal ein Ei legt. Ich hatte plötzlich das Bedürfnis, einen Schnaps zu trinken, worauf sie »Salat« einkaufen gehen wollte und eine »Avocado«. Sie hatte den Beteuerungsfimmel, immer zu sagen, was sie alles getan hätte, täte und tun wollte; und als ich sie fragte, ob sie nicht vielleicht manchmal »faul« sei, herumlungere, war sie ernsthaft entrüstet, worauf ich ihr sagte, daß es doch schade sei, wie viele, oft auch durch Not, untätige Leute, sogleich und unablässig ihre tausend und abertausend Beschäftigungen vorbrächten, und erzählte ihr die Geschichte von R. Mitchum und seinem Schwimmbecken und daß ich es auch vorzöge, wie er, auf alle Fragen, was ich gerade täte, zu antworten: »Nichts. Ich liege wie immer neben meinem Swimmingpool.« Ich ging schnell von der Frau weg und sagte, daß wir uns in weiteren zehn Jahren vielleicht wiedersehen würden. Nachher tat es mir unbestimmt leid, aber ich weiß bis jetzt nicht, auf welche Weise man solche »Scène-Leute« zu sich und zu einem andern kommen lassen kann. Ihre Stimme hatte dieses ruhige, extraweiche, laue, gefühllose, aber gefühlbehauptende Schwingen all der flauen Kulturteilnehmer, die nun *spontan* + *sensibel* geworden sind, nachdem sie vorher *politisch* gewesen waren, und es ist diesen Nicht-Personen einfach nicht beizukommen als durch einen Schlag ins Gesicht.

Ein Pudel sitzt zwischen einem alten Ehepaar auf der Bank, und zwei berittene Polizisten reden aus lächelnden Mundwinkeln über mich, der ich schreibe, und lassen dann einen Radfahrer absteigen, der das Fahrrad weiterschiebt; sie sind wirklich hoch zu Roß und schämen sich nicht einmal und werden sich nie schämen, und die Spaziergänger gehen und gehen auf den Spazierwegen, bleiben nie stehen, und beim nächsten Radfahrer, der vorbeikommt, sind es schon sie selber, die sagen: »Radfahren nicht gestattet!«, und spazieren und spazieren mit ihren Hunden und Hundemarken

Vorstellung, daß manche Örtlichkeiten der jetzigen Zivilisation nur noch als Abfälle existieren, unverwendbar, unbetretbar, ja, unwahrnehmbar geworden; beim Anblick etwa von Cafés mit Flippern, Hamburger-Imbißräumen, Wartesälen, Matratzenlagern, Autobahnen, Flughäfen ...: und als ob auch die Leute an solchen Orten gar nicht mehr vorhanden wären, unbeträchtlich geworden wären, ausgeschöpfte Geschichten (nur noch »der Engel der Flippersalons« kann sie retten)

Der Wald (vor allem Laubwald) in der Nähe großer Städte: die ödeste, höllischste, menschenfresserischste europäische Allerwelt (mit Reiterzeichen an den Bäumen); nur noch Mundfürze ausstoßen statt reden, sich auf den Bauch werfen und blöken, während wieder einmal Buben mit Platzpatronen durch die Gegend knallen und ein paar griesgrämige Familienspaziergänger mit niedergeschlagenen Augen einander kreuzen; tropfnasse Glitschigkeit, Hundedreck auf den Baumwurzeln, stachlige Maronenfruchtkugeln, Schwärze vor den Augen – und doch erscheint immer wieder in dieser unüberbietbaren Ödnis, dieser höhnischen Hinter-dem-Haus-Gegend die Idee von einem Wald, der sich vor einem ausdehnen wird und das sein wird, »was der Name gesagt hat«

Die Politiker, die ich bis jetzt erlebt habe (in Fleisch und Blut) erschienen mir fleischlos und blutleer, im Brustton gespielter Überzeugung quäkende Puppen; in immerwährender, gestikulierender, lippenbewegender Kommunikation befangen wie Debile, der Mund und die Augen vom permanenten Vortäuschen von Aufmerksamkeit für immer zu schiefen Parallelogrammen verkrüppelt, von Leibwächtern grundiert, deren stumpflauernde Teilnahmslosigkeit eher an Irrenwärter denken ließ, während die von ihnen Beaufsichtigten weiterhin der frechen Beteuerung ihrer wohlwollenden Offenheit nachkamen, vom Selbstmord so unendlich weit entfernt wie vom Leben

Die Empfindung (das Gefühl, die Vorstellung, die Idee, die Phantasie, das Bewußtsein, alles mitsammen), daß es heutzutage, wo an Handlungen so viel erlaubt, möglich usw. ist, dabei (jedenfalls bei mir) umso mehr Denkverbote, Denk-Feigheiten usw. gibt (und daß deswegen auch in der Kunst so wenig möglich geworden ist)

Der Nachteil bei großer Literatur ist, daß jedes Arschloch sich damit identifizieren kann

Günter Grass *Vorgeträumt*

Vorsicht! sage ich, Vorsicht.
Mit dem Wetter schlägt auch das bißchen Vernunft um.
Schon ist Gefühl zu haben, das irgendwie ist:
irgendwie komisch, unheimlich irgendwie.
Wörter, die brav ihren Sinn machten,
tragen ihr Futter gewendet.
Zeit bricht um.
Wahrsager ambulant.
Zeichen am Himmel – runenhafte, kyrillische –
will wer wo gesehen haben.
Filzschreiber – einer oder ein Kollektiv – verkünden
auf Kritzelwänden der U-Bahnstationen: Glaubt mir glaubt!

Jemand – es kann auch ein Kollektiv sein – hat einen Willen,
den niemand bedacht hat.
Und die ihn fürchten, päppeln ihn hoch mit Furcht.
Und die ihr Vernünftlein noch hüten,
schrauben die Funzel kleiner.
Ausbrüche von Gemütlichkeit.
Gruppendynamische Tastversuche.
Wir rücken zusammen: noch vermuten wir uns.

Etwas, eine Kraft, die noch nicht, weil kein Wort taugt,
benannt worden ist, verschiebt, schiebt.
Das allgemeine Befinden meint diesen Rutsch
(zugegeben: wir rutschen) mehrmals und angenehm
vorgeträumt zu haben: Aufwärts! Es geht wieder aufwärts.

Nur ein Kind – es können auch Kinder im Kollektiv sein –
ruft: Da will ich nicht runter. Will ich nicht runter.
Aber es muß.
Und alle reden ihm zu: vernünftig.

Friederike Roth *Vielleicht*

wird greller Sonnenschein vielleicht
über unseren Gräbern liegen
und ein Himmel
ein Himmel sag ich Dir
sich darüberwölben.

Die dann dastehn (wahrscheinlich)
sonst aber über kühle Fliesen gehn
die Augen ganz und gar begehrlich
in eine schöne Weite gerichtet
künftige Jahrhunderte einzuläuten

die ihre Wohnzimmergeheimnisse emsig vergolden
über den Schwiegersohn schimpfen wahrhaftig
ein Saufloch, herrjeh,
eine Uhr bauen
hoch in Samen geschossen

die geschüttelt werden vom Kindbettfieber
von Hochzeitstorte und Leichenschmaus zehren
(fahre hin du teure, treue Seele
mit Tränen gesät)

setzen gegen den dicken Tod
eine ferne Regsamkeit fort.

GÜNTER KUNERT *Irgendetwas*

Irgendetwas hört auf
Irgendetwas ist da was nicht mehr
hier ist Etwas zerbröckelt in der Art
alter Seife und verlassener Kirchen
Etwas krepiert kontinuierlich Etwas
flackert und kann nicht erlöschen
Etwas hinterläßt eine schwindende Spur
auf dem Bildschirm Etwas verläuft
planlos und trieft
vom Gestänge und läuft die Mauern herab
Etwas knistert hinter der Tapete

Etwas blutet aus Etwas bricht zusammen:
etwas unterdrückt und etwas ausgebeutet
Gleichzeitig wälzt sich etwas
schläfrig herum Und etwas sieht krank aus
Etwas schlafft ab Etwas wirkt
wie eine windlose Fahne oder ist
eine abgezogene Haut Etwas stöhnt auf
Etwas spuckt sich selbst ins Gesicht
Etwas richtet den Lauf gegen sich und
drückt ab Etwas holt Luft und stirbt
daran Etwas hat keinen Grund zum Optimismus mehr

Etwas ist abgezogen
auf Flaschen mittels der neuen Alchimie
Oh anbetungswürdige Wissenschaft
Etwas ersetzt uns etwas
Es kommt aus der Fabrik
Es ist nicht wiederzuerkennen
Es wird von allen empfohlen
Es trägt die alten Namen aber es ist
nichts mehr dahinter

Es ist nichts
Es hat einfach aufgehört
unbeobachtet und für immer
irgendwann jetzt oder
von Anfang an.

Karl Krolow *Er hatte Angst*

Er hatte Angst, auch ohne Gewaltverhältnisse.
Die Vögel sangen fremd inmitten mechanischer Vegetation.
Alles war zu berechnen, auch dieser Druck
in der Magengrube: einige Tassen Tee genügten schon,
ein eingeschaltetes Fernsehgerät.
Ihm war übel. Die Sprache
als soziale Kontrolle verlor sich ihm
zu einem Rauschen im Kopf, den er
langsam auf die Brust sinken ließ
oder einfach auf den Tisch legte.
Dort sah er einem beliebigen Gegenstand ähnlich,
behaart, schmal dieses Hinterhaupt,
in dem keine Musik mehr war.

Wolfgang Koeppen *Angst*

Kaplan hatte Angst, er war krank vor Angst, und hätte sich gern von allen unterschieden, die Angst hatten und ihm widerlich waren. Wie sie sicherte er, nach Hause gekommen, die Tür. So dumm, so mißtrauisch, so vertrauensvoll in den Gang der Geschäfte noch immer wie sie. Es war nicht zu fassen. Warum sollte gerade sein Boot nicht untergehen, seine Kundschaft nicht ausbleiben, seine Tür nicht unterbrochen werden? Der Ozean, nicht fern, ist nicht freundlich, die Haie müssen beißen, der weiße Wal wird gehetzt, so viel Hunger, so viel Begierde auf allen Breitengraden, die Arme des großen Polypen, in den Jahrtausenden gewuchert, gehätschelt, von den anständigen Leuten großgezogen, saugen sich überall hin. Der Leib ist verseucht, vielleicht ist in der Haut noch nichts zu sehen, die harte Geschwulst im allzufesten Fleisch noch nicht zu fühlen, sie blüht verborgen, tief unten, in den Eingeweiden, am Geschlecht, im Mutterschoß, in den Windungen des Gehirns, in der ständigen Vergewaltigung des Lebens, in der unaufhörlichen Erniedrigung der Erde, schon in den Träumen, Kaplan hatte sie gedeutet oder es versucht, Riverside drive drei, gleich nach dem Krieg, welche Freude, o Auferstehung, o Weihnachten, Kaplan war gerettet, er lebte, ein Wunder, er hatte ihn überlebt, der nun schon Asche war, auf dem Dunghaufen lag, versunken in die große Odelgrube, wo alle hinkamen.

Kaplan glaubte nicht, wie seine Nächsten wähnten, zu Hause und zu Hause geborgen zu sein. Maria hatte das auf ihre Weise erkannt. Sie hatte gesagt, es gibt kein Zuhause in einem Haus, das dir nicht gehört. Kaplan gehörte angenehmerweise nichts, schon gar nicht ein Haus. Warum auch, alle Häuser waren in festen Händen, die den Grund, den Boden in Dunkelheit sich angeeignet, in anrüchigen Besitz genommen haben, eine anonyme Sozietät, Banken und Versicherungen, die wollten immer noch haben und hatten nichts davon, pflanzten keinen einzigen Baum, saßen nicht in seinem Schatten, stopften's auf ihre sterilen Konten, schrieben es sich gut, gegenseitig ein Zahlenirrsinn, Kaplan störte es nicht, er war nicht auf Eigentum aus, sein Leben lang verunsichert, für Kaplan war sein Haus nur das Haus in dem er wohnte, vorübergehend, auf der Flucht, der langen Reise vor dem Tod. Es war ein prächtiges Palais nach neuestem Architektengeschmack, blendende Wände aus allerlei Kunststein waren in ein Stahlgerüst gehängt, eine Rechenschieberkonstruktion, Luxusappartements für geschwollene Leute in einer Parklandschaft am Fluß. Das Klima war nach Lust und Laune zu steuern. Kaplan spielte gern, schaltete, erschrak, wenn es funktionierte oder nicht. Eines der vielen, der täglichen Gewitter des Landes kam, Licht der neuen Welt, totale Verfinsterung, die Hauptstadt wüst. Kaplan fürchtete sich, wie er sich gefürchtet hatte in den Ferien, im teutonischen Land, in der Schilfhütte der Wandervögel am See, dieser Dunst von Knabenschweiß und Kindermut, er sah hinter dem Thermopanfenster den Sturm, er hörte ihn nicht, isoliert, vorläufig gerettet, er sah den Sturm die Baumkronen schütteln, er sah ihn den Fluß bewegen, er hörte die Wucht des Regens nicht, die Flut schlug auf ihn nieder, Kaplan verbrannte in einem Aquarium von Blitzen. Das Mädchen, das Donnerstag ist, stellt den Thermostaten auf Polarluft ein, sonnt sich im Eiswind, zittert, eine wollüstige Gänsehaut, nackt, begehrt Liebe. Zu dem Kind, wie weit zurück Erinnerung, dem kleinen Jungen war die Katze ins Bett gekrochen, hatte sich warm auf des Schläfers Brust gelegt, hatte geschnurrt, wollte gestreichelt werden, eine spitze rosa Zunge. Kaplans Glück.

Aus seinem Fenster, über den Fluß hinüber, sah Kaplan zu seiner täglichen Verstörung das Armeeministerium, die bekannte, oft abgebildete, ersichtlich entsetzliche und doch immer noch getarnte Festung der unsterblichen Gewalt, die uns beschützt und umbringt. Kaplan sah das unsägliche Haus, er hatte es besucht, er hatte gesehen, wie sie mit den Aktenwagen, den Frühstücks-, Cocacola- und Eiswasserwagen, auf dem Gesetzesesel, auf den Efrischungskarren durch die pentagonen Gänge fuhren, lustig, Erinnerung an die Achterbahnen in Coney Island am Meer, und es fiel Kaplan leicht, die Gedanken zu lenken auf die Krüppelstühle der Veteranen. Gewiß, es sind andere, die in den Gestellen hocken, andere als die mit den Aktenwagen lustig gefahren waren, ganz andere als die die Akten geschrieben, zu schweigen von ihnen, die sie diktiert und sich ausgedacht hatten, aber es sind auch Menschen, auch Angestellte und Arbeiter und Neger, die gegen ihren Willen und manchmal gegen ihre Überzeugung als Pensionäre das Ministerium, die Ananke, den großen Zwang betrachten durften, nun ohne Beine, gelähmt, das Gesicht ein Feuermal, von dem man wegsieht, beschämt oder gar angewidert, und Kaplan kannte Köster, der zu den Aktenfüllern im Armeehaus gehört hatte, dann aber eine Reise machte in den Krieg, eine Bildungsreise, freiwillig vom Schreibtisch weg, Köster wollte es einfach einmal sehen und brachte einen Versehrten mit nach Hause, ein Kind oder einen Greis, man ahnte das nicht mehr, es war gleichgültig geworden, Leben ohne Zukunft, es sei denn die Zukunft der Erlöser Tod, und Köster fuhr in einem Krankenstuhl den Klumpen zerhacktes verbranntes Fleisch jeden Abend zur Kühlung, zur Dämmerung an den Ufern des Flusses spazieren, auf den gepflegten Promenaden für die Beamten, die Offiziere, die Senatoren, ihre eingebildeten und unbefriedigten Frauen, ihre autoritären Kinder, die General werden wollten oder Senator oder auch nicht, bis Köster es satt hatte, nicht mehr konnte, nicht mehr aushielt, nachts das Gestöhn, das Umsichschlagen amputierter Glieder und von dem Morphium nahm, das sie Köster reichlich anvertraut hatten, für ihn, dem kaum noch lebenden Leichnam, was sie wohl gewünscht hatten, reichlich an diesem Abend und Köster nahm es selbst, das Gift, und starb mit ihm, dem Leichnam, bitter und schließlich heimgegangen in Frieden, aber sie meldeten in ihren Blättern, Köster sei ein Ärgernis gewesen urbi et orbi, ein Süchtiger, ein Morpinist, gar ein Dealer, ein Schänder vielleicht unserer tapferen Veteranen und daher so sonderbar, ein Vorwurf der schönen Herbsttage und so empörend gegen den Brauch.

Das weiße Haus lag im Schatten seiner Bäume. Kaplan konnte es von seinem Hochsitz nicht ausmachen: vielleicht wieder im Winter, wenn das Laub fiel. Kaplan war es zufrieden. An schönen Tagen ging er zum schmiedeeisernen Tor des Weißen Hauses, die Herrscher wohnen gern hinter Lanzen, manchmal das *N* Napoleons auf die Spitze gesetzt oder das satte *Jedem das Seine* der preußischen Könige, und Kaplan fütterte mit Keksen und Nüssen die Eichhörnchen des Präsidenten. Es sind zutrauliche, etwas befremdend graue, nicht rothaarige Geschöpfe. Es wäre erwägenswert, ihnen das allgemeine Wahlrecht zu geben, sie würden gewiß die Regierung, immer die Partei der Gutgesinnten, der schweigenden Mehrheit stärken. Doch vergessen wir nicht, wieder zur Vorderfront des Hauses hinausblickend, vorausschauend in die Zukunft, neben dem Pentagon, wachsend, gedeihend, groß, größer werdend, am größten, den Arlington-Heldenfriedhof zu erwähnen, wo Kennedy begraben liegt, zwei Kennedys von jener Kraft, die stets das Gute will und stets das Böse schafft.

Vielleicht war Kaplans Haus ein Fuchsbau für Hochstapler, die eine gute Adresse gesucht hatten und nun so taten, als wären sie die Nation, stolz, mächtig und reich, die Glücklichsten der Glücklichen in einer glücklichen Welt. So blieb auch zu vermuten, daß Menschen mit scharfen Fernrohren und Teleobjektiven, Mitbürger, die zerlegbare Gewehre, Sprengstoffe und Dokumente der Verleumdung im Diplomatenkoffer mit sich führten, neben Kaplan hausten, aus den komfortablen, günstig gelegenen gemieteten schönen Räumen die Stadtgeschichte beobachteten und ihren weltweiten Nutzen daraus zogen. Die Entfernungen für Abhörgeräte waren weit, doch zu überbrücken, die Bettgespräche waren bekannt und immer dieselben. Dollar, Dollar, Dollar schallt's aus den Pfühlen, doch wurden sie nicht müde, die Unterhaltungen aufzuzeichnen, abzuhören, die besprochenen Bänder in Einmachgläser zu stekken, sie einzuwecken für den Tag, da man krank war, am Ende war, den Wahnsinn hatte, dem Nächsten an die Gurgel mußte. Sie hatten alle die Sonntagsschule besucht. Kaplans Generation noch in feinen Anzügen.

Ein System von Alarmklingeln ist eingeschaltet. Nähert sich jetzt der Einbrecher der Tür, wird an meinem Bett die Glocke läuten, wird es unten beim Doorman in der Halle aus imitiertem Marmor klingeln, werden auf dem Polizeirevier am Fluß Pfeifen schrillen und Leuchtzeichen leuchten, schwerbewaffnete Polizisten werden in ein gepanzertes Auto springen und mit Blaulicht und Sirene zu mir eilen. Es könnte aber der Täter verkleidet kommen. Die Polizisten im Revier wurden erschlagen, die Mörder in der Uniform und im Wagen der getöteten Helfer, ausgerüstet mit ihren Schnellfeuerwaffen, zu mir geschickt, oder simpler, die Polizisten werden von jenen, die mich vernichten wollen, gekauft werden, noch einleuchtender, doch kaum anzunehmen, die Polizisten könnten durch Beeinflussung, Aufklärung, Lektüre, Nachdenken zu Recht meine erbitterten Gegner geworden sein. Hallo, Polizei, öffnen, werden sie rufen. Ich werde die Riegel zurückschieben, die Stahlstange aus den Haltern heben, das Patentschloß und das gewöhnliche Schloß aufschließen, werde die Tür öffnen, wie man sie in alter Zeit auftat, wenn ein Gast erwartet war, und sie werden breit dastehen, die Maschinenpistolen im Anschlag, mich mit ihren Kugeln zu durchlöchern.

Auf den teuren grünen Velour des Bodenbelags werde ich fallen wie in eine Wiese. Es ist die bunte fröhliche Wiese aus der Fibel des kleinen Jungen, den ich verloren habe. Das ist eine komische Erinnerung, im Matrosenanzug, mit nackten Knien, um die Mütze das Band Seiner Majestät Schiff, eine bestürzende Vision, nach den grausamen, entstellenden, brandmarkenden Verwandlungen eines langen Lebens. Der hübsche Rokokospiegel aus Würzburg wird mein Sterben in der Wiese des Teppichs nicht sehen. Da er grade an der Wand hängt, nicht zum Boden geneigt, gegenüber der festen, nun nicht länger schützenden Tür, wird er die Mörder zeigen, die sich nicht als Mörder erkennen werden.

Heinar Kipphardt *Aus dem Leben des schizophrenen Dichters Alexander M.*

Der Direktor der Landesklinik gibt in seinem Ordinationszimmer stark interessierten Damen einige Erläuterungen zu den Zeugnissen schizophrener Kunst, mit denen sein Büro vollgestopft ist. Als er ihnen das Porträt einer Frau vorführt, das von oben nach unten von Farbe überflossen ist, das sogenannte »Tränenbild«, kann eine der Damen ihre Rührung kaum verbergen. Sie sagt: »Ungeheuer«.

DIREKTOR: Wir sehen bei unseren Kranken immer wieder, daß ihre Originalität tatsächlich an die Krankheitsvorgänge gebunden ist und daß –
Es klopft
Ja, bitte. *Pause*
Und daß die schöpferische Potenz –
Es klopft abermals
Bitte, ja. Ja, bitte.

Da niemand eintritt, geht er zur Tür und öffnet sie. Er schaut ins Vorzimmer, auch dort befindet sich niemand.

Und daß ihre schöpferische Ausdruckskraft versiegt, wenn sich ihr psychischer Zustand normalisiert.

Der Direktor weist ein genau gezeichnetes und ziemlich langweiliges Porträt vor.

Eine Zeichnung von der gleichen Patientin, als ihre Psychose abgeklungen war.

Es klopft zum drittenmal. Der Direktor geht sofort zur Tür, um der Störung auf die Spur zu kommen. Es ist wiederum niemand im Vorzimmer. In der Türfüllung ein gezeichneter Pfeil zu einem Zettel »Beachte Türanschlag«. Er findet an der Außenseite der Tür ein maschinenbeschriebenes Blatt und daneben einen Illustriertenausschnitt, ein vergilbtes und zerfaltetes Foto. Auf dem Blatt steht: manifest an den leiter der irrenanstalt lohberg. Das Foto zeigt den berühmten Vorgang: der Polizeipräsident von Saigon erschießt einen jungen Partisanen vor Fotografen und Fernsehkameras.

Der Direktor nimmt die Blätter ab, geht hinein, liest das Manifest den stark interessierten Damen vor.

DIREKTOR: Wenn es Sie nicht kränkt, möchte ich Ihnen etwas vorlesen:

manifest an den leiter der irrenanstalt lohberg – alles klein – geehrter herr direktor,

wenn sie uns das nächstemal in der gärtnerei besuchen oder in einem anderen teil der reziproken gesundungsanstalt, sollten sie sich daran erinnern und auch einsehen, daß sie den insassen nur in einem überlegen sind: in der macht. mit uns gemeinsam als paranoisches duo produzieren sie die geisteskrankheiten, die den zweck haben, den wirklichen wahnsinn der norm als geistige gesundheit erscheinen zu lassen.

merke: wenn karl fuchs äußert, die a-bombe ticke in seinem kopf und das gilt als wahn, so hält das den bomberpiloten gesund, in dessen maschine sie wirklich tickt und der sie abwirft.

erklären sie das den fehlfarbenspendenden ziegen, die sie mit unserer hilfe von störelementen befrein.

hochachtungsvoll Alexander

der mumps, der ihnen im walde ein lied erzählt.

Die Damen atmen bewegt.

DIREKTOR: Charakteristisch der Schluß, hochtrabenden Verallgemeinerungen folgt der Absturz ins Banale. Weltprobleme, Mumps.

ROLF HAUFS *Er*

Er schloß die Tür, die laute Tür, die von innen mit einer Eisenplatte beschlagen war, mit einer Kette im unteren Drittel, die er nur manchmal benutzte, eigentlich nur aus Spaß, wenn er Besuch hatte, oder einfach nur so, das Kettenrasseln, das Gefühl, in Sicherheit zu sein, das Gefühl, die Tür, die eigene Tür hinter sich zu haben, er selbst zu sein, machen zu können, was er wollte. Auch in der Küche war die Tür, durch die man in das hintere Treppenhaus gelangte, mit einer Eisenplatte beschlagen, mit einer Kette im unteren Drittel, die er nun einhängte, bevor er sich auszog, ganz auszog und nackt durch die Wohnung ging, quer durch alle Zimmer hindurch und schon daran dachte, was geschehen würde, wenn das Telefon klingelte oder jemand vor der Tür stünde, ob er den Mut haben würde, nackt ans Telefon zu gehen, nackt die Tür zu öffnen, daran dachte, während er Wasser über seine Füße laufen ließ, wieder durch alle Zimmer ging mit nassen Füßen und die Fußspuren betrachtete auf dem Parkettfußboden, die dunklen Abdrücke seiner Zehen, seiner Fersen. Er hatte Angst. Angst war es, die ihn daran hinderte, etwas Vernünftiges zu tun. Er hörte auf die Geräusche im Haus, auf die Schritte im Treppenhaus, er war erleichtert, wenn die Schritte an seiner Tür vorübergingen und der Schatten, der er durch den Spion erkennen konnte, nach oben oder nach unten verschwand. Er hörte auf die Schritte in der Wohnung über ihm, auf die Schritte des Mannes, der, wenn er ihm begegnete, kaum seinen Gruß erwiderte, auf die kürzeren, schnelleren Schritte der Frau, die immer ein dunkles Kopftuch trug, deren Stimme durch die Decke drang, er lauschte, er hörte hin, ob sie über ihn sprachen, eine Beschwerde an den Hausverwalter schrieben, eine Anzeige machten, spürte, daß sie über ihn redeten, daß sie sich fragten, was er denn eigentlich täte, den ganzen Tag hinter dem Fenster, den geschlossenen Vorhängen, hinter der Tür, die mit einer Eisenplatte beschlagen war, im unteren Drittel mit einer Kette. Er holte einen Stuhl und stellte ihn auf den Tisch, er kletterte auf den Tisch auf den Stuhl, um der Decke ganz nahe zu sein, den Stimmen, die immer leiser wurden, aber so leise sie wurden, er hörte sie.

Jurek Becker *Aus heiterem Himmel*

Aus heiterem Himmel findest du deine Wohnung unerträglich. Es dauert eine Weile, bis du für dein Gefühl, das zuerst nichts als dunkles Unbehagen ist, einen Grund siehst. Du glaubst auf einmal, daß die Wohnungseinrichtung dich behindert. Du glaubst, daß es nicht deine Eigenarten waren, nach denen die Möbel ausgesucht wurden, sondern daß mehr und mehr die Einrichtung der Wohnung deine Eigenarten bestimmt. Und dafür ist sie dir plötzlich nicht gut genug.

Du siehst dich prüfend um, was unbedingt entfernt oder verändert oder ausgewechselt werden müßte. Während du noch unentschieden bist, spürst du Angst, du könntest zu dem Schluß kommen: alles. Du setzt dich auf den einzigen Platz, von dem du sicher bist, daß er dir bleibt, wie immer die Veränderungen ausfallen mögen, auf den Fußboden. Du kommst dir umzingelt vor von Überflüssigem. Ein Sofa, das mitten im Zimmer steht, erscheint dir nur noch wie ein Ding, das dich daran hindern soll, zehn Schritte geradeaus zu gehen.

Du verdächtigst dein Bett, in Wahrheit ein Ungeheuer zu sein. Du erinnerst dich zwar, warum du gerade dieses Bett gekauft hast: weil es so bequem ist. Jetzt aber wirst du die Frage nicht los, wie viele Stunden du im Bett gelegen hast, nur weil es so bequem ist.

Dein Unmut über die Bilder. Die meisten, bist du plötzlich sicher, hängen nur deshalb an ihrem Platz, weil sie irgendwann einmal dorthin gehängt worden sind. Zugegeben, von dir selbst, doch du denkst jetzt: Was ist das schon für ein Grund?

Eines der Bilder findest du abscheulich. Eigentlich, denkst du, hast du es schon immer abscheulich gefunden, schon als du es damals aufgehängt hast. Sogar schon vorher: du hast es nur aufgehängt, weil du einmal der Ansicht warst, in deine Wohnung gehöre auch ein häßliches Bild. Dieser Ansicht bist du längst nicht mehr, aber das Bild hängt und hängt. Ein anderes Bild kommt dir unbekannt vor, denn du hast es seit Jahren nicht mehr angesehen, unbekannt und nichtssagend. Du denkst: Mein Gott, das habe ich dort hingehängt.

Du fragst dich, in welcher Reihenfolge du vorgehen solltest; ob du zuerst darüber zu entscheiden hast, welche anderen Bilder du anstelle der abzuhängenden an die Wand hängen willst, oder ob du zuerst einfach die Bilder von der Wand nimmst. Du weißt, daß hinter den Bildern helle Flecken sind. Wo Bilder einmal gehangen haben, sagst du dir, dort müssen immer wieder Bilder hängen, gleichgroße oder größere. Außer du entschließt dich, die Wohnung zu renovieren, willst du das tun? Dann stellst du dir die Frage, was denn an hellen Flecken an der Wand so Schreckliches ist. Dann stellst du dir jemanden vor, der helle Flecken an der Wand so liebt, daß er Bilder nur deswegen aufhängt, um helle Flecken zu erzeugen. Nach einer Weile nimmt er die Bilder wieder ab und freut sich über die Stellen. Du findest den Gedanken spaßig, weißt aber gleichzeitig, daß du dieser Jemand nicht bist.

Mit der Anschaffung des Bücherregals, sagst du dir, hat auch ein Unglück angefangen. Bald kamst du zu der Ansicht, ein leeres Bücherregal wirke deprimierend, also hast du es eilig gefüllt. Du hast, wie du jetzt fürchtest, die richtige Reihenfolge nicht beachtet: du hättest zuerst genügend Bücher besitzen und dann erst das Regal anschaffen sollen. Weil du dich nicht darum gekümmert hast, konnte das leere Bücherregal Druck auf dich ausüben. Kaufen konntest du aber nur die Bücher, die es zu kaufen gab. Die meisten davon hast du gelesen, eigentlich alle, denn du wolltest nicht einer sein, der Bücher nur zum Hinstellen kauft. Du rechnest die Stunden zusammen und bist erschrocken.

Du stehst vom Fußboden auf und weißt nicht, womit du anfangen sollst. Du gibst dem Stuhl einen Tritt, hebst ihn aber sofort wieder auf und stellst ihn zurück an seinen Platz, wie voll Mitleid. Du wünschst dir deine Wohnung so leer wie an dem Tag, an dem du eingezogen bist.

FRANZ HOHLER *Die drei Beobachter*

Drei Freunde beschlossen einmal, von jetzt an alle etwas zu beobachten.

»Ich werde die Hirsche beobachten«, sagte der erste, »wo sie durchgehen, was sie fressen, was sie miteinander tun.«

Der zweite sagte: »Ich will die Sterne beobachten. Wie sie sich verschieben, wie sie entstehen und verlöschen, wie sie sich um andere Sterne drehen.«

»Und ich«, sagte der dritte, »ich will Häuser beobachten. Wie sie dastehen, wie sie ihre Farbe verändern, wie sie einstürzen.«

Da wunderten sich die andern beiden sehr und versuchten ihn von seinem Vorhaben abzubringen. Häuser, sagten sie, könne man doch nicht beobachten, auch sei ein Hauseinsturz etwas sehr Seltenes, und überhaupt werde er es mit dieser Tätigkeit nirgends hinbringen.

Der dritte ließ sich aber nicht davon abhalten, und so trennten sie sich und vereinbarten, daß sie sich nach zwölf Jahren wieder am selben Ort treffen wollten.

Als sie sich nach dieser Zeit wieder sahen, konnten die beiden ersten kaum warten, bis sie erzählt hatten, was aus ihnen geworden war, der eine war bereits ein bekannter Hirschforscher und der andere ein aufstrebender Astronome.

»Und du?« fragten sie den dritten, der alt aussah, »hast du deine Häuser beobachtet?«

»Ja«, sagte der dritte, »ich habe die ganze Zeit nichts anderes getan.«

»Und hast du je ein Haus einstürzen gesehen?« fragte der zweite.

»Nein«, sagte der dritte, »ich habe nie ein Haus einstürzen gesehen, und ich habe es auch nicht zu etwas gebracht wie ihr. Trotzdem ist es geradezu unheimlich, was ich alles erlebt habe.«

Thomas Bernhard *Umgekehrt*

Wenn mir zoologische Gärten auch immer verhaßt gewesen sind und die Leute, die solche zoologischen Gärten aufsuchen, tatsächlich suspekt, ist es mir doch nicht erspart geblieben, einmal nach Schönbrunn hinauszugehn und, auf Wunsch meines Begleiters, eines Theologieprofessors, vor dem Affenkäfig stehenzubleiben, um die Affen zu beobachten, die mein Begleiter mit einem Futter fütterte, das er zu diesem Zwecke eingesteckt gehabt hatte. Der Theologieprofessor, ein früherer Studienkollege, der mich aufgefordert hatte, mit ihm nach Schönbrunn zu gehen, hatte mit der Zeit sein ganzes mitgebrachtes Futter an die Affen verfüttert, als plötzlich die Affen ihrerseits auf dem Boden verstreutes Futter zusammenkratzten und uns durch das Gitter herausreichten. Der Theologieprofessor und ich waren über das plötzliche Verhalten der Affen so erschrocken gewesen, daß wir augenblicklich kehrtmachten und Schönbrunn durch den nächsten Ausgang verließen.

Roman Ritter *Wir werden sehen*

im 1. Programm	das neugeborene Schimpansenäffchen
	den Faustschlag ins Gesicht
im 2. Programm	die Mainzelmännchen
	den lächelnden Spitzenpolitiker
im 3. Programm	der Start der Fernbomber
	das nackte Bein vor dem Automodell
auf dem 57-cm-Bildschirm	den versöhnenden Kuß
auf dem 63-cm-Bildschirm	Faustschläge ins Gesicht
auf dem 67-cm-Bildschirm	das rosarote Bein vor dem blauen Automodell
in Farbe	
wir sehen	
über den tv-satelliten	die sich öffnenden Bombenschächte
in Zeitlupe	den langen Versöhnungskuß
im 4. Programm	den seriösen Spitzenpolitiker
von Lichtimpulsen umspielt	die kreischenden Schimpansenäffchen
im 5. Programm	das Aufklatschen der Faust im Gesicht
aus der Trickstanze	das nackte Mädchen vor dem knallgelben Auto
vom MAZ	den leidenschaftlichen Versöhnungskuß
mit Umrißzeichner	die Schimpansenäffchen beim Spiel
aus der Bildkassette	die zur Erde fallenden Bomben

vor wallenden Farbschleiern
den Spitzenpolitiker vor dem hellgrünen Sportwagen

mit Trickgenerator
die nackten Körper beim leidenschaftlichen Kuß

mit Cox-box-Effekt
das durch Faustschläge gezeichnete Gesicht

im Video recorder vor zerfließenden Ornamenten
den beim Detonieren der Bomben seriös blickenden Spitzenpolitiker

WIR SEHEN über Satelliten gesendet vom elektronischen Schnelldrucker übermittelt in der audiovisuellen Zeitung vor zerfließendem rosa und gelb
die Mainzelmännchen

MARTIN WALSER *Die Rede des vom Zuschauen erregten Gallistl vom Fernsehapparat herunter, daß es keine Wirklichkeit geben dürfe*

Als das Fernsehprogramm zu Ende war und aus dem Apparat noch ein gemeines Prasseln kam, stellte er sich auf den Apparat und sagte unter dem Schutz dieses Prasselns leise in den Raum: Am besten wäre es, wenn das Fernsehen uns ganz übernehmen würde. Es käme ganz zu uns. Ins Haus. Wir müßten nicht mehr selber leben, sondern auch nur noch darstellen. Das Schlimmste ist ja die Gewalt des Dargestellten über einen, und dann muß man doch draußen bleiben in der undargestellten Wirklichkeit. Das Dargestellte ist das Wirkliche, dem eine Belohnung hinzugefügt wird. Das Dargestellte ist erträglich. Alles andere ist unerträglich. Der Sinn, den das eigene Leben abwirft, ist unannehmbar. Man flieht vor dem Deutlichwerden dieses Sinns überall hin. Am liebsten zu den Darstellungen. Die bieten einfach einen besseren Sinn oder mehr Sinn oder doch eine wunderbare Entschädigung für Sinnlosigkeit oder wenigstens Heroisches beziehungsweise Orgelmusik. Wie ungerecht, den Darstellungen vorzuwerfen, sie lenkten uns ab. Gerade das tun sie nicht. In ihrer Schönheit und immer abgerundeten Gelungenheit weisen sie uns andauernd auf die Unschönheit und Ungelungenheit unseres eigenen Daseins hin. Der Zuschauer verlange jeden Abend, wenn er gefoltert von den provozierenden Vollkommenheiten der Darstellungen zurück muß in die Wirklichkeit, eine Kompanie Soldaten, ihm unterstellt, damit er sich mit Hilfe dieser ihm willenlos ergebenen Horde und ausgerüstet mit ALLEN Machtmitteln noch während dieser Nacht eine Genugtuung in Wirklichkeit verschaffen kann. Und zwar will er sich mit Hilfe von Gewalt in Wirklichkeit so befriedigend bewegen dürfen, wie es den Darstellern in der Darstellung auf Grund der grundsätzlichen Verlogenheit der Darstellungswelt möglich war. Er will ganz rasch einen Streifzug machen durch Verhältnisse, die ihm Sinn, Glück und Sieg bieten. Und das wenigstens so lange, wie er das in der Darstellung anschauen mußte. Länger nicht. Er will nicht unbescheiden sein. Aber so lange, wie das dort lief, soll es jetzt bei ihm auch laufen. Triumph, Rache, Verantwortungslosigkeit. Guter Ausgang. Befriedigender Ausgang. Belohnung. Egal welcher Art. Auf jeden Fall nicht mehr dieses direkte Hinüberächzen ins reale Schlafzimmer. Dieses Hineinplumpsen ins durchgelegene Bett. Bleibt doch mal auf'm Teppich, Leute! Was hat er denn grad noch für Betten gesehen. Das könnt ihr mit ihm doch nicht machen. Dieser Geruch seiner Nachtwäsche. Diese flankierenden Schmerzen. Und diese steinerne Gewißheit, daß es morgen vormittag noch schlimmer sein wird. Und keine Waffe in der Hand. Die Waffen sind alle in Händen der Darsteller. Wenigstens eine Bartholomäusnacht, bitte. Alle Darsteller aus den Betten holen und auspeitschen, federn, pfählen, henken, verbrennen. Alle Vormacher, Gelungenheitsveranstalter, Feinsinnigkeitsproduzenten, Sensibilitätsprotze, Talentlumpen, Politlächler, Sinnlosigkeitsvirtuosen, Menschheitsbeleidiger, Einzigartigkeitsbehaupter, alle, die man anschauen soll, die einem die Welt als eine gelungene oder mißlungene darstellen, alle, die nichts anzubieten haben zur sofortigen, in dieser Nacht noch zu beginnenden Verbesserung des Lebens des Zuschauers, soll man totschlagen noch in dieser Nacht. Aber wirklich. Bloß keine Gnade. Jetzt kein liberales Winseln mehr und dann alles noch mal von vorn. Schluß jetzt mit dem Gewinsel aus Hamburg, München usw. Schluß mit der Bosse-Kultur. Zündet an. Sprengt die Darstellungsanstalten. Zerschlagt die Medienpaläste. Henkt die Clique aus Springer-SPD-Grunerjahrbertelsmann-Regierung - Opposition - plus-Spiegel-plus-Millionäre-plus Bankiersplu-plu-plus, bis kein Bild mehr zustande kommt, bis jeder leben muß und nicht mehr abhauen kann in die Darstellung. Entweder alle werden aufgenommen, und zwar Tag und Nacht, daß wir nicht mehr leben müssen, sondern nur noch darstellen ... ODER Schluß mit der Darstellerei, Todesstrafe für jeden, der noch was darstellt. ALLE müssen leben und sterben. KEINER darf überleben. Wer das Wort Unsterblichkeit in den Mund nimmt oder etwas in Gang setzt, um sich eine solche zu erschleichen, wird sofort erschossen, erschossen von jedem, der ihn dabei ertappt. Es gibt aber für das Erschießen von anderen keinerlei Belohnung, Auszeichnung oder auch nur Anerkennung. Es gibt keine Beförderung für irgend etwas oder zu irgend etwas. Es gibt überhaupt keine Betonung oder Entwicklung von Unterschieden. Das nackte Leben soll endlich durchbrechen dürfen. Bis alle Zensuren verrottet sind und jeder, der lebt, lebt. Unverstellt. Ununterdrückt. Mit Haut und Haaren. Von keinem Vorbild beleidigt. Auf ihn kommt es an. Er falle aus, wie er wolle. Gibt es Musik? Es gibt auf keinen Fall einen, der Musik machen darf. Wenn es trotzdem Musik gibt, soll es uns recht sein. Wir würden uns freuen. Es darf nur keine Macher mehr geben.

Stürmt, Leute, die Zwingburgen. Denkt daran, welche Burgen und Klöster gestürmt werden mußten, damit es weitergehen konnte. Da waren höhere und schönere und bessere darunter als die Darstellungspaläste. Und keine Unterschiede, kein Hinhören, egal ob es sich um so eine fluoreszierende Magermilchkuh wie die englische Königin handelt oder um einen Hamburger Meinungsadmiral mit Tressenschnauze. Weg damit. Ich werde weich. Fort damit. Aber deportiert werden sie! Auf Inseln. Bitte schön. Noch weicher werde ich nicht. Dann werden diese Inseln millimeterdicht mit einer Palisade aus genauesten Nachbildungen der amerikanischen Freiheitsstatue im Maßstab 1:1 umstellt, daß kein Entkommen mehr möglich ist und die Herrschaften im Schatten dieser Figur noch gar verhauchen können. Denn mit dieser Figur haben sie uns alle drangekriegt. Das soll ihr Dasein beschließen, ein Riesenzaun aus in Beton gegossenen Freiheitsstatuen, damit sie nie vergessen, warum sie da drin sind: um unserer Freiheit willen. Solang sie draußen waren, waren wir Gefangene, die die Freiheit nur anschauen durften in ihren Darstellungen. In ihren unsere Gefangenschaft besiegelnden Darstellungen.

Er sprang vom Apparat herunter und sagte noch leiser: Jeder ist eine unendliche Fülle von Erscheinungen, die von keinem je wahrgenommen, geschweige denn erlebt wird. Die unendliche Vielfalt jedes Menschen bleibt zeugenlos. Dann löschte er das Licht und ging so leise als möglich ins Bett, um Marianne, die vor ihm aufstehen mußte, nicht zu stören.

Rainer Werner Fassbinder
Über Alfred Döblins »Alexanderplatz«

Das Wesentliche an »Berlin Alexanderplatz« ist nicht seine Geschichte, das hat dieser Roman mit einigen anderen großen Romanen der Weltliteratur gemein, seine Konstruktion ist womöglich noch lächerlicher als die von Goethes »Wahlverwandtschaften« – das Wesentliche ist ganz einfach, wie das ungeheuerlich Banale und Unglaubwürdige an Handlung erzählt wird. Und mit welcher Haltung zu den Figuren des Geschehens, die der Autor dem Leser trist entblößt, während er ihn andererseits lernen läßt, eben diese bis zur Mittelmäßigkeit Entblößten mit allergrößter Zärtlichkeit zu sehen, sie zu lieben am Ende.

Ich will kurz versuchen, die reine Handlung schlicht nachzuerzählen. Der ehemalige Transportarbeiter Franz Biberkopf wird aus dem Gefängnis entlassen, wo er vier Jahre wegen Totschlags mit einem Sahneschläger an seiner ehemaligen Freundin Ida saß, die in den wirtschaftlich schweren zwanziger Jahren in Berlin für ihn auf den Strich gegangen war. Der entlassene Sträfling hat zuerst gewöhnliche Potenzschwierigkeiten, die er mit einer Fast-Vergewaltigung der Schwester seines Opfers verliert, so daß er darauf in der Lage ist, mit der polnischen Lina ein Verhältnis anzufangen, und das auf eine Art, daß sie's für Liebe halten könnte, und Franz dazu bringt, den Schwur abzulegen, von nun an anständig zu bleiben, so wahr ... naja.

Die wirtschaftlichen Verhältnisse sind katastrophal, alle Versuche, eine stabile Basis zu schaffen, scheitern, seien es Schlipshalter, erotische Literatur, der »Völkische Beobachter«, der bringt ihm Schwierigkeiten mit früheren Freunden, Kommunisten, mit denen er mal gemeinsame Sache gemacht hatte, weil er sie mochte. Es verbleiben Schnürsenkel, die braucht der Mensch immer und die vertreibt er mit einem Onkel seiner Lina, bis der das Vertrauen, das Franz zu ihm hat, ausnutzt und eine Witwe, die der Franz glücklich gemacht und etwas Geld dafür bekommen hatte, erpreßt und bedroht. Franz, der unerschütterlich an das Gute im Menschen glaubt, ist so verletzt, daß er sich zurückzieht von der Welt und den Menschen, wochenlang nichts tut als Saufen, dann aber doch zurückgeht ins Leben und zu den Menschen.

Da lernt er einen kennen, Reinhold heißt der und ist zwar ein kleiner Gangster, aber merkwürdig faszinierend irgendwo, so faszinierend, daß der Franz ein sonderliches Geschäft macht mit dem, er nimmt ihm die Frauen ab, diesem Reinhold, weil der die zu schnell überhat, die Weiber, das ist fast krankhaft bei dem, erst muß er eine haben auf Teufel komm' raus und dann wieder loswerden, ganz plötzlich, sehr heftig, aber das fällt ihm schwer, trotzdem, da hat er Schwierigkeiten mit, aber der Franz, von dem er merkt, daß der irgendwie fasziniert ist von ihm, den er für etwas dumm hält zudem, der nimmt ihm die ab, die Weiber, erst eine, dann eine zweite, bei der dritten aber weigert er sich. Der Reinhold soll lernen, länger zusammenzubleiben mit einer, weil das gesund ist eben und das andere krank und weil der Franz dem Reinhold helfen will und das richtig. Und daß der das nicht verstehen kann erst mal und beleidigt ist, das versteht der Franz Biberkopf, das ist eben so.

Kurz darauf ergibt sich durch Zufall, daß Franz mitmacht bei einer Sache, die er für einen regulären Obsttransport hält und von der ihm plötzlich klar wird, daß sie ein Diebstahl ist. Er steht Schmiere, will weglaufen, was ihm nicht gelingt. Nachdem der Diebstahl geschehen ist, sitzt Franz mit Reinhold im Auto, als Reinhold plötzlich das Gefühl hat, sie würden verfolgt. Jetzt mischen sich Angst vor der Verfolgung und die Wut auf Franz bei Reinhold. Und dann, es hat etwas Schlafwandlerisches, schmeißt Reinhold Franz plötzlich aus dem Auto. Franz wird von dem nachfolgenden Fahrzeug überfahren, es muß so aussehen, als wäre er tot. Aber

Franz Biberkopf ist nicht tot, er verliert nur seinen rechten Arm. Seine ehemalige Freundin Eva und deren Zuhälter päppeln ihn wieder hoch, ohne rechten Arm geht er wieder in die Stadt, lernt einen kleinen Gangster kennen, für den er Hehlereien begeht, die ihm einen gewissen Wohlstand bringen. Da bringt ihm diese Eva ein Mädchen, das er Mieze nennt und die, wie sich dann herausstellt, für Franz auf den Strich geht. Franz akzeptiert das, und eine Weile sind die beiden auch glücklich. Sie lieben sich. Aber Reinhold mischt sich auch in diese Beziehung, trifft Mieze mehrmals, bis er sie zuletzt tötet. Franz wird dieses Mordes wegen verhaftet, kommt in eine Irrenanstalt, wo er in einer längeren Phase eines in etwa »umgekehrten Prozesses der Katharsis« der Gesellschaft ein gemeines, brauchbares Mitglied wird. Es ist nichts Besonderes mehr mit ihm. Er wird wohl Nationalist werden, so sehr zerstört hat ihn die Begegnung mit Reinhold. Soweit die Geschichte.

Im ganzen nicht mehr als ein Dreigroschenroman, im einzelnen nicht mehr als eben eine Aneinanderreihung mehrerer Boulevard-Zeitungsanreißer. Was also macht diesen Plot zu etwas so Großem? Es ist das Wie, versteht sich. In »Berlin Alexanderplatz« wird auch den objektiv kleinsten und ganz einfach mittelmäßigen Emotionen, Gefühlen, Glücksmomenten, Sehnsüchten, Befriedigungen, Schmerzen, Ängsten, Bewußtseinsdefiziten gerade der scheinbar unscheinbaren, unwichtigen, unbedeutenden Individuen zugestanden, den sogenannten »Kleinen« wird hier die gleiche Größe zugebilligt, wie sie in der Kunst gemeinhin nur den sogenannten »Großen« zugebilligt wird. Den Menschen, von denen Döblin in »Berlin Alexanderplatz« erzählt, besonders natürlich dem Protagonisten, dem ehemaligen Transportarbeiter Franz Biberkopf, Zuhälter später, Totschläger, Dieb und wieder Zuhälter, wird ein derartig differenziertes Unterbewußtsein zugestanden, gepaart mit einer kaum glaublichen Phantasie und Leidensfähigkeit, wie es den meisten Figuren der Weltliteratur, natürlich immer nur soweit meine Kenntnisse hier reichen, so weitgehend nicht gegönnt wird, und wären es noch so Gebildete, kluge Intellektuelle, große Liebende, um nur auf einige Figuren hinzuweisen.

Döblins Haltung zu seinen Figuren, diesen objektiv gewiß armseligen und unbedeutenden Kreaturen, ist mit ziemlicher Sicherheit, so behaupte ich, auch wenn Döblin das mehrfach bestritten hat, von Sigmund Freuds Entdeckungen beeinflußt. »Berlin Alexanderplatz« wäre somit also wahrscheinlich der erste Versuch, Freudsche Erkenntnisse in Kunst umzusetzen. Das zuerst.

Zum zweiten erzählt Döblin jeden Handlungsfetzen, und wäre er noch so banal, als einen in sich bedeutungsvollen und großartigen Vorgang, als Teil einer nur scheinbar geheimnisvollen Mythologie zumeist, dann wieder als Übersetzung in religiöse Momente, seien es christliche, seien es jüdische.

Döblin hatte als einer, der vom jüdischen Glauben zum Katholizismus übergetreten ist, mehr Probleme mit der Religion, als das gemeinhin üblich ist. Vielleicht hat er deswegen versucht, dieser Probleme eben Herr zu werden, das in der Religion Besondere im Gewöhnlichen zu entdecken, und es als solches zu erzählen.

Vereinfacht formuliert, bedeutet das wohl, daß kein Moment der Handlung, auch wenn dieses voll und ganz ausreicht, nur für sich selber steht, sondern eben auch noch ein Moment einer zweiten, anderen, undurchdringlicheren und geheimnisvolleren Erzählung ist, Teil also eines zweiten Romans im Roman oder vielleicht auch Teil einer Privatmythologie des Autors, aber das will ich im Moment nicht entscheiden müssen.

Zum dritten dann, ist es die Erzähltechnik, die Döblin für »Berlin Alexanderplatz« erfunden, vielleicht auch nur gewählt hat. Im übrigen halte ich diese Fragestellung, erfunden oder nicht, keineswegs auch nur für wichtig, denn entscheidend ist doch, ob ein Autor die richtigen Mittel für seine Intentionen wählt, nicht, ob er auch noch deren Erfinder ist, das mag Literaturhistoriker beschäftigen, für den Leser spielt das keine Rolle, der hat das Glück, einen Roman zu lesen, für den der Autor die ihm adäquate Form gefunden hat, und das hat Alfred Döblin mit »Berlin Alexanderplatz« mit schlafwandlerischer Sicherheit getan. Und ob Döblin nun James Joyces »Ulysses« kannte, bevor er »Berlin Alexanderplatz« schrieb, oder ob er ihn nicht kannte, das macht seinen Roman nicht besser oder schlechter. Im übrigen könnte ich mir sehr gut vorstellen, daß zwei Autoren fast zur selben Zeit fast dieselben neuen Erzähltechniken erfinden, warum eigentlich nicht. Wie in der Geschichte selbst, wird auch in der Literaturgeschichte nicht alles aus sich selbst heraus erklärbar sein. Ein Geheimnis, und wäre es nur die Hoffnung, wird immer bleiben.

Spannender zudem als die Frage, ob Döblin den »Ulysses« kannte, finde ich die Idee, daß die Sprache in »Berlin Alexanderplatz« vom Rhythmus der S-Bahnen beeinflußt ist, die vor Alfred Döblins Arbeitszimmer vorbeifuhren und -fahren. Von solchen Dingen, Geräuschen der Großstadt meist, ihren spezifischen Rhythmen eben, ihrem stetigen Wahnsinn eines ewigen Hin und Her ist die Sprache wohl geprägt. Und vom bewußten Leben in einer Großstadt, einem ganz besonderen Wachsein für alles, was das eigentlich ist, in der Stadt leben, kommt mit Sicherheit auch die Collagetechnik, die Döblin hier, in seinem, einem der wenigen Großstadtromane überhaupt, die es gibt, verwendet. Leben in der Großstadt, das bedeutet ständigen Wechsel in der Aufmerksamkeit für Töne, Bilder, Bewegungen. Und so wechseln die Mittel der gewählten Erzählpartikel ähnlich wie das Interesse eines wachen Bewohners einer Großstadt wechseln mag, ohne daß dieser wie die Erzählung sich selber als ihren Mittelpunkt verlöre.

Franz Fühmann
Schneewittchen: ein paar Gedanken

Das liebe deutsche Märchen vom Schneewittchen, wem wäre nicht vertraut, wie es anhebt:

»Es war einmal mitten im Winter und die Schneeflocken fielen wie Federn vom Himmel herab, da saß eine Königin an einem Fenster, das einen Rahmen von schwarzem Ebenholz hatte, und nähte. Und wie sie so nähte und nach dem Schnee aufblickte, stach sich mit der Nadel in den Finger und es fielen drei Tropfen Blut in den Schnee. Und weil das Rote im weißen Schnee so schön aussah, dachte sie bei sich: ›Hätt ich ein Kind so weiß wie Schnee, so rot wie Blut und so schwarz wie das Holz an dem Rahmen.‹ Bald darauf bekam sie ein Töchterlein, das war so weiß wie Schnee, so rot wie Blut und so schwarzhaarig wie Ebenholz, und ward darum das Schneewittchen genannt. Und wie das Kind geboren war, starb die Königin.«

Und wer wüßte nicht, wie es weitergeht: Da nun die gute Königin tot war, nahm der König die böse Stiefmutter ins Haus, und die ertrug nicht, daß ihr Spiegel sagte, Schneewittchen sei tausendmal schöner als sie: Ihr Jäger bekam den Befehl, Schneewittchen zu töten.

Ein altes Märchen; nur: Die Märe, die Jacob Grimm aufgezeichnet hat, wurde, wie die erhaltene Urfassung der »Kinder- und Hausmärchen«, die Oelendorfer Handschrift ausweist, ihm von seiner Gewährsfrau, vielleicht der alten Frau Viehmann, in einem Punkt entscheidend anders erzählt. Sie wußte es so:

»Es war einmal Winter und schneite vom Himmel herunter, da saß eine Königin am Fenster von Ebenholz und nähte, die hätte gar zu gerne ein Kind gehabt. Und während sie darüber dachte, stach sie sich ungefähr mit der Nadel in den Finger, so daß drei Tropfen Blut in den Schnee fielen. Da wünschte sie und sprach: ›ach, hätte ich doch ein Kind, so weiß wie diesen Schnee, so rothbackigt wie dies rothe Blut und so schwarzäugig wie diesen Fensterrahm!‹

Bald darnach bekam sie ein wunderschönes Töchterchen, so weiß wie Schnee, so roth wie Blut, so schwarz wie Eben, und das Töchterlein wurde Schneeweißchen genannt. Die Frau Königin war die allerschönste Frau im Land, aber Schneeweißchen war noch hunderttausendmal schöner, und als die Königin ihren Spiegel fragte:

›Spieglein, Spieglein an der Wand,
wer ist die schönste Frau in ganz Engelland?‹

so antwortete das Spieglein: ›die Frau Königin ist die schönste, aber Schneeweißchen ist noch hunderttausendmal viel schöner.‹

Darüber konnte es die Frau Königin nicht mehr leiden, weil sie die schöneste im Reich wollte seyn ...«

Die Märe ist dem Mythos noch nahe: Die gute Mutter und die böse Stiefmutter (und auch der exekutierende Jäger) sind hier *eine* Person. – Du wünscht, daß dein Kind schöner sei als du, aber du sollst die Schönste bleiben. – Der umgekehrte Ödipus. – Wilhelm, der Redakteur der gemeinsamen Sammlung, mochte diese Kraßheit nicht ertragen haben, und entgegen seiner erklärten Absicht: »diese Märchen, so rein als möglich war, aufzufassen«, hat er, »daß ein eigentliches Erziehungsbuch daraus werde«, den Widerspruch auseinanderdrieselt: die gute Mutter hier; die böse Stiefmutter dort. Dieses Gegensatzpaar erlaubt bestimmte didaktische Demonstrationen; der Mythos aber trifft ins Herz. Darf ich auf einen Zug von Märchen wie Märe aufmerksam machen, der mir bedeutsam erscheint? Germanisten mag aufgefallen sein, daß gegen die Grammatik verstoßen wurde: Ein Superlativ wurde übersteigert, was ja bekanntlich nicht zulässig ist. Die Königin wird vom Spiegel »die schönste« genannt; gleichzeitig aber sei, laut derselben Aussage, Schneewittchen/Schneeweißchen tausend- und hunderttausendmal schöner als sie. Man könnte dies als Diplomatie des Spiegels auslegen, und zweifellos träfe dies Wesentliches. Die Wahrheit ist im Kronsaal schwierig zu sagen, wieviel mehr erst im Boudoir, aber ich glaube ebenso, daß der Spiegel mit diesem verkappten Elativ auf das Andersartige von Schneewittchens Schönheit, auf das Inkommensurable der Generationen hinweist. Die Königin soll die Schönste in ganz Engelland bleiben. – Schneewittchen ist anders schön als sie.

So rot wie Blut: Wir wollen unsre Jugend klug und kenntnisreich, doch wenn sie uns dann Fragen stellt, die uns unbequem sind, ertragen wirs schwer, und wenn wir um Antwort verlegen sind, werfen wir ihr Undankbarkeit vor.

So weiß wie Schnee: Wir wollen unsre Jugend voll edler Gefühle, doch wenn sie sich da empfindsam zeigt, wo wir abgestumpft sind, ertragen wirs schwer, und ehe wir uns zu schämen beginnen, werfen wir ihr Überheblichkeit vor.

So schwarz wie Ebenholz: Wir wollen unsre Jugend charakterfest, doch wenn sie auf dem beharrt, was sie zu wissen und tun zu müssen glaubt, ertragen wirs schwer, und wenn sie uns dann widerspricht, werfen wir ihr falsches Bewußtsein vor.

Wer den Fortschritt als Prinzip der Geschichte ansieht, müßte erwarten und wünschen, daß die nächste Generation die seine überflügle. – Wir wollen die Jugend besser als uns und verstehen schlecht, daß dies Besser-Sein ein Anders-Sein fordert. Wir wollen, im Grund genommen, die nächste Generation also so etwas wie unsre Miniaturausgabe; wir sehen in ihnen nur uns selbst, die wir noch einmal anfangen könnten. – Wir gestehen *uns* dann zu, besser zu sein. – Wir gestehen, wenn die Nachfolgenden dann so wären (und manche sinds ja, und manche auch musterhaft) wie wir, ihnen gerne etwas mangelnde Reife zu, etwas Überschwang, etwas über die Stränge, auch ein bißchen mehr Lust und gern sehr viel mehr Glück. Wir sehn ihnen auch ein wenig Leid nach und gestatten, in Maßen, etwas Trauer zur Mitternacht, ja wir konzedieren sogar ein klein wenig rückkehrbereiten und sichtbar als rückkehrbereit angelegten Irrtum und Umweg, wir sind ja nicht so! Nur eben: alles in unsrem Rahmen und nach unsrem Maß, und wenn über die Stränge, dann über unsre, und die setzen unser Geschirr voraus. – Es ist ehrliche Sorge, die uns da leitet: Wir hatten Fragen und fanden Antworten, die sind uns kostbar, und da wir sie einmal haben, wär es doch gut, wenn die Jungen die gleichen Fragen stellten, auf daß unsre paraten Antworten passen. – Wir sollten ertragen lernen, daß sie Andres fragen und anders fragen. – Wir haben auf unsren Wegen Erfahrung gesammelt, bittre, beglückende, jedesmal schwierige, und nun müssen wir auch die Erkenntnis bewältigen lernen, daß jede und jede Generation ihre eigenen Erfahrungen machen muß. Wir können ihr da nichts abnehmen, so gern wirs auch täten. – Wir haben ein sehr weites Herz für die Jugend und werden rasch böse, wenn sie da nicht einzieht. – Wir werfen ihr dann nicht nur Pietätlosigkeit vor. Wir werfen ihr Unproduktivität vor, wenn sie unbetretene Pfade zu gehn wünscht: Man kommt dort langsamer voran, und überhaupt: was heißt voran? In der bestimmenden Tendenz dieses Jahrhunderts hält unser Mühn seine eigene Richtung zu unbestreitbaren Erfolgen, da möchten wir auch die Art unsres Schrittesetzens gern als die richtige allgemeinverbindlich, und hier werden wir besonders unwirsch, wenn sich dazu nicht Hingabe zeigt.

Franz Hohler *Der Granitblock im Kino*

Ein Granitblock aus einem öffentlichen Park hatte lange gespart und wollte mit seinem Geld ins Kino, und zwar hatte er von einem lustigen Film gehört, »Zwei Tanten auf Abenteuer«. Er ging also an die Kasse und verlangte fünf Plätze. Zuerst wollte sie ihm die Kassiererin nicht geben, da sagte der Granitblock bloß oho, und schon hatte er die Billette. Er hatte erste Reihe gelöst, weil er seine Brille vergessen hatte. Als er sich auf seine fünf Plätze setzte, krachten gleich alle Armlehnen zusammen, und dann fing das Vorprogramm an. Der Granitblock schaute interessiert zu und bestellte in der Pause zehn Eiscremes, die er sofort hinunterschluckte. Jetzt fing der Hauptfilm an, und der Granitblock amüsierte sich sehr. Da er an Humor nicht gewöhnt war, mußte er über jede Kleinigkeit lachen, zum Beispiel wenn eine Tante zur anderen sagte, na, altes Haus? Er schlug sich auf die Schenkel und lachte, daß das ganze Kino zitterte und die Leute durch die Notausgänge flüchteten. Als dann eine Tante der andern mit dem Schirm eins über den Kopf haute, war der Granitblock nicht mehr zu halten. Er hüpfte jaulend auf und ließ sich auf seine Sessel plumpsen, die sogleich zusammenbrachen, und damit nicht genug, stürzte er durch den Boden des Kinos in einen Keller und konnte den Rest des Films nicht mehr ansehen. Das Kino wurde vorübergehend geschlossen, der Granitblock mußte mit einem Lastwagen in seinen Park zurückgebracht werden, und heute langweilen sich schon alle Spatzen, wenn er wieder mit seiner Geschichte von den Tanten kommt und kichernd erzählt, wie eine zur andern gesagt hat, na, altes Haus.

Tankred Dorst *Parzival*

Parzival will in die Welt ziehen, von der er nichts weiß. Aus Angst um ihn hat seine Mutter einen häßlichen Narrenrock mit drei Ärmeln für ihn zusammengeflickt: die Welt soll über ihn lachen. Wen man verlacht, den fürchtet man nicht und er muß nicht kämpfen.

Parzival *hat ein hölzernes Schwert in der Hand:* Du hast immer gesagt, wenn ich zu Menschen komme, bringen sie mich um. Jetzt habe ich ein Schwert, damit sie mich nicht umbringen.

Herzeloide: Ja ja.

Parzival: Die schönen Ritter haben gesagt, sie dienen dem König Artus. Werde ich auch dem König Artus dienen?

Herzeloide: Du mußt sagen: ich habe keinen König, ich habe kein Land, ich komme von nirgendwo.

Parzival: Nehmen sie mich auf, was meinst du? Darf ich dann mit den schönen Rittern zusammenleben?

Herzeloide: Ritter, Ritter, Ritter!

Parzival: Leben dort auch Frauen?

Herzeloide: Die Frauen heißen Damen.

Parzival: Sind sie auch so schön wie die Ritter?

Herzeloide: Man darf sie nicht ansehen! Du mußt ihnen den Rükken zukehren.

Parzival: Warum?

Herzeloide: Sie lächeln und sprechen, aber sie sind eine Drohung des Todes.

Parzival: Ich habe gehört, wie die schönen Ritter von »Ehre« gesprochen haben. Habe ich auch »Ehre«?

HERZELOIDE: Ach, Kind!
PARZIVAL: Ich muß es doch wissen, wenn mich jemand danach fragt.
HERZELOIDE: Wenn jemand von deiner Ehre spricht, dann sagst du: ich habe keine Ehre.
PARZIVAL: Was ist die »Ehre«?
HERZELOIDE: Eine Drohung des Todes.
PARZIVAL: Und wenn ein Ritter mich gern hat und will mein Freund sein?
HERZELOIDE: Dann antwortest du: Ich brauche keinen Freund.
PARZIVAL: Muß ich denn immer allein sein?
HERZELOIDE: Allein ist man am sichersten. Allein mußt du nicht teilen. Allein mußt du nicht streiten. Allein mußt du niemandem danken. Allein bist du nicht enttäuscht.
PARZIVAL: Darf ich denn keinen Freund haben?
HERZELOIDE: Ein Freund ist eine Drohung des Todes.
PARZIVAL: Wenn mich aber jemand um meine Hilfe bittet, weil er in Not ist?
HERZELOIDE *schreit:* Dann spring in den Busch! Halt dir die Augen zu!
PARZIVAL: Machen das die Ritter?
HERZELOIDE: Das freut sie, da lachen sie.
PARZIVAL: Wenn der König Artus mich fragt, was ich weiß und was ich kann, Mutter?
HERZELOIDE *schreit:* Nichts! Du hast nichts gelernt! Du kannst nichts! Du hast keinen Wert. Du bist für nichts zu gebrauchen!
PARZIVAL: Sagt das ein Ritter?
HERZELOIDE: Das gefällt ihnen. Darüber lachen sie.
PARZIVAL: Ach, das ist gut. Ich möchte ihnen gefallen.
HERZELODIE: Du darfst dich nie in die Mitte stellen. Immer in die Ecke!
PARZIVAL: Warum denn?
HERZELOIDE: Damit alle wissen, daß du dich fürchtest.
PARZIVAL: Aber ich fürchte mich ja gar nicht, Mutter.
HERZELOIDE: Du mußt dich fürchten!
PARZIVAL: Ich bin doch stark und tapfer.
HERZELOIDE: Tapferkeit ist eine Drohung des Todes.
PARZIVAL: Jetzt verlasse ich dich, Mutter, ich freue mich so.
HERZELOIDE: Warte noch! Ich muß dir noch ein Brot backen.
PARZIVAL: Ich kann nicht mehr so lange warten, bis du mir ein Brot gebacken hast!
HERZELOIDE: Ich muß dir auch noch vieles erklären, und ich mache inzwischen schnell ein Feuer im Ofen für das Brot.
PARZIVAL: Ich weiß doch alles.
HERZELOIDE: Nein! Das Wichtigste habe ich dir noch nicht gesagt.
PARZIVAL *ungeduldig:* Dann sag es mir jetzt schnell!
HERZELOIDE: Warte! Ich sage es dir gleich.

PARZIVAL: Ich komm zu spät, Mutter! Ich muß mich beeilen.

HERZELOIDE: Warte!

PARZIVAL: Ach, liebe Mutter, ich brauche nichts mehr zu wissen. Ich mache auch alles so, wie du es mir gesagt hast, wenn ich daran denke. Nur fürchten kann ich mich nicht. Ich weiß nicht, wie ich das machen soll. Als ich ein Kind war, da habe ich mich immer gefürchtet, glaube ich. Ja, Mutter? Habe ich mich da gefürchtet?

HERZELOIDE: Ja.

PARZIVAL: Aber heute weiß ich nicht mehr, wie das ist, wenn man sich fürchtet. – Wenn mein Vater ein Ritter war, werde ich auch ein Ritter werden können. – Ach, komm doch mit mir, Mutter! Nimm doch auch ein Schwert! Willst du nicht mitkommen?

HERZELOIDE *sitzt da, ist tot.*

PARZIVAL: Du machst jetzt so ein strenges Gesicht. Dein Mund ist ganz schief, und du sprichst nicht mehr mit mir. Bist du mir böse? Gut, dann bist du mir eben böse! – Du rührst dich nicht von der Bank, du sprichst nicht mit mir. Und du bist ganz weiß im Gesicht, als ob du aus Vogelmist wärst. Das gefällt mir nicht! So gefällst du mir nicht. Dann bleib nur da, wenn du nicht mit mir sprechen willst. Ich gehe! Ich brauche auch dein Brot nicht mehr! Brauchst das Feuer nicht anzuzünden! *Er geht. Er dreht sich noch einmal um, um zu winken. Herzeloide sitzt tot. Er rennt weg. Herzeloide kippt von der Bank.*

DETLEV MEYER *Mahlzeit*

Knackige Frankfurter &
Saftige Hamburger

Süße Berliner &
Knusprige Schusterjungen

Haut rein, Freunde!

Die Fleischer sind
auf unserer Seite
und die Bäcker

W. E. RICHARTZ *Das Zeitwort*

›Mahlzeit‹ läßt sich auf verschiedene Weise sagen. Was gibt es da nicht alles für Stimmlagen, Tonarten, feuchte und trockene Aussprachen, Verstümmelungen, Manieriertheiten! *Mahlzeit*, als zweisilbiges Wort, kann auf der ersten oder der zweiten Silbe betont werden. Die Betonung auf der ersten Silbe ist das Übliche. Die Silbe kann kurz und komprimiert gesprochen werden: *Mall*; sie kann aber auch gedehnt werden: *Maahl*. Nach dem Essen wird sie häufiger gedehnt, als vor dem Essen.

Die Betonung auf der zweiten Silbe ist seltener; sie hat dann einen auffordernden, gereizten, fast militanten Beiklang. Hierbei kann das *-zeit* in der gleichen Tonlage wie *Mahl-* gesprochen werden – es kann aber auch in höherer Lage, ja sogar mit ansteigender Tonhöhe gebracht werden, wobei das Schluß-*t* nachklingen, und sich – wie im Munde Willy Brandts – geradezu wie *ts* anhören kann. Häufig ist es so, daß ein mit *Mahlzeit* Angesprochener auf diese Weise – also mit einer gewissen Schärfe – antwortet, wie auf einen ungerechtfertigten Vorwurf.

Das Wort *Mahlzeit* wird etwa zwischen elf und fünfzehn Uhr gesagt. Man spricht es, mit nach hinten gedrehtem Kopf, wenn man sein Büro verläßt, oder wenn man in dem erwähnten Zeitraum einem Kollegen begegnet. Das kann im Fahrstuhl sein, vor den Zigaretten-, Getränke- und Süßigkeits-Automaten im 2. Stock, im Toiletten-Vorraum, neben einem anderen, nach dem Händewaschen, oder – unter Männern – auch beim Urinieren, bzw. genauer: beim Zuknöpfen der Hose und Fortgehen. Selbstverständlich wird es gesagt, wenn man sich in der Kantine zu Tisch setzt. Gesagt wird es auch von einem, der sich vorzeitig, also noch vor Ende der Mittagspause vom Essenstisch erhebt – was nicht üblich ist –, wie eine Bitte um Erlaubnis an die Tischrunde: Ja, ich muß heut leider schon weg – also *Mahlzeit* zusammen. Und schließlich wird es beim allgemeinen Aufstehen vom Mittagstisch, untermalt vom Scharren und Quietschen der Stühle, in präzisem, blökendem Unisono gesprochen – niemand kann sich da ausschließen. – Hin und wieder, allerdings, gibt es Neulinge, oder Außenseiter, die Mahlzeit nicht sagen wollen, oder auf Mahlzeit absichtlich mit Guten Appetit! oder Guten Tag! antworten; in den Ohren der Kollegen nimmt sich das als Mißton aus.

HEINZ CZECHOWSKI *Erfahrungen mit Karpfen*

für Renate und Wolfgang Brömme

Muschelragout, Fischsuppe, Karpfen, gebraten, gekocht
Von Oktober bis März. Die Mutter
Verschluckte sich stets an einer Gräte.
Vater schlug ihr besänftigend mit flacher Hand auf den Rücken.

Eingehegt von moosbewachsenen Trockenmauern
Lagen die Teiche: Augen voll dunkler
Melancholie: Schloßteich, Augustusteich, Frauenteich,
Angelegt von August dem Starken.

Durchs Schilf im Dezember
Gingen wir trockenen Fußes auf knackendem Eis
Übern Morast ins abgefischte Gelände.
In offenen Tümpeln überwinterten träge die Karpfen.

Schuppenkarpfen, Lederkarpfen, Spiegelkarpfen –
Fleisch, das auf der Zunge zergeht.
Nicht zu vergessen die Schleie, die Barbe, der Döbel,
Geschuppte Genossen, Großfamilie
Mit der vergessenen Pfrille, der Schmerle, dem Bitterling.

In seltenen Träumen stakt' ich mit Fischern
Im Kahn über seichte Gewässer. Mit böhmischen
Mönchen, rumänischen Bauern,
Fischteichbesitzern der Lausitz
War ich vertieft ins Gespräch über verfallende Schützen,
Verschwundene Mauern, verlandende Teiche.

Den Vierpfünder trag ich im Netz in die Küche, bereit
Zum uralten Ritus, der Mordtat.
Pfannen und Töpfe stell ich bereit, prüfe
Noch einmal die Vollständigkeit der Gewürze:
Ruhmsüchtige Lorbeerblätter, Rosinen, Korinthen,
Mandeln, süße und bittre, Gewürzkörner, Knoblauch,
Paprika, Suppengrün, Salz und Zitrone.

Dann kommt der Fisch, der noch zuckende, ich
Spreche, das Messer erhoben, die Formel:
Der Fisch, der Fisch/Springt in der Kanne,
Springt auf dem Tisch,/Springt in die Pfanne.

Eingenäht in den Bauch wird das Beste:
Leber und Milz, Milch oder Rogen, die Därme.
Langsam im siedenden Wasser bei sehr kleiner Flamme
Hüllt sich der Karpfen in Blau und zieht gar.

Es dampfen die weißen Kartoffeln,
Angewärmt sind die Teller, bekränzt
Mit Selleriegrün, Petersilie, Zitrone
Zeigt sich der Fisch. Bereit ist die polnische Soße.

Im silbernen Leuchter brennen die Kerzen.
Gut temperiert ist der Rotwein.
Butter und Meerrettich, Sahne, geriebener Apfel
Runden die Bissen. Die Zunge feiert ein Fest.

Muschelragout, Fischsuppe, Karpfen, gebraten, gekocht
Von Oktober bis März. Die Mutter
Verschluckte sich stets an einer Gräte.
Vater schlug ihr besänftigend mit flacher Hand auf den Rücken.

RAINER KIRSCH *Ernste Mahnung 75*

Der Odendichter H. Czechowski, welcher
Die Welt sehr liebt, und darum melancholisch
Auf sie blickt, seit er denkt, hat vor 5 Jahren
(Er wohnte da in Trotha, das ist weit
Von hier, dem Zentrum, wo er jetzt wohnt, gleich beim
Stadtgottesacker, wo der Stadtgott sitzt
Von Halle, und, geurteilt nach den Blättern
Im Frühjahr, die sind fett und werden
Jedes Jahr weniger, langsam eingeht)
Der Dichter H. Czechowski also hat
Vor gut 5 Jahren, als wir Rotwein tranken
In Trotha, neugrauer Vorstadt, die aus stillen
Straßen mit Häuschen, Gras und Gartenweiden
Ausläuft in viergeecktes Neubauland
Die Häuser hoch, darinnen Puppenstuben
An Fäden, oder in, Kokon Kokon
Die Puppe in der Puppe ist der Mensch
Czechowski, sag ich, hat vor 5/6 Jahren
Als wir beim Wein, und friedlich, sprachen über
Genüsse unterschiedlicher Erzeugungsart
Von seiner Kunst gesprochen, einen Karpfen
So zu bereiten, wie es keiner kann
Außer ihm selbst; und schon die Ingredienzien
Genannt nur, nicht gezeigt, bewirkten uns
Den Speichelfluß im Mund wie Pawlows Hunden:
Der Mensch ein Reflexwesen. C., tief zufrieden
Lud uns zum Karpfenessen für die Zeit
(Da sind, man weiß, die Monate mit R)
Wo Karpfen wären, die so fest wie gut sind.
Seitdem, wenn wir uns trafen – Theater, Umzug
Besuch, ein krankes Kind, Parteiverfahren –
Ging anfangs noch die Rede von Verschieben
Und wenn ich Czecho sah, und das war öfter
Dachte ich an Karpfen. Jahrelang. Jeder Reiz
Flacht ab durch Wiederholung oder Ausbleiben
Dessen, was man erwartet. So könnte ich ruhig sein:
Sechs Jahre sind sechs Jahre und bald sieben.

Tatsächlich bin ich ruhig, man kennt mich ja.
Nur manchmal, wenn ich Karpfen sehe, denk ich
Jenes Abends in Trotha, und der ungeheuern
Ahnung im Mund (seitdem hat Czecho
2 Bände mit Gedichten, 1 Essayband
Nachdichtungen, Interviews, Theaterstücke
Sowie ein längeres Werk vom Karpfenessen
Achtstrophig und in Vierzeilern, doch reimlos
Veröffentlicht) und dann, erinnernd, möchte ich
Stehend auf Festem wie auf Mickels Tisch
Ausrufen, laut, zumindestens vernehmlich:
CZECHOWSKI, STATT DER ODEN AUF DEN KARPFEN
GIB UNS DEN KARPFEN, GLEICH! Die Stimme bricht mir.

JÜRGEN BECKER *Kontaktperson*

In Gedanken (ich könnte es am Telefon sagen
vielleicht) beschreibe ich einen Weg: fahren Sie
so und dann so
– ich unterbreche
und blicke hoch, wo sind wir denn eigentlich,
was ist das für eine zerfetzte Gegend,
die ich beschreibe wie eine Idylle –
Arbeitsessen,
wäre ein Anlaß, weil ich Sie anders nicht
kennenlernen kann (und ich wollte wirklich
an Sie ran, rein menschlich); anstrengend,
Small-Talk zu spielen; ich denke, Sie wissen
das auch, aber wir meinten
etwas ganz anderes –
wie meinten Sie das,
rein menschlich. Ich meine, ich rede dumm
(am Telefon immer die schnellen Wörter), aber
etwas außerhalb unserer Funktionen, ohne
Rücksicht auf die Verwaltung (hören Sie, auch dort
sitzen Menschen), ich meine etwas Gestrüpp
und den Seitenweg, überraschende Schneisen,
eine schweigende Wiese
– also die Ausfahrt,
aber achten Sie auf Beschilderung, und
ich bereite ein Essen vor, zum Vergessen,
zur Sache unserer Probleme
– in Gedanken,

noch einmal, weil jetzt ich allein bin,
mit im Zimmer Gespenster, erfundene Gesten,
studierte Repliken, und alles, damit
wir nicht gleich aus der Hüfte –
                                        Sie sehen,
ich denke so oder so an Sie, eine Ausfahrt,
ein Abend, kalkulierter Kontakt. Ich kenne Sie
nicht, gleichgültig bin ich Ihnen, vielleicht
wieder später, bis dahin.

Rolf Dieter Brinkmann
Hymne auf einen italienischen Platz

O Piazza Bologna in Rom! Banca Nazionale Del
Lavoro und Banco Di Santo Spirito, Pizza Mozzarella
Barbiere, Gomma Sport! Gipsi Boutique und Willi,
Tavola Calda, Esso Servizio, Fiat, Ginnastica,

Estetica, Yoga, Sauna! O Bar Tabacci und Gelati,
breite Hintern in Levi's Jeans, Brüste oder Titten,
alles fest, eingeklemmte, Pasticceria, Marcelleria!
O kleine Standlichter, Vini, Oli, Per Via Aerea,

Eldora Steak, Tecnotica Caruso! O Profumeria
Estivi, Chiuso Per Ferie Agosto, o Lidia Di Firenze,
Lady Wool! Cinestop! Grüner Bus! O Linie 62 und 6, das
Kleingeld! O Avanti grün! O wo? P. T. und Tee Fredo,

Visita Da Medico, Ocultista, Lenti A Contatto!
O Auto Famose! Ritz Cräcker, Nuota Con Noi, O Grazie!
Tutte Nude! O Domenica, Abfälle, Plastiktüten, rosa!
Vacanze Carissime, O Nautica Haut, Rücken, Schenkel

gebräunt, o Ölfleck, Ragazzi, Autovox, Kies! Und Oxford,
Neon, Il Gatto Di Brooklyn Aspirante Detective, Melone!
Mauern! Mösen! Knoblauch! Geriebener Parmigiano!
O dunkler Minimarket Di Frutta, Istituto Pirandello, Inglese

Shenker, Rolläden! O gelbbrauner Hund! Um die Ecke
Banca Commerziale Italia, Flöhe, Luftdruckbremsen, BP
Coupons, Zoom! O Eva Moderna, Medaglioni, Tramezzini,
Bollati! Aperto! Locali Provvisori! Balkone, o Schatten

mit Öl, Butter, Trasferita! O Ente Communale Di
Consumo, an der Wand! O eisern geschlossene Bar Ferranzi!
O Straßenstille! Guerlain, Hundeköttel, Germain Montail!
O Bar Fascista Riservata Permanente, Piano! O Soldaten,

Operette, Revolver gegen Hüften! O Super Pensione!
O Tiergestalt! O Farmacia Bologna, kaputte Hausecke,
Senso Unico! O Scusi! O Casa Bella! O Ultimo Tango
Pomodoro! O Sciopero! O Lire! O Scheiß!

Elias Canetti *Der Fehlredner*

Der Fehlredner sucht sich zum Reden Leute aus, die nicht wissen, wovon er redet. Er kennt den ratlosen Blick, das hilflose Blinzeln, wenn er jemanden anspricht, und nur wenn es hilflos genug ist, wirft er sich in eine Rede. Da fliegen ihm die Einfälle nur so zu, Argumente, auf die er sonst nicht verfiele, stehen ihm in Hülle und Fülle zur Verfügung, er fühlt, wie er alles verwirren kann, bis zur dunkelsten Begeisterung steigert er sich, rings um ihn orakelt die Atmosphäre.

Aber wehe, wenn es über das Gesicht des Angesprochenen zuckt, wie plötzliche Einsicht, wie Verständnis – dann sackt der Fehlredner in sich zusammen, verheddert sich, stottert, stockt, probiert es in peinlichster Verlegenheit noch einmal und wenn er merkt, daß das alles umsonst ist, daß der andere versteht und entschlossen ist, auf seinem Verständnis zu beharren, gibt er's auf, verstummt und wendet sich brüsk ab.

Solche Niederlagen sind aber nicht häufig. Meist gelingt es ihm, unverstanden zu bleiben. Er hat Erfahrung und sucht sich die Leute aus, er wendet sich nicht an jeden. Er kennt diese Sorte, die auf alles eingeht. Als ob jemand ahnen könnte, wovon er zu sprechen gedenkt! Er weiß es selber nicht vorher; nirgends, auch in den Sternen nicht, steht geschrieben, was er sagen wird, wie soll es ein anderer wissen? Der Fehlredner ahnt, daß Inspiration blind ist. Nur am Nichts sei es ihr gestattet, sich zu entzünden. Leicht wäre es, von den Verirrungen auszugehen, in denen niedere Naturen sich gefallen. Er trägt die Welt als Chaos in sich. Ihm ist das Chaos eingeboren, in hundert Jahren einmal erwählt es sich einen Träger: ihn.

Man könnte meinen, es wäre das Erhabenste für ihn, das Chaos mit sich selber auszumachen. Man stellt sich den Fehlredner vor, wie er nur zu sich allein spricht. Aber das ist ein unverzeihlicher Irrtum. Der Fehlredner vermag es nur, sich an der Verstocktheit anderer zu entfachen. In dieser dichtbevölkerten Stadt geht er auf und ab und im Kreis herum, bleibt vor diesem stehen oder jenem, wirft einen nichtssagenden Köder aus, beobachtet seine Wirkung und nur wenn er die Ratlosigkeit gewahrt, die er sich wünscht, legt er los und erhebt sich zu seinem Chaos.

THOMAS BERNHARD *Der Stimmenimitator*

Der Stimmenimitator, der gestern abend Gast der chirurgischen Gesellschaft gewesen ist, hatte sich nach der Vorstellung im Palais Pallavicini, in welches ihn die chirurgische Gesellschaft eingeladen gehabt hatte, bereit erklärt, mit uns auf den Kahlenberg zu kommen, um auch da, wo wir immer ein allen Künstlern offenes Haus haben, seine Kunst zu zeigen, natürlich nicht ohne Honorar. Wir hatten den Stimmenimitator, welcher aus Oxford in England stammte, aber in Landshut zur Schule gegangen und ursprünglich Büchsenmacher in Berchtesgaden gewesen war, gebeten, sich auf dem Kahlenberg nicht zu wiederholen, sondern vor uns etwas vollkommen anderes vorzuführen als in der chirurgischen Gesellschaft, also vollkommen andere Stimmen auf dem Kahlenberge zu imitieren als im Palais Pallavicini, was er uns, die wir von seinem im Palais Pallavicini vorgetragenen Programm begeistert gewesen waren, versprochen hatte. Tatsächlich imitierte uns der Stimmenimitator auf dem Kahlenberg vollkommen andere mehr oder weniger berühmte Stimmen als vor der chirurgischen Gesellschaft. Wir durften auch Wünsche äußern, die uns der Stimmenimitator bereitwilligst erfüllte. Als wir ihm jedoch den Vorschlag gemacht hatten, er solle am Ende seine eigene Stimme imitieren, sagte er, das könne er nicht.

MAX FRISCH
Notizen zu einem Handbuch für Anwärter

Wenn einer in Gesellschaft es darauf anlegt, daß wir schätzen, wie alt er sei, und scheinbar vergnüglich auf unsere Schätzungen wartet – ich schätze: So Ende 30. Sein Lächeln zeigt leichte Enttäuschung; offenbar hat er auf einen krasseren Irrtum gehofft. Jemand liefert ihm höflich: 35. Der Mann treibts wie bei einer Auktion: 35 zum letzten? Schließlich könnte man ausrechnen, aber so groß ist unsere Neugierde nicht, und der Mehrheit würde es genügen: So Ende 30. Er trägt eine Hornbrille, das macht ihn vielleicht etwas älter; er nimmt die Hornbrille ab. Eine reifere Frau bietet schmeichelhaft:

39. Jetzt wird's Zeit, sonst steigert noch jemand; jetzt muß er mit dem Geständnis heraus: 40! Er sagt es mit Ausrufzeichen ... Der Vor-Gezeichnete genießt es, wenn man jünger schätzt, und sei's auch nur um ein Jahr, und er genießt es auch wieder nicht. Er ist nämlich trotzdem 40.

Der Vor-Gezeichnete verrät sich dadurch, daß er öfter als bisher von diesem oder jenem Zeitgenossen sagt: Der ist ja senil! Umgang mit Greisen wird ihm lästiger als bisher; er kann sie nicht mehr komisch finden –

Treibt er Sport (beispielsweise Ski), so ertappt sich der Vor-Gezeichnete dabei, daß er, wenn Junge zugegen sind, schneller fährt, als er eigentlich Lust hat –

Es freut ihn nicht, Leute seines Jahrgangs begrüßen zu müssen, ehemalige Mitschüler mit Bauch und Glatze; er ist bei solchen Anlässen etwas verlegen, vorallem wenn ihn eine Freundin begleitet, eigentlich auch sonst.

Sicheres Symptom: Alkoholismus –

Intellektuelle machen die Erfahrung, daß ihre ersten Reaktionen auf eignes Altern primitiver sind als ihre sonstige Verhaltensweise: plötzlich gefällt sich ein Intellektueller darin, daß er auf öffentlichen Treppen leichthin zwei Tritte wie einen einzigen nimmt.

Die jüngeren und jüngsten Zeitgenossen gelten zu lassen, wenn sie in seinem Fach auftreten, fällt dem Vor-Gezeichneten schwerer als dem Gezeichneten. Er ertappt sich dabei, daß er alles, was von Jüngeren kommt, als bloße Mode bezeichnet – wobei dieser Begriff für ihn genau dort beginnt, wo er trotz versuchter Anpassung nicht mehr Schritt hält.

PS. Der Gezeichnete neigt wieder zum Gegenteil: er wittert in manchem, was nur Mode ist, sofort das Epoche-Machende und gefällt sich als Vorkämpfer.

Früh-Senilität bei ehemaligen Wunderkindern.

Neigung zur Hypochondrie: der Vor-Gezeichnete hofft noch allen Ernstes, daß dieses oder jenes Zeichen von Senilität, das ihn erschreckt, bloß ein Zeichen von Krankheit sei – heilbar oder unheilbar, jedenfalls bloß körperlich.

Da er von der Umwelt vorderhand nicht auf sein Altern aufmerksam gemacht wird (nicht wie später, wenn jeder Kellner, sobald es ans Zahlen geht, keinen Hehl daraus macht, wer da am Tisch der Alte ist), hält der Vor-Gezeichnete es für ein topsecret, daß er altert – Ausreden für seine Depression: es deprimieren ihn die politischen Verhältnisse, die Kultur-Industrie, die Ohnmacht der Intelligenz in einer verwalteten Gesellschaft usw.

Ein 40jähriger, der überall die exquisite Küche sucht (sofern er es sich leisten kann) und beim Speisen unentwegt über Speisen redet: ein Feinschmecker – ein Vor-Gezeichneter.

Seine Angst, keine Einfälle mehr zu haben – dabei hat er Einfälle wie eh und je, nur ergibt er sich ihnen nicht ohne weiteres: der Vor-Gezeichnete kennt schon die Art seiner Einfälle.

Er läßt keinesfalls zu, daß man ihm den Mantel hält. Wo es bei einer gemütlichen Zusammenkunft einmal an Sesseln fehlt, gehört er zu jenen, die sich auf den Boden hocken. Er benutzt keinesfalls die Leiter ins Schwimmbecken, sondern springt. Wenn man Smoking tragen muß, zeigt er eine burschikose Haltung, Hände in den Hosentaschen. Beim Wandern mit Jüngeren trägt er den Rucksack usw. – zugleich macht er auf seine ersten grauen oder weißen Haare aufmerksam: als sei das Natürliche in seinem Fall sozusagen eine Kuriosität.

Das Verhältnis zwischen Gezeichneten und Vor-Gezeichneten ist für den Gezeichneten leichter als für den Vor-Gezeichneten, der auf jede Anbiederung von Geronten, selbst von verdienstvollen, allergisch ist – der Vor-Gezeichnete betont dann gerne die Distanz, indem er sich bescheiden gibt.

Sein Stimulans: Aktivität.

Zukunft ... Für den jungen Menschen: eine Summe vager Möglichkeiten (irgendwann einmal wird er heiraten, später einmal, vielleicht auch nie, vielleicht wird er einmal ein Star, vielleicht auch nicht, vielleicht wird er irgendwohin auswandern.) ... Für den Vor-Gezeichneten ist die Zukunft ebenfalls ungewiß, aber schon eine absehbare Zeit, keinesfalls hoffnungslos, eine Summe abschätzbarer Möglichkeiten (er kann noch Bundesrat werden, aber dann müßte es bald geschehen) ... für den Gezeichneten ist die Zukunft alles, wofür er nicht mehr in Frage kommt, eine Summe definitiver Unmöglichkeit (er wird nicht mehr Segelflieger werden, er wird die Landung auf dem Mars nicht mehr sehen, nicht einmal den neuen Hauptbahnhof in Zürich usw.) ... Der Vor-Gezeichnete spricht am meisten von der Zukunft, von seinen Plänen.

Er verrät sich zuweilen durch Taktlosigkeit; gegenüber Leuten, die um Jahrzehnte älter sind, betont der Vor-Gezeichnete, daß er nicht mehr der Jüngste sei – wogegen er gegenüber Jungen gerne betont, was er schon geleistet hat. Der Vor-Gezeichnete bringt immer die Altersfrage hinein.

Blick für die Alters-Veränderungen bei andern. Bisher konnte er sich einen Greis immer nur als Greis vorstellen; neuerdings meint er, wenn er einen Greis anschaut, ungefähr zu erraten, wie dieses Gesicht vor 30 Jahren ausgesehen hat ... Er sieht sich selbst ungern in einem Album: als Student, als Lehrling, als Rekrut usw.

Peter Bichsel *Wege zum Fleiß*

Sie kennen die Geschichte. Nehmen Sie es mir nicht übel, wenn ich annehme, daß Sie sie als fast selbst erlebt weitererzählt haben, ich tu' es auch. Mythen und Legenden haben so ihre Kraft, man muß sie weitererzählen.

Also: Der, der mir das erzählt hat, hat es direkt von einem, dem es einer erzählt hat, der den entsprechenden Personalchef kennt.

Also: Ein Stellensuchender kommt zu einem Personalchef. Jener ist bereit, ihn einzustellen, und weist mit Stolz darauf hin, daß in dieser Firma noch voll gearbeitet werde. »Was, sie arbeiten am Freitag?« sagt der Stellensuchende, »das interessiert mich nicht, ich wünsche Kurzarbeit.« Also, Hand aufs Herz, Sie kennen die Geschichte, und also, Hand aufs Herz, Sie haben Sie weitererzählt, in der Überzeugung, daß es diesen Personalchef gibt und daß der, der Ihnen das erzählt hat, einen kennt, der ihn kennt, aber – Hand aufs Herz – kennen Sie den Stellensuchenden und kennen Sie den Personalchef?

Gut, ich kann mir vorstellen, daß ein Personalchef zu finden ist, der diese Geschichte bezeugt. Ich kann mir sogar vorstellen, daß sie wahr ist. Aber sie wird mir ein bißchen zu oft erzählt, so als ob sie jeden Tag an jedem Ort und jedem Personalchef passieren würde.

Eine Wanderanekdote mit Methode: Was sich ein Arbeiter gefallen lassen muß, das soll ihm auch gefallen.

Eine andere Geschichte – sie wird nicht so oft erzählt. Sie ist wahr: Ein älterer Arbeiter verstaucht sich bei der Arbeit die Hand. Er geht zu seinem Hausarzt, den er seit Jahren nicht mehr beanspruchen mußte, und dieser stellt fest, daß die Hand zur Heilung einige Tage vollkommene Ruhe brauche. Die Firma ruft den Arzt an und erklärt, daß sie solche Zeugnisse nicht mehr akzeptieren könne, entweder arbeite der Mann, oder man müsse ihn entlassen, denn jetzt, wo sie so viele Leute hätten entlassen müssen, seien sie auf den letzten Mann voll und ganz angewiesen, um den Betrieb aufrechterhalten zu können.

Ich weiß nicht, wie oft diese Geschichte wirklich passiert, ich weiß nur, daß sie weniger oft erzählt wird – sehr wahrscheinlich, weil sie weniger lustig ist.

Und ich weiß, daß es Ärzte gibt, die vor ernsten Gewissensfragen stehen, wenn noch nicht ausgeheilte Patienten darum bitten, wieder arbeiten zu dürfen, weil sie Angst haben, sonst ihre Stelle zu verlieren.

Die Unternehmer stellen es mit Begeisterung fest – weniger Absenzen und höhere Arbeitsleistung. Und nicht nur Unternehmer finden das richtig, sondern es gibt auch Arbeiter, die diese Geschichte hören und weitererzählen.

Nun tut man plötzlich so, als ob der Schweizer Arbeiter der faulste, der unzuverlässigste, unbrauchbarste und versoffenste aller Arbeiter gewesen wäre.

Nur weil er heute mit Fieber arbeiten geht, wirft man ihm vor, daß er früher den Rat des Arztes befolgte, denn nun erbringt er ja den Beweis, daß er früher nicht das Letzte eingesetzt hat bei seiner Arbeit – nämlich sein Leben. Nun gehört er seiner Arbeit endlich ganz, nun weiß er endlich wieder, für was er zu leben und für was er zu sterben hat. Es gibt nun wieder einen Arbeitsmarkt, d. h. man kann wieder auf dem freien Menschenmarkt Arbeit einkaufen – und man kann die Situation mit Geschichten bagatellisieren und die Arbeiter mit Geschichten disziplinieren. Es wird endlich wieder gezittert bei der Arbeit, sie kommt endlich wieder aus dem Verdacht, etwas mit Menschenwürde und Selbsterfüllung zu tun zu haben.

Ich kenne Ausländer, denen es vor Jahren schon sehr schwer gefallen ist, sich an den hektischen schweizerischen Arbeitsrhythmus zu gewöhnen, und die davon sprachen, daß nirgends auf der Welt so geschuftet werde wie hier. Ich glaube, das hat mitunter mit schweizerischem Temperament zu tun und nicht etwa mit der Bösartigkeit schweizerischer Unternehmer. Es sieht aber so aus, als sei ihnen dieser freiwillig fleißige Arbeiter ein Dorn im Auge gewesen. Nun soll er nachträglich dafür geprügelt werden, daß er früher freiwillig zuverlässig war.

(Nebenbei: Ist Ihnen aufgefallen, daß das Wort »Arbeiter« wieder brauchbar geworden ist? Das Ersatzwort »Arbeitnehmer« will nicht mehr so richtig funktionieren.)

Eine dritte Geschichte – auch eine, von der ich annehme, daß sie nicht häufig ist: Ich treffe in der Wirtschaft Kamerad X. aus dem Militär. Er hat – wie immer, wenn ich ihn hier treffe – etwas viel getrunken. Und er hat – wie immer, wenn er etwas viel getrunken hat – den Eindruck, daß er der einzige ist, der weiß, was die Welt kostet. Typ Provinzplayboy, geckig und nicht unfröhlich. Er sei Millionär, sagt er, und wir Arschlöcher seien das alle nicht. (Er ist es übrigens.) Und er sei Millionär, sagt er, weil er sehr intelligent sei. (Er ist – ich lege die Hand dafür ins Feuer – strohdumm, aber er hat so ein kleines Uhrenbudeli und jetzt dazu noch das Glück, daß er jenen Bestandteil herstellt, den wir noch gut exportieren können.)

Eigentlich hätte ich ihm gewünscht, daß er ganz tüchtig verprügelt worden wäre. In jener Wirtschaft sitzen viele Arbeitslose, aber die haben ihn – nachdem er gegangen war – sehr gelobt. Das sei ein ganz gescheiter Kerl, sagen sie, und der hätte ganz unten angefangen und es zu etwas gebracht.

Da wurde mir etwas klar. Es gibt gar keine Fronten zwischen Unternehmern und Arbeitern, und die Unternehmer laufen in keine Gefahr, wenn sie provozieren, denn diese Arbeiter glauben nach wie vor an die Möglichkeit, auch Unternehmer werden zu können, und sie denken im voraus mit ihnen und erzählen ihre Geschichten weiter.

So also zum Schluß eine Geschichte, die nicht wahr ist:

Als die Gazellen von den Löwen Mitbestimmung forderten, waren die Löwen dagegen. »Es kommt noch so weit, daß die Gazellen bestimmen, wenn wir fressen«, sagten die Löwen. Sie beriefen sich auf eine unverdächtige Studie des WWF und sprachen von Wildpartnerschaft bei klarer Kompetenzentrennung: Fressen auf der einen Seite, Gefressenwerden auf der andern Seite. »Denn«, so sagten sie, »es liegt doch auf der Hand, daß einer nicht zugleich etwas vom Gefressen-Werden und vom Fressen verstehen kann. Und der Entscheid, jemanden zu fressen, muß schnell und unabhängig gefaßt werden können.«

Das leuchtete denn auch den Gazellen ein. »Eigentlich haben sie recht«, sagte eine Gazelle, »denn schließlich fressen wir ja auch.« – »Aber nur Gras«, sagte eine andere Gazelle. »Ja, schon«, sagte die erste, »aber nur weil wir Gazellen sind. Wenn wir Löwen wären, würden wir auch Gazellen fressen.«

– »Richtig«, sagten die Löwen.

Aber als Gleichnis für irgend etwas ist diese Geschichte unbrauchbar. Nicht etwa nur, weil Tiere nicht reden können, sondern vor allem, weil Gazellen und Löwen ganz verschiedene Tiere sind und keine Gazelle je die Chance haben wird, ein Löwe zu werden.

RALF THENIOR *Goldener Boden*

Laber nich sag was Trumpf is
und dann läuft die Sache wir
ziehn das Ding durch und dann
sehn wir weiter erstmal müssen
wir sowieso checken was für

Werkzeug wir brauchen wenn wir
das Ding nicht flanschen können
müssen wir natürlich nuten dazu
muß Vater einen Rohrmeiseldriller
und einen Zackenschneider haben
und möglicherweise den Flaschen-
habicht und die Haubenzwille
also mach zu

DIETER FORTE *Fugger macht ein Geschäft*

Fugger kniet in einem Betstuhl, einen Rosenkranz in den gefalteten Händen. Schwarz an einem Stehpult, darauf ein umfangreiches Buch. Die Buchhaltung der Fugger.

FUGGER: Der Anfang.

SCHWARZ: Gesamtkapital der Firma Jakob Fugger 19 679 100.

FUGGER *(bekreuzigt sich)*: Gelobt sei Jesus Christus,

SCHWARZ: in Ewigkeit, Amen – Wenn ich mir als Ihr Buchhalter die Bemerkung erlauben darf, Sie sind der reichste Mann Europas.

FUGGER: Die Geschäfte.

SCHWARZ: Albrecht von Brandenburg. *(Albrecht kommt und wartet)*

FUGGER *(im Gebet versunken)*: Warum Mainz?

ALBRECHT: Ich möchts halt haben, und es ist grad frei.

FUGGER: Das größte und reichste Bistum Deutschlands.

ALBRECHT: Das würd ich in Kauf nehmen.

FUGGER: Die Kirche verbietet Ämterhäufung.

ALBRECHT: Die Kirche verbietet viel.

FUGGER: Sie sind zu jung für das Amt eines Bischofs.

ALBRECHT: Ich bin Erzbischof von Magdeburg und Administrator von Halberstadt.

FUGGER: Und dazu noch Erzbischof von Mainz?

ALBRECHT: Ich denke, es ist eine Geldfrage.

FUGGER: Haben Sie Geld?

ALBRECHT: Wäre ich sonst hier?

FUGGER: Schwarz.

SCHWARZ: Das Erzbistum Mainz kostet an regulären Gebühren 1 400 000. Hinzu kommt ein Bestechungsgeld für den Heiligen Vater.

ALBRECHT: Bestechungsgeld? Ich bitte Sie.

FUGGER *(zu Schwarz)*: Eine Handsalbe.

SCHWARZ: Der Heilige Vater denkt an eine Handsalbe von 1 200 000.

ALBRECHT: Das ist keine Nächstenliebe.

SCHWARZ: Der Heilige Vater dachte dabei an die zwölf Apostel. Pro Kopf 100 000.

ALBRECHT: Waren das wirklich zwölf? Irrt sich der Papst da nicht?

Fugger: In Geldangelegenheiten ist der Papst unfehlbar.

Albrecht: Sagen wir 700 000, nach den sieben Todsünden.

Fugger: Sagen wir eine Million, nach den zehn Geboten, und Sie sind kulant bedient.

Albrecht: Das wären 2 400 000.

Fugger: 3 Millionen.

Albrecht: Zehn und vierzehn sind vierundzwanzig.

Fugger: Kaiser Maximilian will auch etwas haben. Das ist so üblich. Und das Haus Fugger kann leider nicht umsonst arbeiten.

Albrecht: 3 Millionen?

Fugger: Sachsen ist auch sehr interessiert.

Albrecht: Achtundzwanzig.

Fugger: Neunundzwanzig.

Albrecht: In Gottes Namen.

Fugger: Wie wollen Sie zurückzahlen? *(Albrecht zuckt die Schultern)*

Schwarz: Mainz ist eine reiche Stadt.

Albrecht: Der nacheinander drei Erzbischöfe verstorben sind.

Fugger: Also verarmt.

Schwarz: Der Herr Erzbischof übernimmt in Mainz ein wohleingerichtetes Bordell.

Albrecht: Ich bitte Sie, wer geht noch in den Puff, wo man es überall umsonst haben kann. Das Geschäft verfällt rapide.

Fugger: Da der Heilige Vater in seiner Weisheit das vorausgesehen hat, erlaubt er in seiner übergroßen Güte, daß wir eine neue Anleihe auflegen, den Petersdomablaß, und Sie als Ablaßkommissar einsetzen.

Albrecht: Sag ich doch, eine Geldfrage.

Fugger: Schwarz.

Schwarz: Laufzeit acht Jahre. 50 % der Einnahmen an den Heiligen Vater, 50 % für den Ablaßkommissar.

Albrecht: Das läßt sich hören.

Fugger: Allerdings werden die 50 % für den Heiligen Vater nicht mit den Mainzer Gebühren verrechnet.

Albrecht: Nicht?

Fugger: Und die andere Hälfte erlaube ich mir einzuziehen, bis Ihre Schuld bei mir getilgt ist. Zu diesem Zweck werden meine Leute Ihre Vertreter begleiten. Sie werden einen Schlüssel zu jeder Geldkiste haben und das eingelegte Geld kassieren.

Albrecht: Und was hab ich?

Fugger: Sie haben Mainz. *(Er erhebt sich aus dem Betstuhl)* Wenn ich Ihnen raten darf, nehmen Sie den Tetzel. Ein erstklassiger Mann. Sehr viel Erfahrung. Und noch eins. Die Marktlage ist momentan schlecht. Preisverfall. Machen Sie die Sache also attraktiv. Sie müssen dynamisch anbieten. Mit dem üblichen Seelenheil ist nichts mehr zu verdienen. Verkaufen Sie den Ablaß auch für Tote.

ALBRECHT: Geht das?

FUGGER: Das geht nicht, aber man kann's machen. Und verkaufen Sie auch an die, die nicht bereuen.

ALBRECHT: Kann man das?

FUGGER: Man kann's nicht, aber es geht. Vor allem bringt es Umsatz.

ALBRECHT: Ich versteh von theologischen Dingen nichts.

FUGGER: Eine gute Bankverbindung genügt.

SCHWARZ: Wir verfügen über eine große Wertpapierabteilung, die jede Bewegung auf dem Ablaßmarkt genau verfolgt und unsere Kunden vorrangig unterrichtet.

ALBRECHT: Wo darf ich verkaufen?

FUGGER: Nicht in Sachsen.

ALBRECHT: Ohne Sachsen lohnt es nicht.

FUGGER: Nicht in Sachsen. Friedrich hat seine eigenen Ablässe, und diese Mainzer Geschichte paßt ihm sowieso nicht.

ALBRECHT: Bergwerke müßte man haben.

FUGGER: Sie sammeln ja Bistümer. *(Alle drei ab)*

GÜNTER HERBURGER *Birne macht Reklame*

Reklame ist etwas, an das alle Menschen gewöhnt sind. Sie fangen nicht an zu lachen, wenn auf dem Fernsehschirm gezeigt wird, daß Vanilleeis gut schmeckt, obwohl Schokoladeeis viel besser schmeckt. Die Eisschränke würden hundert Jahre Eis produzieren, behauptet die Reklame. Seife schäume, daß man mit dem Fahrrad durch die Schaumberge fahren könne. Büstenhalter seien so haltbar, daß nicht einmal Ratten sie auffressen könnten. Dosenmilch rinne aus wunderschönen Kühen, obwohl jeder weiß, daß Mehl in die Sahne gerührt wird, um sie dick zu machen. Und das Zigarettenmännchen beruhigt sich erst, wenn es eine Zigarette erhält. Wer raucht, bekommt jedoch einen schlechten Magen und dünnes Blut und einen stinkenden Mund und zittert und tobt und schwitzt und rast in der Gegend herum, genau wie das Zigarettenmännchen. In Wirklichkeit regen Zigaretten auf. Leicht zu begreifen, sobald man sich vorstellt, daß man nie mehr etwas trinken müßte, wenn man viel Suppe essen würde. Ißt man aber Suppe, kann man trotzdem noch trinken. Reklame lügt also.

Nachts rast Birne über die Stadt hin und her und zeichnet eine gelbe Schrift an den Himmel. Sie heißt: PIPI TRINKEN!

Die Leute in der Stadt sehen die Schrift zuerst nicht, nur ein Lastwagenfahrer entdeckt sie, weil er gerade rückwärts an eine Wand gefahren ist und aus dem Führerhaus steigt, um nachzusehen, wieviel an seinem Lastzug kaputt ist. Pipi trinken, überlegt er, Pipi? Ich will Bier trinken, den Ärger herunterspülen. Er fährt seinen Lastwagen, der nur ein paar Schrammen und ein zerbrochenes Rücklicht hat, auf einen Parkplatz und geht in die nächste Kneipe. Er möchte ein Pipi, sagt er, ein Pipi. Er sagt nicht, ein Bier, meint es aber.

»Wir haben kein Pipi«, sagt der Wirt.

»Was, Sie haben kein Bier«, sagt der Lastwagenfahrer.

»Sie sagten Pipi«, sagt der Wirt.

»Ich sagte Pipi und Pipi meine ich«, sagt der Lastwagenfahrer.

»Nein, Bier sagte ich und Pipi meine ich! Nein, Bier! Nein, Pipi!«

»Schweinerei«, schreit der Wirt. »Brauereien machen Bier, Pipi machen Sie selber. Raus mit Ihnen!«

»Wer mich anrührt, kriegt eine gescheuert«, schreit der Lastwagenfahrer. »Ich trinke, was ich will! Pipi und Bier, nein nur Bier, nein nur Pipi. Ich trinke überhaupt nichts mehr.«

Er läuft aus der Kneipe. Auf der Straße bleibt er stehen und blickt nach oben. Am Himmel steht immer noch PIPI TRINKEN. Der Lastwagenfahrer stürzt wieder in die Kneipe und ruft, er wolle endgültig Pipi, das sei ein neues Getränk, am Himmel stehe es geschrieben. Die Gäste rennen aus der Kneipe und lesen den Reklamespruch, der über ihnen leuchtet. Pipi kann man nicht trinken, rufen sie, doch wenn es am Himmel steht, muß es doch möglich sein?

»Ich habe nur Bier«, schreit der Wirt verzweifelt, »ich habe kein Pipi von der Brauerei!«

»Wir wollen aber Pipi«, sagen die Gäste und rufen, »Pipi, Pipi, Pipi!«

»Macht euer Pipi allein«, sagt der Wirt. Er geht auf den Abort und schließt sich ein.

Birne hat gemerkt, daß in der Stadt unten nicht nur der Lastwagenfahrer Pipi trinken möchte, sondern auch andere Leute. Niemand weiß mehr genau, ob man nun Pipi trinken kann oder nicht. Nur die Kinder wissen es. Sie sagen, natürlich könne man Pipi trinken, es schmecke salzig und bitter. Die Erwachsenen würden sich nur nicht trauen, es zu versuchen, sonst wüßten sie schon lange, daß es nicht gut schmeckt.

Birne malt in Rot eine neue Schrift an den Himmel. Sie heißt: POPO MALEN. Birne rast wie ein Düsenjäger im Kreis und muß, damit die Buchstaben stehenbleiben, ständig weiterfliegen. Wenn sie aufhört, erlischt die Schrift, nur noch ein Punkt bleibt übrig, nämlich Birne selbst. Popo malen, Popo malen, überlegen viele und starren zum Himmel.

»Hosen runter«, rufen die Kinder.

»Wieso Hosen runter«, fragen die Erwachsenen.

»Hosen ausziehen und Wasserfarben her«, rufen die Kinder. Sie malen sich gegenseitig Streifen auf die Popos, Kringel und Flecken. Dann gehen sie durch die Straßen und zeigen sich gegenseitig ihre

Gemälde. »Wenn wir uns schon nicht trauen, Pipi zu trinken, wollen wir wenigstens auf Popos malen«, flüstern die Erwachsenen.

Und tatsächlich, in dieser Nacht gehen viele Erwachsene mit heruntergelassenen Hosen und bemalten Popos durch die Stadt und trinken gelbe Säfte wie Ananassaft und Zitronensaft, denn Pipi schmeckt wirklich schlecht. Birne aber malt einen neuen Reklamespruch an den Himmel. Er heißt: PIPAPO.

F. C. Delius
Moritat auf Helmut Hortens Angst und Ende

Horten liegt flach – im eignen Schweizer Gras und weiß
und grün und das Gesicht voll Schmerzen und Angst und Schweiß.
Was ist passiert? Es biß ihn eine böse Schlange,
er sah sie noch und schrie – doch sie ist weg schon lange.
Der Kaufhauskönig stöhnt, sein Leibarzt nimmt das Bein
und spritzt ihm gut gekühltes Schlangenserum ein,
das für den Notfall immer da ist, zu dem Zweck:
Dem guten Chef beißt ein Reptil das Leben weg.
Sein Arzt verfährt gewissenhaft, und doch, was nützt
das Serum, das er gegen diese Schlange spritzt,
denn die war giftig nicht, giftig war nur diese
Angst vorm Biß, vor jedem Angriff, jeder Krise:

Die Angst vor den zu faulen Angestellten,
die Angst vor nichtkapitalistischen Welten,
die Angst vor Steuern und Verlusten,
die Angst vor Gewerkschaften, den zahmen und bewußten,
die Angst, seine Frau als Witwe zu wissen,
die Angst, Macht und Geld vermindern zu müssen,
die Angst vor Kindern, die sein Lebenswerk verprassen
oder sich gar mit der Linken einlassen,
die Angst vor Krankheit und der schlechten deutschen Luft,
die Angst vor Konkurrenz, vor seinesgleichen, vorm Schuft,
und die Angst vor diesen tausend Kreaturen,
die nicht nach seinem Willen spuren.
Was nützt da die Spritze? Natürlich nix.
Ein Hausmädchen reicht ihm ihr Kruzifix.

Da liegt er jetzt im Garten seiner Villa im Tessin,
an dem zentralen Punkt, von dem aus, wies ihm selber schien,
er seine europäischen und geschäftlichen Interessen
sehr gut überblicken kann und auch, nach Wunsch, vergessen.

Da sieht er jetzt nur Beine und Gesichter, fassungslos,
in ihrer Mitte seine Frau, Frau Heidi, deren Schoß
er noch mal anstarrt, und die ihm aus dem Gesicht
den Schweiß wegwischt und mit ihm letzte Worte spricht.

Und in den paar Minuten, die er seinen Mund noch auf hat,
findet weiterhin der profitable Verkauf statt,
helfen ihm gut dreißigtausend Leute,
vergrößern ihm schnell noch die Ausbeutungsbeute,
steigt noch der Wert seiner Häuser und sonstigen Immobilien
in Österreich, Frankreich, Bahamas und in Brasilien,
steigt noch der Wert von Heidis Diamanten
und Tigerfellen, Hirschgeweihen und Brillanten,
werden der eigne Jet, die fünf Rolls-Royce und die Yacht
durch Abschreibung weiterhin fruchtbar gemacht,
schwitzen die von ihm bezahlten Politiker über Gesetzen,
die ihm genehm sind und seine Gegner zerfetzen.
In diesen paar Minuten, die das Herz noch zuckt,
verdient er Tausende an jeglichem Produkt,
verdient er noch im Tod, verdient er in der Hölle –
denn Heidis Kuß weckt ihn nicht auf und nicht des Hunds Gebelle.

So liegt ein König der Ware
von Angst gemordet auf der Bahre.

Gert F. Jonke *Fabriken*

Überall in der Landschaft sind rauchende Fabriken und dampfende Heizwerke aufgestellt.

Die meisten Leute sagen, eine solche Fabrik hatte die Form einer Halbkugel, aber das stimmt nicht ganz, denn über eine solche vermeintliche Halbkugel zieht sich ein Spalt, und dieser Spalt wird von den meisten Leuten übersehen; warum, ja warum eigentlich, das weiß man nicht so genau, jedenfalls wollen viele Leute von diesem Spalt nichts wissen, vermutlich wollen einige den Spalt nicht wahrhaben, vielen Leuten kommt dieser Spalt wahrscheinlich verdächtig vor, und es gibt auch Personen, die den Spalt, diesen unübersehbaren Riß quer über der vermeintlichen Halbkugel, für unanständig halten.

Der Spalt hat aber eine immense Bedeutung. Er beginnt, wie man sehen kann, am Fuße der einen Seite der vermeintlichen Halbkugel verhältnismäßig schmal noch, gräbt sich aber, je weiter er die vermeintliche Halbkugel hinaufklettert, immer breiter in die vermeintliche Halbkugel hinein, und die breiteste Stelle des Spaltes befindet sich dort, wo die vermeintliche Halbkugel am höchsten ist, nämlich am Zenit der vermeintlichen halbkugelförmigen Fabrik.

In der breitesten Stelle des Spaltes ganz oben befindet sich, was sich langsam immer mehr herumspricht, ein LOCH, ganz richtig, ein Loch, aus dem es raucht und zischt und pfeift und dampft und blitzt und pfaucht, manchmal poltert und knarrt es richtig, und manchmal saust auch unvermutet etwas heraus, etwas oft sehr Unglaubliches saust oft aus diesem Loch einfach heraus, und man möchte es gar nicht für möglich halten, mit was für einer Geschwindigkeit aus diesem Loch in der breitesten Stelle des Spaltes, der die vermeintliche halbkugelförmige Fabrik in zwei gleich große Hälften zu teilen scheint, oft die unglaublichsten Dinge herausgeschleudert werden. Aus solchen Spalten sind oft schon Dinge herausgesaust, von denen man nicht die geringste Ahnung hat.

Von der höchsten Stelle der vermeintlichen Halbkugel zieht sich der Spalt, der die »Halbkugelfabrik« in zwei gleich große arschbackenförmige Hälften teilt, wieder bergab, wird, je tiefer er hinabgleitet, desto schmäler, immer schmäler und ist am Fuße der anderen Seite der vermeintlichen Halbkugel, wie man sehen kann, ganz schmal. Sollte in einem solchen Riesengestell ein Elektrizitätswerk untergebracht sein, kann man das daran erkennen, daß sowohl aus dem Loch ganz oben als auch aus anderen Stellen eines solchen Spaltes eiserne Stangen, Masten und Hochspannungsmasten herausragen, an denen Drähte angeschlossen sind, die dann mit dem in ihnen fließenden elektrischen Strom von Landschaft zu Landschaft gespannt werden.

Und wie bezeichnet man die Form solcher »Halbkugelfabriken«, wie sie fälschlicherweise genannt zu werden pflegen?

Nein, es handelt sich um keine Halbkugel, wie viele Leute fälschlicherweise zu glauben pflegen, es handelt sich um einen, wie man sagt, *Hintern,* ganz richtig, ein riesiges Hinterteil oder noch einfacher, es handelt sich um nichts anderes als um einen überdimensionalen *Betonarsch.*

Solche industriellen Anlagen sind durchschnittlich sechzig bis achtzig, manchmal sogar hundert und in mehreren Fällen sogar mehrere hundert Meter hoch, und so kommen wir zu unserem ganz besonderen Glück, in unserer Landschaft einige hundert, wenn nicht einige tausend riesige Betonärsche aufgestellt zu wissen, aus denen es andauernd raucht und faucht und pfaucht und klirrt und sirrt und summt und brummt und poltert, klappert, kreischt, zischt, blitzt und rumort, daß die ganze Landschaft zittert: ein deutlich überall vernehmbares Bumsen.

Den industriellen Anlagen hat man deshalb ausgerechnet eine solche äußere Form zugedacht und gegeben, um vermutlich den Bediensteten und Angestellten und Arbeitern das beruhigende Gefühl vermitteln zu können, daß man täglich bei Arbeitsbeginn die Möglichkeit hat, *in den einem zukommenden jeweiligen Hintern hineinzusteigen*, hineinzugehn, *hineinzukriechen*, und man glaubt, es der arbeitenden Bevölkerung schuldig zu sein, ihr die einmalige Chance zu geben, die Arbeitszeit unter dem Schutz *eines jeweiligen Arschloches* verbringen zu können.

Es gibt aber auch Leute, die dieses beruhigende Gefühl nicht nur in ihrer Arbeitszeit, sondern auch in ihrer Privatzeit haben wollen. Solche Leute lassen auch ihren Wohnungen und Eigenheimen eine solche Form zukommen.

Es gibt auch Wirtshäuser, Gaststätten, Rasthäuser, Hotels, Ferienheime, ja sogar Schulen, wissenschaftliche Institute und Universitäten, die eine solche arschmäßige Form angenommen haben, auch Kirchengebäude gibt es in dieser Fasson, Versammlungsstätten, Interessenverbände, es gibt ganze Dörfer, die nur aus solchen Hintern bestehen, ganze Siedlungen sind und werden arschförmig gebaut, und in den Städten wimmelt es oft nur so von Arschlöchern.

Das Land ist bald voll von Hintern und Hinterteilen, und die uns umgebende Landschaft ist schon fast nichts anderes mehr, als eine einzige *Hinterteilsgestellslandschaft.*

Robert Jungk *Der Atomstaat*

Mit der technischen Nutzbarmachung der Kernspaltung wurde der Sprung in eine ganz neue Dimension der Gewalt gewagt. Zuerst richtete sie sich nur gegen militärische Gegner. Heute gefährdet sie die eigenen Bürger. Denn »Atome für den Frieden« unterscheiden sich prinzipiell nicht von »Atomen für den Krieg«. Die erklärte Absicht, sie nur zu konstruktiven Zwecken zu benutzen, ändert nichts an dem lebensfeindlichen Charakter der neuen Energie. Die Bemühungen, diese Risiken zu beherrschen, können die Gefährdungen nur zu einem Teil steuern. Selbst die Befürworter müssen zugeben, daß es niemals gelingen wird, sie ganz auszuschließen. Der je nach Einstellung als kleiner oder größer anzusehende Rest von Unsicherheit birgt unter Umständen solch immenses Unheil, daß jeder bis dahin vielleicht gewonnene Nutzen daneben verblassen muß.

Nicht nur würde eine durch technisches Versagen, menschliche Unzulänglichkeit oder böswillige Einwirkung hervorgerufene Atomkatastrophe unmittelbar größten Schaden stiften, sondern über Jahrzehnte, Jahrhunderte, unter Umständen sogar Jahrtausende weiterwirken. Dieser Griff in die Zukunft, die Angst vor den Folgeschäden der außer Kontrolle geratenen Kernkraft wird zur größten denkbaren Belastung der Menschheit: sei es als Giftspur, die unauslöschlich bleibt, sei es auch nur als Schatten einer Sorge, die niemals weichen wird.

Solch dunkle Möglichkeiten müssen auch den Befürwortern der Atomindustrie bekannt sein. Sie sind allerdings überzeugt, sich und ihre Mitbürger schützen zu können, indem sie Sicherheitsmaßnahmen einführen, wie sie es nie zuvor gab. Müßte dieser Schutz nur technischer Natur sein, dann wäre er vor allem ein Problem der Ingenieure und – wegen seiner besonders hohen Kosten – der Ökonomen. Aber diese Erfindung der Menschen muß ja zudem so streng wie keine andere vor den Menschen selbst bewahrt werden: vor ihren Irrtümern, ihren Schwächen, ihrem Ärger, ihrer List, ihrer Machtgier, ihrem Haß. Wollte man versuchen, die Kernkraftanlagen dagegen völlig immun zu machen, so wäre die unausweichliche Folge ein Leben voll Verboten, Überprüfungen und Zwängen, die in der Größe der unbedingt zu vermeidenden Gefahren ihre Rechtfertigung suchen würden ...

Man wird mit Sicherheit den Einwand erheben, über diese Problematik müsse ohne Emotionen geschrieben und gesprochen werden. Das ist die heutige Version der biedermeierlichen Beschwichtigung: »Ruhe ist die erste Bürgerpflicht.« Wer den Ungeheuerlichkeiten, die der Eintritt in die Plutoniumszukunft mit sich bringen muß, nur mit kühlem Verstand, ohne Mitgefühl, Furcht und Erregung begegnet, wirkt an ihrer Verharmlosung mit. Es gibt Situationen, in denen die Kraft der Gefühle mithelfen muß, einer Entwicklung zu steuern und das zu verhindern, was nüchterne, aber falsche Berechnung in Gang gesetzt hat ...

Nur wer sich Illusionen über die nukleare Zukunft hingibt, kann alle Gefahren des Mißbrauchs ausschließen. Die Vision von der perfekten inneren Sicherheit ist ein pures Wunschgebilde. Vielleicht wird es im Namen dieser unerreichbaren Vorstellung gelingen, die Atomindustrie-Staaten in Konzentrationslager zu verwandeln, aber Gewißheit gegen den Einsatz nuklearer Erpressung und Gewalt kann selbst dann niemand geben. Man darf ja in diesem Zusammenhang nicht nur an Erpressungsversuche von außen denken, man muß auch Putschversuche von innen ins Kalkül ziehen. In Garnisons-Gesellschaften ist die Chance innerer Auseinandersetzungen zwischen rivalisierenden Einheiten stets zu befürchten. Irgendwann einmal wird irgendeine mit dem nuklearen »Objektschutz« betraute Wachmannschaft mit dem »letzten Mittel« drohen. Wer kann solch mächtige Kontrolleure noch wirksam kontrollieren? In harten Regimes mit harten Machern an den Hebeln der Macht werden die Sicherheitsrisiken nur anfangs geringer, mit der Zeit aber erfahrungsgemäß größer. Der »harte Weg« der Tyrannen hat noch stets ins Unglück geführt. Diesmal könnte es eine nicht mehr gutzumachende Katastrophe sein.

Wolfgang Bächler *Stadtbesetzung*

Schwarze Wälder belagern die Stadt, haben sie lautlos umzingelt. Längst haben sie Vorposten an die Einfallstraßen gestellt, Spähtrupps, Vorhuten, Fünfte Kolonnen bis in den Stadtkern geschickt. Jetzt dringen sie nachts in die Vororte ein, schlagen sie Breschen in Villenviertel, stoßen an die Ufer des Flusses, die Böschungen der Kanäle vor und säumen alle Gewässer ein.

Pappelkolonnen sperren die Straßen ab, gliedern die Alleebäume ein, schließen zu dichteren Reihen auf, marschieren im Gleichschritt weiter. Tannen und Eschen befreien Gefangene in den Gärten und Parks, Friedhöfen und Hinterhöfen. Eichen und Buchen besetzen die Kreuzungen, Knotenpunkte, die großen Plätze, verbrüdern, verschwistern sich mit den Ulmen, Linden, Kastanienbäumen, sprengen die Ketten parkender Autos, drängen die Baumaschinen, Bauzäune, Grundmauern, Gerüste, Geländer zurück, schlagen Wurzeln in Gruben und Gräben.

Fichten umstellen die Amtsgebäude, das Rathaus, den Rundfunk, den Bahnhof, die Polizeiinspektionen, Gerichte, Gefängnis, das Arbeits- und das Finanzamt. Die Pappelfront hat die Kaserne erreicht, verteilt sich um die Gebäude. Ahornbäume füllen die Lücken, schreiten durchs Tor in den Hof. Machtlos klettern die Wachen mit ihren Gewehren die Äste hinauf in die Kronen, sehen vor lauter Bäumen die Stadt nicht mehr.

Geräuschlos, kampflos, ohne Verluste haben die Wälder die Stadt besetzt, erobern sie Heimatboden zurück, besiegen sie Steine, Stahl und Beton, verdrängen Verdrängte ihre Verdränger.

Kurt Marti *Problemlösung*

»Wir hoffen, daß wir dereinst, wenn wir unsere Probleme gemeistert haben werden, uns einer Gemeinschaft der galaktischen Zivilisationen anschließen können.« Dies unter anderem hat der Präsident der Vereinigten Staaten 1977 als Botschaft einer Weltraumsonde anvertraut, die unsere Gegenwart um Jahrmillionen überdauern, auch Jahrmillionen benötigen soll, ehe sie in die Nähe einer eventuellen galaktischen Zivilisation gelangen wird. Bis dann könnten wir unsere Probleme tatsächlich gelöst haben, vor allem das zentrale Problem »Mensch«: dieser wird vielleicht von der Bildfläche verschwunden sein, sich selbst zum Verschwinden gebracht haben. Unbedenklich werden die galaktischen Zivilisationen dann die Erde in ihre Gemeinschaft aufnehmen können.

Günter Kunert *Aufhören der Geschichte*

Sobald die schrumpfenden Restbestände menschlicher Vergangenheit nicht länger zu erhalten sind, die generelle Zerstörung von Domen, Tempeln, Säulen, Karyatyden, Türklingen, Fensterkreuzen, Hufnägeln, Schnürsenkeln durch Versäuerung der Luft, durch Verätzung des Regens, fressenden Schwefel unseres Atems unaufhaltsam wird, verbleiben eines Tages nur noch Bücher in besonders gesicherten Räumen: die Bestände fragwürdiger Historiographie, deren Geltung noch eine Weile vorhalten mag, aber im Verlauf einer Generation werden alle diese Folianten durch ihr abstraktes Wesen apokryph. Ohne Bestätigung ihres Inhalts durch gegenständlichen Beleg verlieren sie unmerklich aber sicher die Glaubwürdigkeit und verwandeln sich für den Leser, der nichts nachprüfen kann, zu Sagen und Märchen, ausgedacht von Leuten, denen die ewige Dauer der Gegenwart zu langweilig wurde, und die solchermaßen der Menschheit etwas zur allgemeinen Unterhaltung andichteten: eben eine Geschichte, die nichts weiter ist als sie selber.

Ernst Jandl *der schnitter*

es ist ein schnitter, der
schneidet brot und gibt
der frau ein stück
und jedem kind ein stück
und ein stück ißt er selber
und dann fragt er
wer hat noch hunger?
und schneidet dann weiter.
einem solchen Schnitter
möchtest du wohl gern
einmal begegnen.
außer er sagt zu dir:
komm her, du brot.

Nicolas Born *Entsorgt*

So wird der Schrecken ohne Ende langsam
normales Leben
Zuschauer blinzeln in den Hof
im Mittagslicht
Kleinstadt, harte Narbe ziegelrot
Gasthaus, wehende Gardinen

und am Schreibtisch ist jetzt gering
    der persönliche Tod
Ich kann nicht sagen, wie die Panik der Materie
    wirkt, wie ich in meiner Panik
die nicht persönlich ist, nur an die
    falschen Wörter komme.
Das sorgend Schöne fehlt mir an *Krypton* und
    Jod 129. Mir fehlt die Zukunft der Zukunft
mir fehlt sie.
Mir fehlen schon meine Kindeskinder
Erinnerung an die Welten
mir fehlen Folgen, lange Sommer am Wasser
harte Winter, Wolle und Arbeit

Hier entstehen Folgen starker Wörter
die leblos sind, das verruchte Gesindel
    spürt nichts, sie schließen die Kartelle
keine Ahnung was sie in die Erde setzen
Ahnung nicht, nur Wissen
was sie in die Erde setzen in Luft und Wasser
    für immer
kein Gefühl für »immer«. Den Tod
sonderbehandeln sie wie einen Schädling
der gute Tod vergiftet wie die liebe Not.
Was schändet ihr die Gräber meiner Kindeskinder
was plündert ihr den Traum der Materie,
den Traum der Bilder, des Gewebs, der Bücher
    Knochen.

Die Trauer ist jetzt trostlos
die Wut ohne Silbe, all die maskierte Lebendigkeit
all die würgende Zuversicht
Gras stürzt, die Gärten stürzen, niemand
    unterm Geldharnisch fühlt die Wunde
entsorgt zu sein von sich selbst.
Kein Gedicht, höchstens das Ende davon.
    Menschenvorkommen
gefangen in verruchter Vernunft, die sich
    nicht einmal weiß vor Wissenschaft.
Kein Schritt mehr frei, kein Atem
kein Wasser unerfaßt, käufliche Sommerspuren
die Haut der Erde – Fotoabzüge
die betonierte Seele, vorbereitetes Gewimmer
    das dann nicht mehr stattfindet
    vor Stimmgebrochenheit.

Winzige Prozeßrechnungen in der hohlen Hand
beleben die Erde, alleswissende Mutanten
dafür totaler Schutz vor Erfahrungen.
Lebensstatisten, Abgänger. Am Tropf
der Systeme.

Gekippte Wiesenböschung, Engel, ungewisse,
warmer Menschenkörper und Verstehn
Gärten hingebreitet, unter Zweigen Bänke ...
... Schatten ... Laub ... im Wind gesprochen
.... Samen

Christoph Meckel *Ein Wort*

»und keine Fackeln mitgebracht
aus dem lustigen Herbst«

Tag im September, Michaeliszeit – da stellt sich ein schwebendes Befinden ein, da werden die unbrauchbaren Verse gemacht. Durchsonnte Verschleierungen, geräuschlose Luft, das Lebensgefühl steigt mit dem Morgennebel – Atemholen, Erwachen am Ende des Sommers. Das ist die Provinz der Schafs- und Felsennasen, wo Füchse schrotdurchsiebt an den Ortsschildern hängen. Siebenschläfer, nachts im Unterholz pfeifend, verschlafen die Tage, im Ofen zusammengerollt. Taunasse Bienenkästen am Gebirge. Pappellaub auf der Straße nach Pommerol.

Lebensgefühl – ein Wort, das sich einstellen könnte, in allen Jahrzeiten möglich ist, am besten immer und überall möglich wäre. Es scheint sich um eine kostbare Sache zu handeln, empfindliches Gleichgewicht zwischen Ah und Oh, Ach und Krach, Immer und Nie. Ein Spitzentanz, ein geflügelter Sachverhalt. Es hat sich in diesen Tagen nicht eingestellt. Es macht sich bemerkbar, weil es fehlt. Stella entzieht sich, wenn ich das Wort erwähne, sie ist vernünftig und braucht solche Wörter nicht. Daß ich es ausspreche, scheint verfehlt, es gibt bestimmtere Sachen zu sagen, unverfängliche, die man beantworten kann. Der Echoraum des Wortes bleibt taub, die Krankheiten nehmen zu, ein kaltes Entbehren. Verfängliche Sätze, die Antwort bleibt aus.

Michaelis, Endmond aller Flammen – dies Jahr hat mich der Herbst im Stich gelassen. Das ist sein Recht, er tut es einmal mehr, das ist mir überall und schon immer passiert, das ist in Berlin und Djakarta vorgekommen, hat weder Selbstvertrauen noch Hoffnung verletzt. Es ist, seit ich von mir weiß, Bestandteil des Wissens, es hat die frühen Vernichtungen überlebt. Es hat überlebt, woran meine Freunde starben, es hat Geschichte und Biographie überlebt.

Es hat die Zukunft schon immer in Anspruch genommen, es hat schon immer sich selbst und nichts anderem vertraut. Aber in diesem Herbst bleibt die Freude aus.

Das Wort und was ihm gehört, scheint nicht wiederzukommen.

Vor ein paar Tagen, im Restaurant in Verclause, hat Monsieur Rothschild mir mitgeteilt, daß in Valdrôme, dreißig Kilometer entfernt, eine Mülldeponie zu erwarten ist (mit anderen Worten: eine Atomstation), und daß der Transport durch unsere Ortschaft geht. Der alte Herr ist kein empfindsamer Mensch, doch ist ihm die Sache, also das Wort, vertraut. Er hat es an mehreren Plätzen überlebt, in Untergrund, Folter, Flucht und Fremdenlegion, es ist ihm in deutschen Lagern abhanden gekommen. Und seither, sagt er, ist nichts mehr dasselbe, nie wieder wird ETWAS GEWÖHNLICHES glaubhaft sein. Das Fehlende schleicht sich in alle Verhältnisse ein, unterhöhlt die Tatsachen, laugt die Gewißheiten aus, läßt Leute und Sachen beziehungslos erscheinen, er wäre noch heute imstand, seine Frau zu verlassen – das alles aufzugeben, was könnte ihn halten. Er ist der geschlagene linke Anarchist, und er ist der einzige Schriftgelehrte am Ort. Die Leute kommen zu ihm und er freut sich darüber, er setzt ihre Briefe an den Fiskus auf, bestreitet mit ihnen die lokale Macht, er ist der kluge Gerechte, und ist nicht hier. Wie immer spricht er freundlich aus der Distance, ohne das Wort für sich in Anspruch zu nehmen. Er kommt mit dem Obstkorb aus den Gärten ins Dorf, liest LE DAUPHINÉ in der Bar, und das kann er tun. Ich habe ihn selten nach seinem Befinden gefragt. Die Antwort ist immer dieselbe: es geht ihm gut.

Wie erkennt man, nach diesem und jenem, den Erdball wieder. Wie bringt man die Pappeln an ihren Ort zurück. Was hat man mit Pappeln und Bienen noch gemein. Man ernährt seine Wörter – womit; ernährt seine Wörter. Und schreibt sie neu in die Luft und hält sie fest, man atmet in ihnen, Ersatzteile nicht vorhanden. Dem alten Herrn braucht das nicht erläutert zu werden. Es verschwinden mehr Dinge als vorhanden sind.

ILSE AICHINGER *Schlechte Wörter*

Ich gebrauche jetzt die besseren Wörter nicht mehr. *Der Regen, der gegen die Fenster stürzt.* Früher wäre mir da etwas ganz anderes eingefallen. Damit ist es jetzt genug. *Der Regen, der gegen die Fenster stürzt.* Das reicht. Ich hatte übrigens gerade noch einen anderen Ausdruck auf der Zunge, er war nicht nur besser, er war genauer, aber ich habe ihn vergessen, während der Regen gegen die Fenster stürzte oder das tat, was ich im Begriff war, zu vergessen. Ich bin nicht sehr neugierig, was mir beim nächsten Regen einfallen wird, beim nächstsanfteren, nächstheftigeren, aber ich vermute, daß mir eine Wendung für alle Regensorten reichen wird. Ich werde mich nicht darum kümmern, ob man *stürzen* sagen kann, wenn er nur schwach die Scheiben berührt, ob es dann nicht zuviel gesagt ist. Oder zu wenig, wenn er im Begriff ist, die Scheiben einzudrücken. Ich lasse es jetzt dabei, ich bleibe bei *stürzen*, um den Rest sollen sich andere kümmern.

Den Untergang vor sich her schleifen, das fiel mir auch ein, es ist sicher noch viel angreifbarer als der stürzende Regen, denn man schleift nichts vor sich her, man schiebt es oder man stößt es, Karren zum Beispiel oder Rollstühle, während man andere Dinge wie Kartoffelsäcke nachschleift, andere Dinge, keinesfalls Untergänge, die werden anders befördert. Ich weiß das und die bessere Wendung lag mir auch schon wieder auf der Zunge, aber nur um zu fliehen. Ich trauere ihr nicht nach. *Den Untergang vor sich her schleifen* oder besser *die Untergänge,* ich versteife mich nicht darauf, aber ich bleibe dabei. Ob man sagen kann *ich entscheide mich dafür* ist fraglich. Die bisherigen Sprachgebräuche lassen eine Entscheidung da, wo es sich nur mehr um eine Möglichkeit handelt, nicht zu. Man könnte sich darüber unterhalten, aber ich habe diese Unterhaltungen satt – sie werden meistens in Taxis auf den Wegen stadtauswärts geführt – und nehme meine angreifbaren Wendungen in Kauf.

Ich werde sie natürlich nicht anbringen können, aber sie tun mir leid wie Souffleure und Opernglasfabrikanten, ich beginne eine Schwäche für das Zweit- und Drittbessere zu bekommen, vor dem sich das Gute ganz geschickt verbirgt, wenn auch nur im Hinblick auf das Viertbessere, dem Publikum zeigt es sich häufig. Das kann man nicht übelnehmen das Publikum wartet ja auch darauf, das Gute hat keine Wahl. Oder doch? Könnte es sich nicht im Hinblick auf das Publikum verbergen und den schwächeren Möglichkeiten sein Gesicht zeigen? Das muß man abwarten. Ausreichende Devisen gibt es genug – das komplizierte Erlernbare – und wenn ich mich auf die nicht ausreichenden stütze, so ist das meine Sache.

Ich bin auch bei der Bildung von Zusammenhängen vorsichtig geworden. Ich sage nicht *während der Regen gegen die Fenster stürzt, schleifen wir die Untergänge vor uns her*, sondern ich sage *der Regen, der gegen die Fenster stürzt* und *die Untergänge vor sich her schleifen* und so fort. Niemand kann von mir verlangen, daß ich Zusammenhänge herstelle, solange sie vermeidbar sind. Ich bin nicht wahllos wie das Leben, für das mir auch die bessere Bezeichnung eben entflohen ist. Lassen wir es *Leben* heißen, vielleicht verdient es nichts besseres. *Leben* ist kein besonderes Wort und *sterben* auch nicht. Beide sind angreifbar, überdecken statt zu definieren. Vielleicht weiß ich, warum. Definieren grenzt an Unterhöhlen und setzt dem Zugriff der Träume aus. Aber das muß ich nicht wissen. Ich kann daneben bleiben. Sicher könnte ich *leben* so oft vor mir hersagen, bis mir davon übel würde und ich mich gezwungen sähe, zu einer anderen Bezeichnung überzugehen. Und sterben noch öfter. Aber ich tue es nicht. Ich schränke ein und schaue zu, damit bin ich genügend beschäftigt. Ich höre auch zu, aber das hat gewisse Gefahren. Dabei können einem leicht Einfälle unterlaufen. *Sammle den Untergang* hieß es unlängst, es klang wie ein Gebot. Das möchte ich nicht. Wenn es eine Bitte wäre, so wäre sie zu überlegen, aber Gebote jagen mir Angst ein. Deshalb bin ich auch zum Zweitbesseren übergegangen. Das Beste ist geboten. Deshalb. Ich lasse mir nicht mehr Angst machen, ich habe genug davon. Und noch mehr von meinen Einfällen, die gar nicht die meinen sind, weil sie sonst anders hießen. *Meine Ausfälle* kann es heißen, aber nicht *meine Einfälle.* Ach was, es kann alles heißen. Das haben wir zur Genüge erfahren. Die wenigsten können sich wehren. Sie kommen zur Welt und werden sofort von alledem umgeben, was sie zu umgeben nicht ausreicht. Ehe sie den Kopf wenden können, werden ihnen begonnen bei ihrem eigenen Namen, Bezeichnungen zugemutet, die nicht zutreffen. Sie sind schon in den Schlafliedern leicht nachzuweisen. Später wird das massiver. Und ich? Ich könnte mich wehren. Ich könnte statt dem Erstbesten leicht dem Besten auf der Spur bleiben, aber ich tue es nicht. Ich will nicht auffallen, ich mische mich lieber unauffällig hinein. Ich schaue zu. Ich schaue zu, wie alles und jedes seine rasche, unzutreffende Bezeichnung bekommt, ich tue sogar seit kurzem mit. Der Unterschied ist nur: ich weiß, was ich tue. Ich weiß, da die Welt schlechter ist als ihr Name und daß deshalb auch ihr Name schlecht ist.

Sammle den Untergang – das klingt mir zu gut. Zu scharf, zu genau, den späten Vogelschreien zu ähnlich, eine bessere Bezeichnung für die reine Wahrheit als die reine Wahrheit es ist. Damit könnte ich auffallen, aus meiner lange und schwer eroberten bescheidenen Stellung in der Phalanx der Benenner herausgehoben werden, meinen Zuschauerposten verlieren. Nein, das lasse ich. Ich bleibe bei meinem Regen, der gegen die Fenster stürzt, in der Nähe der zweckgebundenen Ammenmärchen – und wenn schon Untergänge, dann solche, die man vor sich her schleift. Das Letzte ist fast schon zu genau, vielleicht sollte man Untergänge überhaupt aus dem Spiel lassen. Sie sind dem, wofür sie stehen, zu nahe, stille Lockvögel, die die Norm umkreisen. Norm ist gut, Norm ist in jedem Fall ungenau genug, Norm und der Regen, der stürzt, alle Vor-, alle Nachnamen, das geht endlos und man bleibt der stille Zuschauer, der man sein möchte, aus der einen oder der anderen Richtung beifällig betrachtet, während man die Fäuste in den Taschen und die Untergänge bei sich selbst läßt, fortläßt, sein läßt, das ist gut. Sein lassen ist schon wieder zu gut, zum Lachen gut, nein, weg mit den Untergängen, sie ziehen unerwünschte Genauigkeiten an und kommen in keinem Schlaflied vor.

Der Regen, der gegen die Fenster stürzt, da haben wir ihn wieder, den lassen wir, der läßt alles in seinem unzutreffenden Umkreis, bei ihm bleiben wir, damit *wir* wir bleibt, damit alles bleibt, was es nicht ist, vom Wetter bis zu den Engeln.

So läßt es sich leben und so läßt es sich sterben und wem das nicht ungenau genug ist, der kann es in dieser Richtung ruhig weiter versuchen. Ihm sind keine Grenzen gesetzt.

Ernst Jandl *von einem sprachen*

schreiben und reden in einen heruntergekommenen sprachen
sein ein demonstrieren, sein ein es zeigen, wie weit
es gekommen sein mit einen solchenen: seinen mistigen
leben er nun nehmen auf den schaufeln von worten
und es demonstrieren als einen den stinkigen haufen
denen es seien. es nicht mehr geben einen beschönigen
nichts mehr verstellungen. oder sein worten, auch stinkigen
auch heruntergekommenen sprachen-worten in jedenen fallen
einen masken vor den wahren gesichten denen zerfressenen
haben den aussatz. das sein ein fragen, einen tötenen.

Günter Eich *In eigener Sache*

Die Erfindung der geriebenen Semmel, auch Semmelbrösel genannt, ist an mir verloren gegangen, science fiction ziehe ich vor. Der Übergang vom Essen zur Literatur ist eine Pubertät, ähnlich dem Mißtrauen gegen Adjektiva, der Wiedereinführung des Semikolons und dem Wechseln von den Chiffren des Vogelflugs zu Nagetieren und Dickhäutern.

Viele meiner Gedichte hätte ich mir sparen können, ich hätte jetzt ein Kapital, könnte so ungereimt leben wie ich wollte. Das ewig nachgestammelte Naturgeheimnis. Rotes Erlenholz und die gelbe Flechte am Pappelstamm, fleißig zermahlen von der Kaueinheit der Zeit, des Ortes und der Handlung. Beinahe, zufällig, peu à peu. Einmal genügt. Nachtigallen kann auf die Dauer nur ertragen, wer schwerhörig ist.

Das Grundmuster freilich bleibt: Die Ansicht von Gegenständen, nicht von Bewegung. Wie mangelhaft ist die Konstitution! Im Steiße meines Angesichts bemühe ich mich um Anfänge. Goethes Gespräche mit Neckermann, das wärs. Anfänge zählen. Und Augenblick, nicht Zeit. Je mehr desto jewski.

Die Direktion der strugischen Abende hat mich eingeladen, wohin? Der Ort ist genannt, aber ich sehe eine neue Pubertät mit panierten Schnitzeln voraus. Ich werde zuhause bleiben. Statt Sekundärliteratur bin ich krank.

Hans Magnus Enzensberger
Ein bescheidener Vorschlag zum Schutz der Jugend vor den Erzeugnissen der Poesie

Kürzlich betrete ich die Metzgerei an der Ecke, es ist Freitag nachmittag, um ein Rumsteak zu kaufen. Die Leute drängeln sich im Laden, aber die Frau des Meisters läßt, kaum daß sie mich erblickt hat, das Messer fallen, holt aus der Schublade an der Kasse ein Stück Papier hervor und fragt mich, ob das von mir sei. Ich sehe mir den Text an und bin sofort geständig.

Es ist das erstemal, daß mir die Metzgersfrau etwas zuwirft, was ich als einen flammenden Blick bezeichnen möchte. Unter dem Murren der anderen Kunden stellt sich folgendes heraus.

Ich habe, ohne etwas davon zu ahnen, in das Leben der Metzgerstochter eingegriffen, die kurz vor dem Abitur steht. Man hat ihr im Deutschunterricht irgendein Gedicht vorgesetzt, das ich vor vielen Jahren schrieb, und sie aufgefordert, etwas darüber zu Papier zu bringen. Das Resultat: eine blanke Vier, Tränen, Krach in meines Metzgers Bungalow, vorwurfsvolle Blicke, die mich förmlich durchbohren, ein zähes Rumpsteak in meiner Pfanne.

Meine Sympathie für die Metzgerin und, was natürlich weit wichtiger ist, die Sympathie der Metzgerin für mich, hat unter diesem Vorfall zum Glück nicht nachhaltig gelitten. In Mitleidenschaft gezogen wurde dagegen, bedauerlicherweise, meine Solidarität mit den Deutschlehrern. Nicht, als hegte ich Vorurteile oder auch nur Vorbehalte gegen einen Berufsstand, dessen Verdienste im umgekehrten Verhältnis zu der mageren Anerkennung stehen, die ihm eine undankbare Mitwelt zollt. Der gesellschaftliche Einfluß des Deutschlehrers ist, ganz im Gegensatz zu dem des Schriftstellers, wenn nicht ekrasant, so doch von makroskopischer Größenordnung. Dementsprechend schwer ist seine Arbeit. Er ist der wahre Sisyphus. Ganz allein auf sich gestellt, sozusagen mit dem Rücken zur Wand, soll der die Fähigkeit, deutsche Sätze hervorzubringen, nicht nur verteidigen, sondern sogar erwecken – eine Fähigkeit, die im öffentlichen Leben unseres Landes, von der Universität bis zum Parlament, von der Presse bis zu den fortschrittlichen politischen Organisationen, so gut wie ausgestorben ist. Nur aus vereinzelten Hilferufen kann ich schließen, wie er sein schweres Amt versieht.

»Möchte Sie«, heißt es in einem Brief aus 427 Dorsten, »kurz um einen Gefallen bitten. Mache bald meine 2. Prüfung für das Lehramt, und wollte in der vorzuführenden Deutschstunde Ihr Gedicht ›Abendnachrichten‹ besprechen. Wäre Ihnen sehr dankbar, würden Sie mir evtl. Unterlagen zu diesem Gedicht schicken. (Interpretation, Absicht etc.) U. zwar bitte umgehend, da es sonst zeitlich zu spät wird.«

Aus 8543 Hiltpolstein schreibt mir eine liebenswürdige Lehrerin, der »daran liegt, den Schülern den Sinn für das Gedicht zu erhalten oder ihn in ihnen zu wecken«:

»Mit meiner 11. Klasse habe ich im Deutschunterricht ›An einen Mann in der Trambahn‹ besprochen, das heißt besprechen wollen. Es entwickelten sich intensive Diskussionen um Aussage, Adressat, Weltbild, Stil und verschiedene Einzelheiten. Die Schüler haben sich ernsthaft bemüht, das Gedicht zu verstehen, haben Zeit, Intelligenz und Arbeit auf die Verteidigung ihrer Interpretation verwandt, die zwar in sich stimmig, meiner Meinung nach aber trotzdem nicht richtig ist. Sie haben seitenlange Arbeiten angefertigt, um ihre Vorstellung zu untermauern, ich bleibe dennoch bei meiner Meinung. Ich schlug deshalb vor, Sie als den einzig Kompetenten zu befragen.«

Schließlich ein Hilferuf aus 504 Brühl, in krakeliger Schrift: »Ich bin Schüler, 16 Jahre alt und besuche eine höhere Schule. Vor kurzem wurde im Deutschunterricht eine Klassenarbeit über Ihr Gedicht ›Geburtsanzeige‹ geschrieben. Über meine Interpretation geriet ich mit meinem Lehrer in einen Meinungsstreit. Die sprachliche Unzulänglichkeit meiner Arbeit ist mir bewußt. Ungerecht finde ich nur das Pauschal-Urteil, daß meine ›Darstellung dem Gedicht in keiner Weise gerecht wird‹. Es wäre sehr freundlich, wenn Sie mir mitteilen könnten, ob ich Ihr Gedicht wirklich vollkommen falsch ausgelegt habe.« Diesem Brief liegt eine Fotokopie der Klassenarbeit bei. In der Handschrift des Lehrers sind darauf folgende Randbemerkungen und Zusätze zu entziffern:

»Sachlich falsch!« – »Das ist viel zu eng und verschiebt die Thematik.« – »Davon ist an keiner Stelle die Rede.« – »Davon steht nichts im Text.« – »Das ist so nicht richtig.« – »Diese Situation existiert im Gedicht nicht.« – »Die 6. Strophe wird völlig außer acht gelassen.« – »Das kann so nicht dem Text entnommen werden.« – »Sachlich falsch!« – »Wiederholung des oben schon Gesagten.« – »Sachlich falsch. Diese Verwendung des ›wenn‹ liegt nur in der letzten Strophe vor. Aber das hätte dann schon dargelegt werden müssen.« – »Die Darstellung wird dem Gedicht in keiner Weise gerecht.« – »Mangelhaft (5)«.

Der Lehrkörper, der in diesen Zeugnissen in Erscheinung tritt, ist keineswegs homogen; seine Methoden reichen von der subtilen Einschüchterung bis zur offenen Brutalität, seine Motivationen vom reinsten Wohlwollen bis zum schieren Sadismus. All dieser Nuancen ungeachtet, macht jener Lehrkörper doch im ganzen den Eindruck einer kriminellen Vereinigung, die sich mit unsittlichen Handlungen an Abhängigen und Minderjährigen vergeht, wobei es gelegentlich – dabei denke ich vor allem an die Randbemerkungen aus Brühl – zu Fällen von offensichtlicher Kindesmißhandlung kommen kann. Als Tatwaffe dient jedesmal ein Gegenstand, dessen an und für sich harmlose Natur ich bereits dargelegt habe: das Gedicht.

Wie aber kann aus einem so fragilen Objekt ein gemeingefährliches Angriffswerkzeug werden? Dazu sind besondere Vorkehrungen nötig. Wer von uns ist sich schon der Tatsache bewußt, daß er mit seinen Handkanten, diesen unscheinbaren und kaum benutzten Außenseitern, Mord und Totschlag begehen könnte? Dazu bedarf es allerdings einer ausgebildeten Technik. Sie heißt Karate, und an jeder dritten Straßenecke gibt es in Deutschland eine Schule, wo man sie erlernen kann. Die analoge Fertigkeit, die es erlaubt, aus einem Gedicht eine Keule zu machen, nennt man Interpretation.

An der Entwicklung dieser Technik sind die Pädagogen natürlich unschuldig. Eingeübt und verfeinert wird sie nämlich in erster Linie an den Universitäten, wo aus unbekannten Gründen eigens Wissenschaftler zu diesem Zweck beschäftigt werden. Von diesen Zentren aus breitet sich dann die »philiströse Weigerung, Kunstwerke in Ruhe zu lassen«, über den ganzen Kulturapparat aus. Das Zitat stammt aus einem Aufsatz, den Susan Sontag 1964 »Against Interpretation« geschrieben hat. Da er zwar berühmt geworden, aber folgenlos geblieben ist, möchte ich am liebsten seitenlang daraus zitieren.

»Natürlich«, heißt es dort, »meine ich nicht die Interpretation im allgemeinsten Sinne, in dem Nietzsche (mit Recht) festgestellt hat: ›Es gibt keine Tatsachen, es gibt nur Interpretationen.‹ Was ich meine, ist vielmehr ein bewußter intellektueller Akt, dem ein bestimmter Code, dem bestimmte Deutungsregeln zugrunde liegen.

In ihrer Anwendung auf die Kunst geht die Interpretation zunächst so vor, daß sie aus dem Werk im ganzen eine Reihe von einzelnen Elementen (X, Y, Z und so weiter) isoliert und sich dann an eine Art Übersetzungsarbeit macht. Der Interpret sagt: Sehen Sie denn nicht, daß X eigentlich A ist (oder bedeutet)? Daß Y eigentlich für B und U für C steht? ... Der Eifer, mit dem das Projekt der Interpretation gegenwärtig verfolgt wird, speist sich weniger aus Achtung vor dem widerspenstigen Text (in der sich durchaus auch Angriffslust verbergen kann) als aus offener Aggressivität. Der Interpret verachtet eingestandenermaßen die Erscheinung, die Oberfläche des Textes. Während die traditionelle Interpretation sich damit begnügte, über der wörtlichen Bedeutung einen Überbau von weiteren Bedeutungen zu errichten, bedient sich die moderne der Methode der Ausgrabung. Indem sie ausgräbt, zerstört sie. Ihre Bohrarbeit, durch den Text hindurch, zielt auf einen Subtext, den sie für den einzig wahren hält ... Heute ist die Interpretation zu einem überwiegend reaktionären, unverschämten, feigen, unterdrückerischen Projekt verkommen. So wie die Abgase der Industrie und des Autoverkehrs die Atmosphäre unserer Städte verpesten, so vergiftet der massenhafte Ausstoß von Interpretationen unsere Sensibilität ... Interpretieren heißt, unsere Umwelt ausbeuten und sie noch ärmer machen, als sie ohnehin ist.«

Dieser hervorragenden Tirade von Susan Sontag möchte ich einige Beobachtungen beifügen. Auf dem Interpretationsmarkt ist – vielleicht wegen des zunehmenden Konkurrenzdrucks, der auf eine permanente Überproduktionskrise schließen läßt – ein immer rascherer Wechsel der vorherrschenden »Raster« und »Modelle« zu beobachten, die sich dann, dichtgedrängt wie Jahresringe, im Deutschunterricht ablagern, und zwar mit einer Verspätung, die sich aus dem Ausbildungsgang der Lehrer errechnen läßt. Der neueste akademische Hit taucht also gewöhnlich erst dann an den Schulen auf, wenn er in den Seminaren bereits von dem darauffolgenden verdrängt worden ist. Doch gibt es in diesem permanenten Wechsel der Garderobe und des Jargons auch einige Konstanten. Deren wichtigste ist die idée fixe von der »richtigen Interpretation«.

An dieser Wahnvorstellung wird mit unbegreiflicher Hartnäckigkeit festgehalten, obwohl ihre logische Inkonsistenz und ihre empirische Unhaltbarkeit auf der Hand liegen. Wenn zehn Leute einen literarischen Text lesen, kommt es zu zehn verschiedenen Lektüren. Das weiß doch jeder. In den Akt des Lesens gehen zahllos viele Faktoren ein, die vollkommen unkontrollierbar sind: die soziale und psychische Geschichte des Lesers, seine Erwartungen und Interessen, seine augenblickliche Verfassung, die Situation, in der er liest – Faktoren, die nicht nur absolut legitim und daher ernst zu nehmen, sondern die überhaupt die Voraussetzung dafür sind, daß so etwas wie Lektüre zustande kommen kann. Das Resultat ist mithin durch den Text nicht determiniert und nicht determinierbar. Der Leser hat in diesem Sinn immer recht, und es kann ihm niemand die Freiheit nehmen, von einem Text den Gebrauch zu machen, der ihm paßt.

Zu dieser Freiheit gehört es, hin- und herzublättern, ganze Passagen zu überspringen, Sätze gegen den Strich zu lesen, sie mißzuverstehen, sie umzumodeln, sie fortzuspinnen und auszuschmücken mit allen möglichen Assoziationen, Schlüsse aus dem Text zu ziehen, von denen der Text nichts weiß, sich über ihn zu ärgern, sich über ihn zu freuen, ihn zu vergessen, ihn zu plagiieren und das Buch, worin er steht, zu einem beliebigen Zeitpunkt in die Ecke zu werfen. Die Lektüre ist ein anarchischer Akt. Die Interpretation, besonders die einzige richtige, ist dazu da, diesen Akt zu vereiteln.

Ihr Gestus ist demzufolge stets autoritär, und sie ruft entweder Unterwerfung oder Widerstand hervor. Wo dieser sich rührt, sieht sie sich gezwungen, auf ihre eigene theoretische oder institutionelle Autorität zu pochen. Sofern diese auf schwachen Füßen steht – ein Fall, der glücklicherweise immer häufiger wird –, versucht sie, das, was ihr fehlt, anderswo zu borgen. So erklärt sich der Regreß auf den Autor, von dem man kaltblütig voraussetzt, daß er bereit ist, sich zum Komplizen der Interpretation zu machen und seine Leser zu verraten, indem er, sozusagen in letzter Instanz, erklärt, wie er es gemeint habe, wie es demzufolge zu verstehen sei, und damit basta.

Wohl weiß ich, daß die Deutschlehrer diesen widerwärtigen Zustand, unter dem sie vermutlich selber schwer leiden, durchaus nicht mutwillig herbeigeführt haben. Die wahren Schuldigen sind im Unterholz von Instituten zu suchen, die von einer gewöhnlichen Schule soweit entfernt sind wie Kafkas Schloß. Es handelt sich um eine Horde von Bürokraten und Curriculum-Forschern, die außerordentlich schwer dingfest zu machen ist. Ihre wahren Absichten liegen im dunkeln. Was sie zu dem Projekt bewegt, in unseren Oberschulen Hunderttausende von Sub-Germanisten heranzuzüchten und die Interpretation von Gedichten als Zwangsarbeit zu verhängen, das wissen wir nicht. Wir werden es nie erraten. Daß unter solchen Umständen Verschwörungstheorien ins Kraut schießen, kann nicht wundernehmen. Leute, die in dem Wahn leben, die Lyrik sei eine umstürzlerische Kunst von unerhörter Brisanz, haben daraus den Schluß ziehen wollen, ihre Behandlung im Deutschunterricht sei einer Impfung zu vergleichen; die Gesellschaft schütze sich vor der Subversion durch Gedichte, indem sie diese sorgfältig vernichte. Die Fertigkeiten des Deutschlehrers seien mit denen eines Sprengmeisters zu vergleichen; mit Hilfe der Interpretation werde dem gefährlichen Produkt sozusagen der Zünder abgeschraubt.

Die entgegengesetzte Lehrmeinung, der die Poesie aus dem umgekehrten Grunde verdächtig scheint, hält dafür, daß den armen Schülern Gedichte in den Rachen gestopft werden, um sie mit den herrschenden Zuständen zu versöhnen: das süße Gift sei dazu angetan, jede Rebellion in ihnen zu ersticken und sie zu lammfrommen Anhängern des Status quo zu machen. Diese beiden Hypothesen kommen mir ebenso unsinnig vor wie die Erscheinung, die sie erklären möchten.

Schön wäre es ja, wenn der Kapitalismus auf so schwachen Füßen stünde, daß er es nötig hätte, seine Herrschaft durch die Interpretation von Gedichten zu »stabilisieren«, doch fürchte ich, daß sein Fortbestand sich auf weit handgreiflichere Tatsachen stützt.

Nein, mit ideologiekritischen Erklärungen ist in diesem Fall nicht viel auszurichten. Das zeigt sich übrigens schon daran, daß das Ritual des »Durchnehmens«, »Einordnens« und Interpretierens von Poesie im Unterricht nicht an irgendein bestimmtes Literaturverständnis gebunden ist. Ob traditionelle oder progressive Germanistik, das ist unter diesem Gesichtspunkt Jacke wie Hose. Die ideologischen Vorzeichen in München und Bremen, Graz und Weimar sind durchaus verschieden, aber fest steht in jedem Falle, daß die Textsorten durch die Mühle der richtigen Interpretation gedreht werden müssen, bis sie sich in ein homogenes Pulver verwandelt haben. Solange die technokratische Funktion dieser Arbeit konstant bleibt, lassen sich Inhalte und Methoden ohne weiteres auswechseln. Und daß dabei Gedichte als bevorzugter Rohstoff dienen, ist nichts weiter als ein historischer Zufall. Sie sind erstens billig und zweitens stets in ausreichenden Mengen lieferbar.

Eine neuere Drucksache, das sogenannte »Normenbuch Deutsch«, zeigt in aller wünschenswerten Deutlichkeit, wie man es anstellen muß, um ein harmloses Gedicht in einen technokratischen Knüppel zu verwandeln und damit, möglichst gezielt, auf junge Köpfe einzuschlagen. Der volle Titel dieser bemerkenswerten Schrift lautet: »Beschlüsse der Kultusministerkonferenz. Einheitliche Prüfungsanforderungen in der Abiturprüfung. Deutsch.« Schon das Kauderwelsch, in dem dieses Normenbuch abgefaßt ist, zeigt, daß die Minister selber als Verfasser nicht in Frage kommen; diese Herren sind Politiker, und in dieser Eigenschaft hüten sie sich, die Ebene der platten Verständlichkeit zu verlassen. Das Werkchen, das ich meine, ist dagegen ein Resultat interdisziplinärer Zusammenarbeit mit dem Ziel der plattesten Unverständlichkeit. Hunderte von Planstelleninhabern aus Instruktions- und Verhaltenspsychologie, aus der Curriculumforschung und aus der Ministerialbürokratie haben dafür gesorgt, daß dieses Ziel erreicht worden ist.

Bei allem gebotenen Brechreiz kann ich es mir nicht versagen, einige unter den Zielen und Absichten, welche die Verfasser verfolgen, mit ihren eigenen Worten anzuführen.

Sie wollen vor allen Dingen regeln, ergänzen, wirksam beschleunigen, sicherstellen, vereinheitlichen, einpassen, überprüfen, einbeziehen und zuweisen.

Es scheint ihnen ferner vordringlich, fachspezifische Lernzielbeschreibungen und Lernziel-Taxonomien zu erarbeiten, die Lernziele zu Lernzielbereichen zusammenzufassen, die Lernzielebenen zureichend exakt zu beschreiben, und die Lernzielkontrollebenen sorgfältig voneinander zu unterscheiden.

Es juckt sie, »darüber hinaus einige Problemschwerpunkte, Bedingungszusammenhänge und Lösungsansätze aufzuzeigen«.

Und bis zum letzten Atemzug von Lehrern und Schülern sind sie entschlossen, »die Anforderungen in den einzelnen Fächern in der

Gliederung der Aussage und in der Terminologie in ein allgemeines Grundschema einzupassen«;

die einheitlichen Prüfungsanforderungen »insbesondere auch auf die Gesichtspunkte der fächerübergreifenden Vereinheitlichung und der Angemessenheit der Beurteilungsverfahren einschließlich der Verwendung von Bewertungseinheiten« zu erstrecken;

»ausgliederbare Teile der Gesamtleistung in einem bestimmten Verhältnis zueinander zu gewichten, ggf. Bewertungseinheiten oder prozentuale Anteile den einzelnen Aufgabenteilen bzw. der erreichten oder erreichbaren Schülerleistung zuzuweisen«.

Das ist bei weitem nicht alles. Aber es reicht. »Bei nicht ausreichenden Leistungen im Bereich der aufgabenartunabhängigen Anforderung ›Sprachverwendung‹«, so äußern sich die Verfasser in einem Satz, der beweist, daß sie gegen jede denkbare Ironie immun sind, »kann die Endnote nicht besser als mangelhaft sein.« Da mir, im Gegensatz zur Ständigen Konferenz der Kultusminister der Länder in der Bundesrepublik Deutschland, nicht »insgesamt 36 Bewertungseinheiten zur Verfügung« stehen, die sich »gleichmäßig zu je 12 Bewertungseinheiten auf die Lernzielkontrollebenen verteilen«, bin ich vielleicht zu einem ausgewogenen Urteil nicht befähigt. Das einzige Geräusch, das ich in den zitierten Sätzen wahrnehmen kann, ist das Getrampel von Hornochsen.

Ich möchte diese Ansprache mit einigen versöhnlichen Worten enden. Stopfen Sie alle Exemplare des Normenbuches Deutsch, die Ihnen zu Gesichte kommen, unverzüglich in den nächsten Papierkorb! Sabotieren Sie die Beschlüsse der Ständigen Konferenz der Kultusminister, wo immer Sie können! Bekämpfen Sie das häßliche Laster der Interpretation! Bekämpfen Sie das noch viel häßlichere Laster der richtigen Interpretation! Zwingen Sie nie einen wehrlosen Menschen, den Mund aufzusperren und ein Gedicht hinunterzuschlingen, auf das er keine Lust hat! Üben Sie den jungen Menschen gegenüber, die Ihnen anvertraut sind, die Tugend der Barmherzigkeit. Denken Sie immer daran: »Quäle nie ein Kind zum Scherz, denn es fühlt wie du den Schmerz.«

Günter Bruno Fuchs *Die Antwort des Schülers*

»Was ist«, fragte der Lehrer, »und wie verhält sich ein Weltraumfahrer?«

Ein Schüler, der sich sofort meldete, sagte ein wenig verträumt: »Jeder Weltraumfahrer ist sparsam. Er spart für eine eigene Abschußrampe. Sobald der Weltraumfahrer eine eigene Abschußrampe besitzt, stellt er sie vor die Haustür. Sein Nachbar, der auch ein Weltraumfahrer ist, hat ebenfalls eine Abschußrampe vor seiner Haustür. Früher, in uralten Zeiten, stand vor jeder Haustür ein Motorrad. Das wurde geputzt und geputzt, bis es zerbrach. Nun waren die Motorräder kaputt, nun stand vor jeder Haustür ein Auto. Das wurde geputzt und geputzt, bis es – da es keine Nase hat – die Stoßstange voll hatte und zerbrach. Aus dem Schrott wurden Abschußrampen gebaut und hohe Raketen. Der heutige Weltraumfahrer ist also der gestrige Motorradfahrer. Er verhält sich wie sein Nachbar. Beide putzen ihre Rampen und Raketen – allerdings brauchen sie nun viel mehr Putzmittel als früher.

Dafür sorgen ihre Frauen. Sie rollen das Putzmittel in gewaltigen Tonnen heran. In eine solche Tonne passen ungefähr zehn Menschen hinein, wenn die Tonne leer ist. Die Putzmittelhändler sind enge Freunde der Weltraumfahrer. Es ist den Putzmittelhändlern völlig gleichgültig, wie oft die Weltraumfahrer in den Weltraum fahren – wichtig ist den Putzmittelhändlern, daß die Weltraumfahrzeuge zu jeder Stunde blitzeblank vor der jeweiligen Haustür stehen. Von ihren Fenstern aus blicken die Frauen der Weltraumfahrer hinunter auf ihre Weltraumfahrer und freuen sich – laut aufheulend – über die Raketenputzerei.

Wovon ein Weltraumfahrer lebt, weiß ich nicht. Hin und wieder verabreden sich zwei Weltraumfahrer zu einem kurzen Ausflug zum Mond. Sie legen ihre Uniformen an, setzen jeder einen durchsichtigen Helm auf den Kopf und rattern – eine vornehme Rauchfahne hinterlassend – hinauf zum lieben Mond. Ob der Mond in dieser Stunde ab- oder zunimmt, das ist den Weltraumfahrern unwichtig. Oben angekommen, sagt der eine Weltraumfahrer zum anderen Weltraumfahrer: Janz prima hier ohm! – Janz ulkich! antwortet der andere Weltraumfahrer. Anschließend rammt der eine Weltraumfahrer eine Fahnenstange in den Mondboden, stellt sich neben die Fahne, salutiert und läßt sich von seinem Kollegen fotografieren. Dann machen sie es umgekehrt. Das ist alles.

Auf der Erde angekommen, schenken sie ihren Frauen die entwickelten Fotografien. Die Frauen setzen sich neue Perücken auf und holen aus dem Kühlschrank irgendwas Eisiges, das ihre Männer – wie sie sagen – wegputzen. So verhält sich ein Weltraumfahrer. Manchmal sagen die Weltraumfahrer zu ihren Frauen: »Deine Augen leuchten wie Sterne!«

Günter Bruno Fuchs *Unterricht*

I

»Was ist«, fragte ich, »und wie verhält sich Beton?«

»Beton«, sagte ein Schüler, »ist eine zähflüssige Masse, die gehorsam den weltweiten Aufruf befolgt: ›Du mußt hart werden, mein Bester‹!«

2

»Was ist«, fragte ich, »und wie verhält sich ein Soldat?«

»Das ist ganz einfach«, sagte ein Schüler, »ein Soldat ist eine Zielscheibe. Sie kullert von Land zu Land, bis sie rundherum durchlöchert ist. Damit hat sie ihr Ziel erreicht.«

3

»Was ist«, fragte ich, »und wie verhält sich ein Müßiggänger?«

Der Schüler, der sich meldete, sagte: »Ein Müßiggänger ist der Mensch der Zukunft. Betreibt der Müßiggänger künftig den Müßiggang, so wird es zu einer Revolution kommen, die auf wunderbare Weise Errungenschaften hervorbringt, von denen heute niemand zu träumen wagt.«

JÜRG LAEDERACH *Andere Mitten, andere Sitten*

Wegen wiederholter schwerer fahrlässiger Hirnverletzung verurteilt das durch den Tod dreier Bundesrichter dezimierte Oberste Gericht in Lo San einen 97jährigen Lehrer zu einer Buße von 34.75 $. Kaum ist das Urteil außen angeschlagen, ist der mitangeklagte Intellektuelle freigesprochen, noch bevor er erfährt, warum er angeklagt wurde. Die Ansprüche der sieben geschädigten Schüler, die bei Intelligenzbestrahlungen in der Klasse des Lehrers schwere Verletzungen im Hirn mit dauerndem Denkzwang erlitten, werden nach Anschlag auf den Zivilweg verwiesen. Die eingeklagten Fälle wünschen, sich in der Zeit zwischen dem 27. und 29. April zu ereignen. Der verblüffte Intellektuelle wird unter Strafandrohung gezwungen, vom Umstand Kenntnis zu nehmen, daß er während drei Tagen einen Lehrgang ausgewechselt und unwidersprochen durchgesetzt habe. Kurz nach seinem unter der Funktionsbezeichnung »Hilfslehrer« perfid getarnten Schuleintritt habe er dem Lehrer mit vorgehaltener Pistole befohlen, den Zensurfilter vor der Intelligenzbestrahlung abzuschrauben. Die alte bewegliche Zensur verschiebt sich vor und während der Intelligenzbestrahlung, was zur Folge hat, daß die vermittelte Dosis um ein Vielfaches höher wird als in der Schule zulässig. Durch das Verschieben der Zensur ergeben sich im Hirn der Schüler (denen es nicht an Röntgenerfahrung fehlt) hammer- und sichelförmige Verbrennungen. Auf eine für den betretenen Rektor ungeheuerlich diffamierende Weise tun die Schüler bei seinen ersten heilenden Eingriffen kund, daß sie Diskussion gelernt haben und verweisen auf den Lehrer als Experten dieser Disziplin. Unabhängig von der Affäre stirbt der erste Bundesrichter. In der Begründung werfen die sechs anderen Richter dem Lehrer vor, daß er mit den Intelligenzbestrahlungen auch dann fortgefahren habe, als sich bereits vier schutzlose Schüler gemeldet und beklagt hätten. Der Tod des zweiten Bundesrichters steht mit dem Skandal in keinem Zusammenhang. Strafverschärfend rechnen die fünf übrigen Richter dem Lehrer an, daß er in doppelter Weise straffahrlässig handelt; indem er einmal den Sitz der Zensur nicht nachkontrolliert und dann die Bestrahlungen nicht unverzüglich abbricht, als das eigene Denken seiner Schüler Formen annimmt. Wo ist Ihr Helfershelfer, donnert ein Bundesrichter, der nicht ahnt, wie nahe er dem Tod schon ist. Ich übernehme die volle Verantwortung, spricht der Lehrer, auf einmal wieder wie im Lesebuch. Als erfahrener Pädagoge hätte ich die Gefährlichkeit der Intelligenzstrahlen kennen und deshalb besondere Sorgfalt anwenden müssen. Ich gelobe, daß ich kein kleinkarierter Demagoge werde. Der Erfolg des abgelesenen Textes ist ein ungeheurer; das Gericht fordert die Schulpflichtvergessenen auf, ihn auf Seite 4 nach dem Vorwort des amtierenden Präsidenten nachzulesen. Ein Bundesrichter stirbt vor Entsetzen. Die vier übrigen Richter rechnen dem Lehrer seinen einwandfreien Leumund sowie seine langjährige und uneigennützige Tätigkeit auf dem Gebiet der allgemeinen Dienstpflicht strafmildernd an und begnügen sich, liest der Intellektuelle, der von der Saalwache aus der Menge herausgetrennt wird, im Anschlag, mit einem provisorischen, zeitlich nicht begrenzten Anstellungsverbot. Der liberalste Bundesrichter liefert, auf dem Totenbett, eine kleine Begründung: »Die Zeit geht nicht vorbei, und spätestens dann würde ich mich mit ihm abfinden.«

Wolf Wondratschek
Hotel ›Zum Deutschunterricht‹

Dieses Hotel gehört dem Staat.
Wer hier ein Zimmer will, ist schon tot.
Wahnsinnige sind unerwünscht, Staatsfeinde auch.
Das Beste sind ruhige Dauergäste.

Hier kommen Lebende nicht rein.
Verfolgte finden kein Asyl.
In diesem Staat muß Ruhe sein
koste es was es will

Gestern wurde Goethe beerdigt.
Heute ist Schiller dran; das ist Hauspolitik.
Büchner bleibt draußen. Begründung: kein Zimmer.
So geht es allen, die dem Personal nicht gefallen.

Die Fenster bleiben geschlossen.
Im Garten Gewächshäuser, wo man Gräber anpflanzt.
Ein Requiem für Radikale, gesungen.
Revolutionen werden getanzt.

Alle Zimmer sind mit schalldichtem Elfenbein ausgestattet.
Fenster – mit Blick nach innen.
Hier bleibt selbst der Alkohol,
den du saufen kannst, wirkungslos.

In der Lobby schaukelt es wie auf einem Schiff,
mal diese mal jene Woge. Wenn man auf einem Riff
gestrandet ist, hilft nur noch die Droge.
Mondschein auf Weimar, Krieg auf dem Mond.

Darüber ein leeres Zimmer, unbewohnt.
Kafka's Labyrinth. Kahle Wände.
Wachzustände, die nicht zu stoppen sind.
Selbst an der Bar bleibt Kafka unsichtbar.

Dagegen sieht man Bertolt Brecht
auch dann, wenn er verreist ist. Er bewohnt auf Staatskosten
im Osten eine ganze Suite und schreibt,
für den Fall eines Feuers, seine Gesänge auf Notausgänge.

Die Romantiker pokern ums Gefühl,
die Realisten ums letzte Hemd.
Jagt das ganze Hotel in die Luft!
Den Menschen gebt Flügel, auf die Erde zu kommen.

Was läßt sich lernen, wenn das Beil fällt
vom Körper den Kopf zu entfernen?
Was soll man sagen vor Gericht, wenn das Gesetz sagt:
Schweigen ist Pflicht?

Wohnt hier Diotima?
Wer ist noch nicht von Gottfried Benn verarztet?
Hölderlin deutet über die Himmel
in Abgründe.

Ernst Jandl *die stelle*

dahin setze ich mich
um ein gedicht zu machen
da sitze ich
um ein gedicht zu machen
da bin ich gesessen
um ein gedicht zu machen
da ist es entstanden
da ist es mißlungen

Wolfdietrich Schnurre
Worüber ich gern einmal schriebe

Über Schatten. Die Schattenlinie. Der Schattenfall: Verhandlung ohne Ergebnis. Aufruf zur Schattenspende; vom Tod unterzeichnet. Notwendigkeit, Chamisso auf einen Irrtum aufmerksam machen zu müssen: Was hat der Teufel mit dem Schatten zu tun; die Seele wirft ja gar keinen mehr. Sind Schatten sterblich? Schattensprung; neue olympische Disziplin.

Über alte Fotografien. Die leere Würde auf den festgehaltenen Gesichtern. Die vorgeschriebenen Posen: Schopenhauer und der Taschentuchzipfel. Der vorgeschobene Fotografierfuß. Die emaillierten Fotos auf italienischen Gräbern. Mein Fund: Das Ehepaar; er früh verstorben, sie über achtzig geworden. Beider Foto nebeneinander; er als lächelnder Jüngling, sie als finsterblickende Greisin –: Johann Peter Hebel, optisch belegt.

Über Gerüche. Keiner kommt ohne Bildassoziation. Lügner Parfüm. Jemand nicht riechen können. Die Nase denkt mit. Ein Milieu ohne Geruch *ist* kein Milieu. Kindheitsgerüche haben die Keuschheit von damals behalten.

Über Satzzeichen. Komma, der Atemfreund. Der Punkt, der nicht mit sich reden läßt. Der geschwätzige Doppelpunkt. Der springende Punkt. Mehrere Punkte sind Pünktchen. Liebling der Unentschlossenen: Das Semikolon. Der Gedankenstrich verspricht etwas, das er nicht halten kann. Der Apostroph wurde von Sprachdetektiven eingeführt: Er zeigt an, wo was fehlt. Ist der Fleischerhaken das Vorbild für 's Fragezeichen gewesen?

Über Dinge. Was ist das: Ein Ding. Unmöglichkeit, diesen Begriff, wenn es überhaupt einer ist, definieren zu können: Ein Ding der Unmöglichkeit. Der Ausdruck ›Ding‹ drückt fast immer Ratlosigkeit aus; Verwandtschaft zu ›Sache‹. Ein tolles Ding. Ein Ding drehen. Verdingen und verdinglichen. Das Herz aller Dinge: Was ist das. Ist der Stein ein Ding? Ist Leblosigkeit schon ein Charakteristikum des Dings? Ist ein Ding tot oder lebendig?

Über Vaterländer. Abwertung, wenn statt Singular der Plural genannt. Warum nicht ›Mutterland‹? Was ist das: ein Vaterland. Hat jeder eins? Wie fühlen sich die, die keins haben: Erleichtert oder verarmt? Hat Vaterland etwas mit Nationalismus zu tun? Ubi bene est. Läßt Patriotismus auf ein Vaterland schließen? Hat ein Vaterland Grenzen oder ein Zentrum? Des Deutschen Vaterland. Finis Poloniae. Warum ist das Vaterland teuer? Vaterland – Kinderland.

Über Papier. Der weiße Bogen. Seine Duldsamkeit. Das Flugblatt kommt der Bestimmung des Papiers am nächsten. Das Buch als Gefängnis der Blätter: Verurteilt zu lebenslänglich. Die Zeitung von vorgestern. Papier und Papiere. Wertpapier, Klo-Papier. Der Papierdrachen. Der Papiertiger, vom Reißwolf erledigt. Das Papierschiffchen. Seidenpapier. Packpapier. Die Luftschlange. Der Konfettifabrikant. Im Brief war die Grenze des papierenen Nutzwertes erreicht; von da an nur noch Überschreitungen.

Über die Brille. Den Kurzsichtigen macht sie unsicher: Er erkennt plötzlich seine Gefährdung. Den Weitsichtigen enttäuscht sie: Sie schraubt seinen Fernblick aufs Nächste zurück. Allein wirkt die Brille am intelligentesten; Gesichter stehen ihr nicht. Nase und Ohr, dem Auge dienstbar gemacht. Die entwaffnende Nacktheit, wenn ein Brillengesicht plötzlich keine mehr trägt. Hat Prometheus eine Sonnenbrille getragen? Warum scheuen sich Frauen, Brillen zu tragen? Stören Brillen beim Sex? Der Mann, der sich vorm Liebesakt die Brille aufsetzt. Wäre es besser um die Welt bestellt, hätte Gott bei ihrer Erschaffung eine Brille getragen?

ERNST MEISTER *der neben mir*

Der neben mir
wirft die Glieder,
der neben mir ringt
wie nach Atem um Sprache,
und ich seh meinen Bruder
vom Leben getrennt.

Der Mensch
hat sein Lied zu singen,
und bin ich auch
gerüttelt von der Weltstille,
ich will nichts werfen
über seinen Scheitel

Matthias Koeppel *Heigchpfiddulidallitey*

Tschabbidu, tschabb, tschabbidau –
Mausück macht onz diss Leibn frauh!
Bütels, Bruhmms ont Motzurattn
spühlt monn garn vn Tschullpalattn.
Duch diss schwürickste darpei:
Heigchpfiddulidallitey.
Pfürr dn roinin Konstgenösstn
präuchste kummplizurte Köstn.
Jeide Buxx mütt hondert Wautt,
Zünoskorve, – Amplitaut, –
dausind Knupfe ont Tschalturen
dun düch frustrarostriruren.
Trumb sötz ück mück onz Klavvur,
spill mür salpzt 'n Lüdchn vur.

Oskar Pastior *Anrufung des Realismusproblems*

Schwer hochgeborener Katheter! Rektor der Weichen
von Schmargen! Trumm Unbehagener von Katz und Mitz!
Deiner pferdigen Blümnis Anschimmerer! Halogener Po-

tentat zu Impfendurst! Von seiten Heberleins und
Schludern sehr verneigter Zungenschlitz! O verbal-
diademer Zeitungsleser! Portokalen-Kolportator! Ver-

menschlicher! Von und zu Bürstenzwang rosendig und
über schorrer Labsal Klotz erhabener Verdächtigungs-
Suderer, koketter! Glockner der Mimen! Mime der Mi-

sogynen! Muskete Sütterlins! Afrodynobombaster Kata-
spast! Holder Exzessor von Mymyzyn! Staatlich ver-
eidigter Übersetzer! Geheimnis-Krämer in Klypto zu

den Eukorbatschen und Susen! Auf Schoß Haferschleim
Haar über Lorchel und Castrabetz! Synoidaler Anti-
path! Schmeiß-Verfestiger! Kur-Packung von Leichen-

theil! Großmächtiger Loßreißer und Anerkennungsbre-
cher nach Span und Hobel zur zweiundfünfzigsten Brem-
se! Tulai Muttule! Kobalt und Kukuruz! Insummanter

Maß- und Warzen-Lieferant meines assymetrischen Bunkers und Leib-Pharisäer des Dienstags, herzallerschlenkerter Kotetz-Ausrutscher, ha, Phosphatter!

Gabriele Wohmann *Schiller im Schoß*

Ich bin nicht sehr gescheit, aber ich kann auch wirklich nicht finden, daß Frauen das sein müssen. Schön und anregend ist es allerdings für eine Frau, mit gebildeten Männern Verkehr zu haben. In dieser Beziehung kann ich mich nicht beklagen: ich habe Onkel Ehrhard und Frido. Zwei größere Gegensätze kann man sich kaum denken. Onkel Ehrhard war immer der Stolz unserer Familie: er studierte vor Jahrzehnten, als das unseren einfachen Kreisen noch erschwert wurde, Germanistik, war dann Studienrat; jetzt ist er pensioniert. Seine Leidenschaft war von jeher Schiller. Das machte uns alle stolz; er hielt auch manchen guten Vortrag in unserer Stadthalle. Heute lebt er sehr zurückgezogen mit seinen Schätzen: das sind seine Bücher, vor allem sein Schiller, und wenn er das sagt, spitzt er die Lippen, als wollte er pfeifen, und man sieht die nasse Innenhaut, und er wirkt dann fast lüstern, so, als würde er von einer Frau reden – er war nie verheiratet übrigens, wir pflegten in der Familie zu sagen: er ist zu gescheit dazu.

Dann lernte ich eines Tages Frido kennen, er studiert irgendwas an der hiesigen Hochschule, ich kann nie richtig behalten, wie sein Fach eigentlich heißt, auf jeden Fall ist es nicht Germanistik, und deshalb sage ich mir immer, wenn er sich über Onkel Ehrhard lustig macht und über Schiller, daß er's ja gar nicht so gut wissen kann, denn er studiert es ja nicht. Er sagt, das wäre alles nur Schwulst und lächerliche Übertreibung und Wortklirren und Geschichtsfälschung. Aber ich muß sagen: die *Maria Stuart* und auch die *Jungfrau von Orléans* haben mich sehr beeindruckt. Gestern gab's fast Streit zwischen den beiden: Frido redete von widerlichem Pathos, es ging um Schillers Gedichte. Deswegen habe ich mir das Buch geliehen, schließlich kann, wenn es um Gedichte geht, oft gerade eine Frau das entscheidende Wort sagen. Dazu braucht man Gefühl. Jetzt, so mit mir allein, darf ich es ja gestehen: aus dem Inhaltsverzeichnis suchte ich mir zuerst mal die Titel aus, die, wie soll ich sagen, so ein bißchen unanständig klangen wie zum Beispiel *Die Homeriden* oder *Die Geschlechter* oder *Brautlied*. Aber natürlich war's gar nicht unanständig. Es war richtige Kunst, sehr schöne Worte, sehr weit weg von unserm Alltag, eine gepflegte und großartige Sprache, wirklich klassisch. Ich mußte lächeln, ich wurde ganz müde und schlaff von einem Triumphgefühl für Onkel Ehrhard und gegen Frido. Und ich fühlte mich so warm, so froh in der

Verehrung für das Große und Edle, das ja auch noch in mir sein mußte, ja, jetzt spürte ich das Gute und Beglückende, von diesem großen Deutschen abzustammen. Das mußte ich irgendwie Frido klarzumachen versuchen: daß die ältere Generation doch einfach recht hat mit Schiller und alldem. Ich las gar nicht mehr weiter in den Gedichten, legte das Buch in den Schoß und spürte es da hart und gewichtig, und ich wußte: darauf wird man sich immer verlassen können.

VOLKER BRAUN *Höhlengleichnis*

Gezwängt in die Versteinerungen unserer berühmten Höhle, in der wir seit 5000 Jahren hocken, waren wir (nach schier aussichtslosem, von den meisten längst aufgegebenem Training der Halsmuskulatur und Rückenwirbel) seit den Detonationen der letzten sagenhaften Kriege immerhin beweglich genug, daß wir uns herumwenden konnten, um durch den Ausgang in das grelle Licht zu blicken. Das Licht, das bekanntlich die Schatten verursachte, die wir bislang als Beleg unserer minimalen Bewegungen wahrgenommen hatten. Als wir jetzt aber ins Freie sahn, war es nicht hell. Die große Lichtquelle, die uns aufgehen sollte, ja die immer wieder etliche seit jedem neuen Jahr Null angebetet hatten, war nicht vorhanden. Es war auch kein Ausgang da, sondern hinter uns kauerten andere Leute, wie andere immer vor uns kauerten in der selben Dämmerung. Offensichtlich mußten unsere Körper selbst oder die Bewegung der Körper ein schwaches Licht ausstrahlen, das, summiert, uns schattenhaft und flüchtig festhielt an den Wänden. Überrumpelt von dieser Entdeckung wollten wir uns wirklich halten an den Wänden – und griffen verblüfft und erschüttert ins Leere bzw. fielen vornüber in eine Menge Gerümpel, das wir besaßen. Wände also auch nicht! so hatte es kommen müssen. Wir sitzen hier 5000 Jahre in der Höhle, und sie hat keine Wände! Das war keine Höhle, dafür waren wir Logiker genug. Wir hausten womöglich so unglücklich gruppiert, daß wir uns mit unseren Vorstellungen und Apparaten selbst umbaut hatten und jeder aus seinem Winkel in einen unzersprengbaren Raum zu blicken glaubte. Einen Raum von Fakten, von steinernen Gesichtern. Es war nun nicht so, wie einige von uns dachten, daß wir uns aus dem Laden einfach erheben konnten. Bei den ersten Versuchen, uns eilig und entschlossen hochzureißen, fühlten wir uns alsbald wie mit Ketten an den schleimigen Schutt gebunden und zurückgerissen, zumal sich die meisten nicht ruckten auf ihren Erdteilen, und standen schwitzend und, um den schneidenden Schmerz zu lindern, geduckt in den Kontaktzonen, Überleitungsphasen, Ausfallzeiten, bei der rechnergestützten Ermittlung abrechenbarer Verpflichtungen. Die aber den Schmerz nicht scheuten und sich lieber den Kopf einrannten an den herumragenden rostigen Verhältnissen und Stillhaltepraktiken als wieder in die Hocke zu gehn, richteten sich ganz auf und leuchteten für Momente grell, besonders ihr Großhirn wie eine phosphoreszierende Masse, und unsere stummen und halbherzigen Bewegungen waren schwarz und beschämend deutlich auf das ganze Inventar zurückgeworfen, bis die Körper dieser Jünglinge von Stricken quer durchschnitten und verbrannt zwischen unsere Nagelscheren, Tabellen und Nabelschnüre rollten. Darüber begannen wieder Jahrhunderte zu vergehn voll neuem Schutt, geplanten Kosten, Kunstersatz und normativem Gespeichel. Aber in dieser Zeit begann ein neues, härteres Training, des schmerzhaften und wunderbaren aufrechten Gangs.

WOLFGANG HILBIG *Episode*

im düstern kesselhaus im licht
rußiger lampen plötzlich auf dem brikettberg
saß ein grüner fasan
                                        ein prächtiger clown
silbern und grün den leuchtend roten reif am hals mit
unverwandtem aug mit dem großen gelben schnabel aufmerksam
zielte er auf mich
                                    so war er herrlicher und schöner
als ein surrealistischer regenschirm auf einer nähmaschine
wie er dort saß genau und furchtlos verirrt
auf seinem schwarzen gipfel

konversation fand nicht statt
ich bewegte mich und er flog davon durch die offene tür
doch von weit her den geruch der sonne den duft
seines farbigen gelächters ließ er hier in der nacht
und ich verwarf alle mühe das leben mythisch zu sehen

und als das kausale grinsen meines kopfes
von energie und frost gefressen in die nacht verschwand
glaubte ich nicht mehr an den untergang
der wahrnehmungen in der finsternis.

Michael Krüger *Im Museum*

Das Licht heute läßt nichts
erhoffen: alles sieht
unverbraucht aus, wie neu.
Kein Satz rührt sich,
kein Entschluß, der Boden
ist gefegt, eine hohe Sonne
verhindert den Schatten.
Heute beginnen Geschichten
ohne Fortsetzung:
die Autoindustrie
hat einen Lack erfunden
für die Zukunft,
eine einmalige Erinnerung
an die siebziger Jahre,
gemischte Töne, matt.
Ein ungerührtes Gesicht
spiegelt sich: makellos,
unzerkratzbar, kurzsichtig.

Unser Blick zurück heute
trifft keinen Gegner.
Flugzeuge, Eisenbahnen,
Dampfmaschinen; Erwachsene
sehen aus wie Kinder,
unausgeschlafene Kinder
in zu großen Kleidungsstücken.
Nur langsam frißt sich die Zeit
durch die Bilder;
und wird kostbar.
Nur langsam geht die Entzifferung
voran; und gibt den Blick frei
auf eine düstere Reihe
Versprechen.

Warum weinst du, weine nicht,
wir werden die Eltern finden!
Kleine tätowierte Gehirne
bewachen das Museum.
Jeder Schritt, jeder Stich
ist festgehalten,
in ungelenker Schrift
erschließt sich uns
Raum für Raum das Labyrinth.

Besucher erwerben die Ideen
in guten Übersetzungen.
Gebunden, gebündelt,
auf freiwilliger Basis.
Die Zeit ist abgefunden,
sagen die grauen Männer,
mit guten Gründen.
Wir sehen uns nie wieder
so. Weine nicht,
wir werden die Eltern finden.

Alles ist neu und noch warm.
Die Vergeßlichkeit
entschädigt uns für das Warten,
für die Schlaflosigkeit.
Hier also das Ziel,
die dritte und letzte Version
der Wahrheit: wir lassen uns
vertreten von uns.
So erscheinen die alten Verweise
in einem neuen Licht
und bewegen uns doch
von fremder Hand.

Und wir
(wenn wir es sind,
die Wahrheit ist ratlos)
bewundern
das maßlose Beispiel:
wer wir sind,
nicht: wer wir werden wollten.
Wir lassen uns heute nichts
zu wünschen übrig.

Neun ungerechte Bemerkungen über die Literatur und die siebziger Jahre

1

»Daß irgendwer ihrer mit Nachsicht gedächte, wäre zuviel verlangt« – Hans Magnus Enzensbergers Bemerkung über die siebziger Jahre ist so unnachsichtig wie die Auseinandersetzungen unter literarischen oder politischen Gegnern in den siebziger Jahren. Ein Nachhall der siebziger in den achtzigern …

2

Sonst aber dominieren eher die Fälschungen, besonders gegenüber den frühen siebziger Jahren. Da werden entweder Barrikaden und Demonstrationen verdoppelt (bevorzugt von sogenannten Tresen-68ern) oder die eigene Biographie und also die Geschichte begradigt – ›eigentlich‹ hatte man nie etwas mit der proletarischen Avantgarde an der (schwarzen) Mütze, die, samt (rotem) Stern, längst ausgemustert wurde. So kommen auch bestimmte Karrieren und Stürze nur selten in der Literatur der siebziger Jahre vor: einstmals ›führende Genossen‹, die als Wermutbrüder auf der Parkbank übernachten; linke Anwälte als Schulungsleiter für Industrielle; Eldridge Cleaver als Modeschöpfer; Rainer Langhans beim Baghwan.

3

Ein Beispiel für die Tonart der frühen siebziger Jahre (Februar 1973, aus dem Einladungsbrief von Hans Christoph Buch und Jürgen Manthey zum »Literaturmagazin«): »Die Literatur in der BRD befindet sich in einem desolaten Zustand. Zwischen dem bürgerlichen Literaturbetrieb einerseits, der nur noch Tauschwerte produziert, und den ebenso gutgemeinten wie hilflosen Versuchen einer ›Politisierung‹ klafft ein Vakuum. Wir stehen heute vor einer ähnlichen Aufgabe wie die frühbürgerlichen Aufklärer vor zweihundert Jahren: die Atmosphäre muß gereinigt werden von allen (rechten und linken) Spielarten des Obskurantismus und Opportunismus, von dem Pfaffentum, das heute die marxistische Lehre verwaltet, ebenso wie von der bürgerlichen Feuilletonmafia. Dazu ist eine Menge Kärrnerarbeit nötig, die nur von den Autoren selbst geleistet werden kann.« Wer so hehre Zeugen anruft und so laut nach der Großen Reinigung schreit, der weiß, wie dünn seine Stimme ist, samt dem Eis, über das sie helfen soll.

4

So ist auch die ›Wende‹ keine Erfindung der achtziger Jahre, sie hat in den siebziger Jahren stattgefunden und fiel in der Literatur radikaler aus als bei den Jusos. Von der Forderung »Weg mit der Dekadenzliteratur, her mit dem proletarischen Roman!« bis zum Bekenntnis »Ich interessiere mich immer weniger für gesellschaftliche Veränderung und utopischen Entwurf, während das Gleichbleibende und Verlorene, Heimat, eine fast lebensrettende Bedeutung gewonnen hat«, liegen zehn kurze Jahre, und die Zeit vom »authentischen Lebenslauf« zum »Verständigungstext« ist noch kürzer, ebenso kurz wie die vom Kaderroman zur Trauerarbeit, vom kollektiven Wir der Agitproplyrik zum sensiblen Ich, das sich »spontan ins Gedicht einbringt«.

5

Das Lesebuch zeigt diesen Vorgang da, wo der inhaltliche Anspruch ästhetisch eingelöst wird, was allerdings auch heißt, daß gerade die wendigsten und windigsten Texte und Autoren der Zensur zum Opfer fielen. Es fehlen also, beispielsweise, sowohl

Werke zur revolutionären Kaderbildung (»Über die hinterlistige Falle, die die ›Rote-Fahne‹-Clique, verstärkt durch die ›Roter-Morgen‹-Clique, dem Marxismus-Leninismus in Deutschland stellt«) als auch bekenntnisreiche Anweisungen zum richtigen Gebrauch des Speculums.

6

Im Lesebuch gibt es nur relativ wenige Autoren, die in den siebziger Jahren angefangen haben, (uns) wichtige Bücher zu publizieren. Die meisten Autoren dieses Bandes begannen in den fünfziger und sechziger Jahren zu schreiben, ihre Bücher prägten die siebziger Jahre: »März«, »Der Untergang der Titanic«, »Kindheitsmuster«, »Die Fälschung«, »Lenz«, »Jahrestage«, »Die verlorene Ehre der Katharina Blum«, »Lernprozesse mit tödlichem Ausgang«, »Westwärts 1 & 2«, »Abendlicht«, »Martin Luther & Thomas Münzer«, »Wunschloses Unglück«, »Haltbar bis 1999«, »Der Stimmenimitator«, »100 Gedichte ohne Vaterland«, »Die Ästhetik des Widerstands«, »die bearbeitung der mütze«, »Eichendorffs Untergang«.
Darüber nachzudenken, warum die Siebziger so selten in der Literatur der siebziger Jahre auftreten, könnte einiges über die Siebziger ans Licht bringen, also auch über die Generation der Autoren, die in den Fünfzigern geboren wurden.

7

Wir haben versucht, Texte aus allen literarischen Gattungen vorzustellen: Gedicht, Erzählung, Dialog, Polemik, Essay, Journal, Szene, Satire. Bis auf wenige (im Quellenverzeichnis vermerkte) Ausnahmen haben wir die Texte nicht gekürzt. Sogenannte ›umstrittene‹ Texte – beispielsweise Alfred Anderschs Gedicht zum Artikel 3,3 des Grundgesetzes oder Erich Frieds Gedicht auf den Tod des Generalbundesanwalts Buback – haben wir selbstverständlich aufgenommen; dies Lesebuch ist für aufmerksame und neugierige Leser, auch sehr junge.
Auszüge aus größeren Prosatexten erscheinen nur dann, wenn sonst auf die Dokumentation der Arbeit eines wichtigen Autors hätte ganz verzichtet werden müssen. Im übrigen verweisen wir auf Ernst Jandls Vierzeiler:

ein roman ist eine geschichte
in der
alles zu lang dauert.
das ist ein roman.

8

Im Zweifelsfall haben wir uns für die Literatur und gegen die zeitgeschichtliche Illustration entschieden: »Die siebziger Jahre im Spiegel ihrer Literatur« – das wäre ein anderes und vermutlich überaus langweiliges Buch.
Andererseits: Da alle Texte dieses Lesebuchs in den siebziger Jahren geschrieben wurden, kann man aus ihnen – zusammengenommen – viel über die Kultur des Jahrzehnts zwischen 1970 und 1980 erfahren.

9

Normalerweise finden sich am Schluß von Anthologie-Nachworten zwei wohlformulierte Entschuldigungen.
Erstens: Leider sei der Umfang viel zu beschränkt gewesen. Das finden wir nicht, sondern halten das vorliegende Lesebuch – mit 150 Texten und allen seinen typographischen Sparkunststücken – eher für ziemlich umfangreich.
Zweitens: Man habe sich zwar um Objektivität bemüht, müsse aber zugeben, daß diese Auswahl von anderer Seite (man kann durchblicken lassen: auch diese Seite ist natürlich nicht objektiv) als einseitig, ungerecht und unausgewogen bezeichnet werden könne. Dieser Meinung schließen wir uns selbstverständlich an.

Herbst 1984 — *Die Herausgeber*

Lebensdaten, Bibliographie, Quellenverzeichnis

Das folgende Verzeichnis enthält – neben den wichtigsten biographischen Daten – eine möglichst vollständige Bibliographie der zwischen 1970 und 1980 erschienenen Bücher der Autoren, ebenso auch die bereits erschienenen Werkausgaben. Erschienen die Texte in einer Anthologie oder wurden sie erst nach 1979 in einen Band aufgenommen, so enthält der Quellenhinweis auch das Erscheinungsjahr. Allen Autoren und Verlagen dankt der Verlag für die Druckgenehmigung.

HERBERT ACHTERNBUSCH geboren 1938 in München, wuchs auf im Bayerischen Wald, Studium der Malerei an der Kunstakademie Nürnberg. Lebt als freier Schriftsteller und Filmemacher in Buchendorf bei München.
Die Macht des Löwengebrülls, 1970. – Die Alexanderschlacht, 1971. – L'Etat c'est moi, 1972. – Der Tag wird kommen, 1973. – Die Stunde des Todes, 1975. – Land in Sicht, 1977. – Servus Bayern, 1977. – 1969/Die Alexanderschlacht/Die Atlantikschwimmer. 3 Bde., 1978. – Der Komantsche, 1979.
Blutentnahme aus »Land in Sicht« (Suhrkamp).

ILSE AICHINGER geboren 1921 in Wien, wuchs in Linz und Wien auf. Medizinstudium. Lebt in Wien.
Dialoge, Erzählungen, Gedichte, 1971. – Schlechte Wörter, 1976. – Verschenkter Rat, 1978. – Meine Sprache und ich, 1978. – Ges. Werke. 8 Bde. Frankfurt/Main (Fischer Taschenbuch Verlag) 1991.
Schlechte Wörter aus dem gleichnamigen Erzählband (S. Fischer).

ALFRED ANDERSCH geboren 1914 in München. 1933 im KZ Dachau, danach unter Gestapoaufsicht. Ab 1940 Soldat, 1944 Desertion. Später Arbeit als Rundfunk- und Zeitschriftenredakteur (›Der Ruf‹ 1946/47, ›Texte und Zeichen‹ 1955/57). Seit 1958 freier Schriftsteller in Berzona (Schweiz), wo er 1980 starb.
Tochter, 1970. – Gesammelte Erzählungen, 1971. – Mein Verschwinden in Providence, 1971. – Norden Süden rechts und links, 1972. – Winterspelt, 1974. – Öffentlicher Brief an einen sowjetischen Schriftsteller, das Überholte betreffend, 1977. – Einige Zeichnungen, 1977. – Empört euch der Himmel ist blau, 1977. – Ein Briefwechsel: Alfred Andersch und Konstantin Simonow, 1978. – Aus einem römischen Winter und andere Aufsätze, 1979. – Neue Hörspiele, 1979. – Sämtliche Romane. 4 Bde. Zürich (Diogenes) 1988.
Rex Himmler (Titel von den Herausgebern) aus »Der Vater eines Mörders« (Diogenes, 1980); *Artikel 3 (3)* aus »Empört euch der Himmel ist blau« (Diogenes).

ERICH ARENDT 1903 in Neuruppin geboren. 1933 Emigration in die Schweiz. 1936–1939 Teilnahme am Spanischen Bürgerkrieg. Lebte danach in Frankreich und Kolumbien, seit 1950 als freier Schriftsteller und Übersetzer in Ostberlin, wo er 1984 starb.
Griechische Tempel, 1970. – Feuerhalm, 1973. – Gedichte, 1973. – Poesiealbum 76, 1974. – Memento und Bild, 1976. – Zeitsaum, 1978.
Im Museum aus »Das zweifingrige Lachen« (Claassen, 1981).

WOLFGANG BÄCHLER geboren 1925 in Augsburg. Aufgewachsen in Bamberg, München und Memmingen. Arbeitsdienst, Soldat; lebte von 1956 bis 1966 in Frankreich, seit 1967 in München.
Traumprotokolle, 1972. – Ausbrechen, 1976. – Stadtbesetzung, 1979.
Die Seßhaften aus »Ausbrechen« (S. Fischer); *Stadtbesetzung* aus dem gleichnamigen Buch (S. Fischer).

KURT BARTSCH geboren 1937 in Berlin. Studierte am Literaturinstitut in Leipzig, wurde 1979 aus dem Schriftstellerverband der DDR ausgeschlossen, übersiedelte 1980 nach Westberlin, lebt heute in Berlin.
Orpheus, 1970. – Die Lachmaschine, 1971. – Kalte Küche, 1974. – Der Bauch und andere Songspiele, 1977. – Kaderakte, 1979.
Sozialistischer Biedermeier aus »Die Lachmaschine« (Wagenbach).

JÜRGEN BECKER geboren 1932 in Köln. Verlagslektor und Rundfunkredakteur, lebt seit 1968 bei Köln.
Umgebungen, 1970. – Eine Zeit ohne Wörter, 1971. – Schnee, 1971. – Die Zeit nach Harriman, 1971. – Das Ende der Landschaftsmalerei, 1974. – Erzähl mir nichts vom Krieg, 1977. – In der verbleibenden Zeit, 1979.
Kontaktperson aus »In der verbleibenden Zeit« (Suhrkamp).

JUREK BECKER geboren 1937 in Lodz (Polen). Kindheit im Getto und Konzentrationslager. Kam 1945 nach Deutschland. Studium der Philosophie. 1960 bis 1967 freier Schriftsteller in Ostberlin, seit 1977 im Westen, lebt heute in Berlin.
Irreführung der Behörden, 1973. – Der Boxer, 1976. – Schlaflose Tage, 1978.
Aus heiterem Himmel aus »Nach der ersten Zukunft« (Suhrkamp, 1980).

THOMAS BERNHARD geboren 1931 in Heerlen (Niederlande). War Schauspielschüler, Landwirtschaftsstudent, Reporter. Starb 1989 in Gmunden (Österreich).
Ein Fest für Boris, 1970. – Midland in Stilfs, 1971. – Der Ignorant und der Wahnsinnige, 1972. – Die Jagdgesellschaft, 1974. – Der Kulterer, 1974. – Die Macht der Gewohnheit, 1974. – Der Präsident, 1975. – Korrektur, 1975. – Die Ursache, 1975. – Die Berühmten, 1976. – Der Wetterfleck, 1976. – Der Keller, 1976. – Minetti, 1977. – Immanuel Kant, 1977. – Der Atem, 1978. – Ja, 1978. – Der Stimmenimitator, 1978. – Der Weltverbesserer, 1979. – Vor dem Ruhestand, 1979.
Der deutsche Mittagstisch aus »Tintenfisch« 17, herausgegeben von Michael Krüger und Klaus Wagenbach (Wagenbach, 1979). – *Umgekehrt* und *Der Stimmenimitator* aus »Der Stimmenimitator« (Suhrkamp).

PETER BICHSEL geboren 1935 in Luzern. Ausbildung und Tätigkeit als Volksschullehrer. Lebt heute als freier Schriftsteller in Bellach bei Solothurn.
Stockwerke, 1974. – Geschichten zur falschen Zeit, 1979.
Wege zum Fleiß aus »Geschichten zur falschen Zeit« (Luchterhand).

WOLF BIERMANN geboren 1936 in Hamburg. Übersiedelte 1953 in die DDR. Regieassistenz und Philosophiestudium. 1976 Ausbürgerung aus der DDR, lebt seitdem in Hamburg.
Der Dra-Dra, 1970. – Für meine Genossen, 1972. – Deutschland. Ein Wintermärchen, 1972. – Das Märchen vom kleinen Herrn Moritz, 1972. – Preußischer Ikarus, 1978. – Das Märchen von dem Mädchen mit dem Holzbein, 1979.
Ballade vom preußischen Ikarus aus »Preußischer Ikarus« (Kiepenheuer & Witsch).

HEINRICH BÖLL geboren 1917 in Köln. Buchhändlerlehre, 1939–1945 Soldat. Werkstudent. Lebte in Köln. 1972 Nobelpreis für Literatur. Starb 1985 in der Eifel.
Gruppenbild mit Dame, 1971. – Erzählungen 1950–1970, 1972. – Gedichte, 1972. – Versuch über die Vernunft der Poesie, Nobelvorlesung, 1973. – Neue politische und literarische Schriften, 1973. – Die verlorene Ehre der Katharina Blum, 1974. – Drei Tage im März, 1975. – Berichte zur Gesinnungslage der Nation, 1975. – Gedichte, 1975. – Einmischung erwünscht, 1977. – Essayistische Schriften und Reden, 1979ff. – Eine deutsche Erinnerung, 1979. – Du fährst zu oft nach Heidelberg, 1979. – Werke. Romane und Erzählungen. 4 Bde. Köln (Kiepenheuer & Witsch) 1987.
Die Angst... (gekürzt) aus Band 3, *Freies Geleit für Ulrike Meinhof* (gekürzt) aus Band 2 der »Essayistischen Schriften und Reden« (Kiepenheuer & Witsch).

NICOLAS BORN geboren 1937. Lehre und Arbeit als Chemigraph in Essen. 1965 Umsiedlung nach Westberlin. Lebte bis zu seinem Tod 1979 in Berlin und Dannenberg/Niedersachsen.
Wo mir der Kopf steht, 1970. – Das Auge des Entdeckers, 1972. – Oton und Iton, 1973. – Die erdabgewandte Seite der Geschichte, 1976. – Gedichte 1967–1978, 1978. – Die Fälschung, 1979.
Im D-Zug München–Hannover, Das Erscheinen eines jeden in der Menge und *Entsorgt* aus »Gedichte 1967–1978« (Rowohlt).

THOMAS BRASCH geboren 1945 in Westow/Yorkshire. Studium der Journalistik und Dramaturgie. Arbeit im Brecht-Archiv bis 1972. Seither freiberuflicher Schriftsteller, übersiedelte 1976 nach Westberlin, lebt heute in Berlin.
»Poesiealbum 89«, 1975. – Vor den Vätern sterben die Söhne, 1977. – Kargo, 32. Versuch auf einem untergehenden Schiff aus der eigenen Haut zu kommen, 1977. – Die argentinische Nacht, 1977. – Rotter Und weiter, 1978.
Der Nazi wischt den Hausflur und *Und der Sänger Dylan* aus »Der schöne 27. September« (Suhrkamp, 1980).

VOLKER BRAUN geboren 1939 in Dresden. Studium der Philosophie in Leipzig. Lebt seit 1965 in Ostberlin, seit 1972 Mitarbeiter des Deutschen Theaters Berlin.
Wir und nicht sie, 1970. – Die Kipper, 1972. – Das ungezwungene Leben Kasts, 1972. – Gedichte, 1972. – Gegen die Symmetrische Welt, 1974. – Es genügt nicht die einfache Wahrheit, 1975. – Stücke I, 1975. – »Poesiealbum 115«, 1977. – Training des aufrechten Gangs, 1979. – Gedichte, 1979.
Kontinuität, Die Geräusche... und *Höhlengleichnis* aus »Gedichte« (Suhrkamp).

ROLF DIETER BRINKMANN geboren 1940 in Vechta/Oldenburg. Buchhändlerlehre, Pädagogikstudium. Lebte seit 1962 in Köln. Aufenthalte in Rom, London, Austin/Texas. Tod am 23. 4. 1975 bei einem Autounfall in London.
Gras, 1970. – Auf der Schwelle, 1971. – Wolff's Ende. Aus dem Notizbuch Rom 1972/73, 1973. – Westwärts 1 & 2, 1975. – Rom 1, Blicke, 1979.
Hymne auf einen italienischen Platz aus »Westwärts 1 & 2« (Rowohlt).

HANS CHRISTOPH BUCH geboren 1944 in Wetzlar. Studium der Germanistik und Slawistik. Lebt als freier Schriftsteller in Berlin und bei Gorleben.
Ut Pictura Poesis, 1972. – Kritische Wälder, 1972. – Aus der neuen Welt, 1975. – Die Scheidung von San Domingo, 1976. – Das Hervortreten des Ichs aus den Wörtern, 1978. – Bericht aus dem Inneren der Unruhe, 1979. – Tatanka Yotanka, 1979.
Aus den Aufzeichnungen eines Wahnsinnigen aus der Anthologie »Tintenfisch« 11, herausgegeben von Klaus Wagenbach (Wagenbach, 1977).

MICHAEL BUSELMEIER geboren 1938 in Heidelberg. Studium der Germanistik und Kunstgeschichte, lebt als freier Autor in Heidelberg.
Nichts soll sich ändern, 1978.
An einige Besucher des Akademischen Lesesaals aus »Radfahrt gegen Ende des Winters« (Suhrkamp, 1982).

ELIAS CANETTI geboren 1905 in Rustschuk (Bulgarien). 1924 Studium der Naturwissenschaften in Wien. Seit 1929 Arbeit als Übersetzer und freier Schriftsteller. 1981 Nobelpreis für Literatur. Starb 1994 in Zürich.
Alle vergeudete Verehrung, 1970. – Die gespaltene Zukunft, 1972. – Macht und Überleben, 1972. – Die Provinz des Menschen, 1973. – Der Ohrenzeuge, 1974. – Canetti lesen, 1975. – Der Überlebende, 1975. – Der Beruf des Dichters, 1976. – Das Gewissen der Worte, 1975 (2. erw. Aufl. 1976). – Die gerettete Zunge, 1977. – Brief an Herbert G. Göpfert, 1977. – Aufzeichnungen 1942–1972, 1978.
Der Fehlredner aus »Der Ohrenzeuge« (Hanser).

HEINZ CZECHOWSKI geboren 1935 in Dresden. Studium am Institut für Literatur »Johannes R. Becher«. Tätigkeit als Verlagslektor und Mitarbeit am Theater. Lebt gegenwärtig wechselnd in Leipzig und Italien.
Rumpelstilzchen, 1972. – Spruch und Widerspruch, 1974. – Schafe und Sterne, 1975.
Erfahrungen mit Karpfen aus »Schafe und Sterne« (Mitteldeutscher Verlag).

WOLFGANG DEICHSEL geboren 1939 in Wiesbaden. Studium der Germanistik, Kunstgeschichte und Psychologie. Lebt als freier Schriftsteller in Johannisberg.
Frankenstein, 1972. – Werke. 7 Bde. Frankfurt/Main (Verlag der Autoren) 1988ff.
Achim aus »Frankenstein« (Wagenbach).

F.C. DELIUS geboren 1943 in Rom. Studium der Germanistik. Lebt als freier Schriftsteller in Berlin.
Der Held und sein Wetter, 1971. – Unsere Siemens Welt, 1972. – Ein Bankier auf der Flucht, 1975.
Moritat ... aus »Ein Bankier auf der Flucht« (Rotbuch).

HUGO DITTBERNER geboren 1944 in Niedersachsen. Studium der Germanistik, Geschichte, Philosophie. Lebt als freier Schriftsteller in Kalefeld/Niedersachsen.
Rutschbahn, 1973. – Donnervogel, 1973. – Passierscheine, 1973. – Heinrich Mann, 1974. – Das Internat, 1974. – Tausend Flüsse und Wälder im Kopf, 1975 – Der Biß ins Gras, 1976. – Draußen im Dorf, 1978. – Jacobs Sieg, 1979.
Ein öffentliches Gedicht aus »Ruhe hinter Gardinen« (Rowohlt, 1980).

TANKRED DORST geboren 1925 in Oberlind/Thüringen. Studium der Germanistik, Kunstgeschichte und Theaterwissenschaft; lebt in München.
Sand, 1971. – Kleiner Mann – was nun?, 1972. – Eiszeit, 1973. – Auf dem Chimboazo, 1974. – Dorothea Merz, 1976. – Klaras Mutter, 1978. – Stücke. 2 Bde., 1978.
Parzival (Titel von den Herausgebern) aus dem Stück »Merlin oder Das wüste Land« (Suhrkamp, 1981).

FRIEDRICH DÜRRENMATT geboren 1921 in Konolfingen bei Bern. Studierte Philosophie, Literatur und Naturwissenschaften. Zunächst Graphiker und Zeichner, seit 1946 Schriftsteller. Starb 1990 in Neuchâtel (Schweiz).
Titus Andronicus, 1970. – Sätze aus Amerika, 1970. – Porträt eines Planeten, 1971. – Der Sturz, 1971. – Komödien III, 1972. – Dramaturgisches und Kritisches, 1972. – Israel. Eine Rede, 1975. – Zusammenhänge, 1976. – Der Mitmacher, 1976. – Die Frist, 1977. – Bilder und Zeichnungen, 1978. – Albert Einstein, 1979.
Werkausgabe in 30 Bänden. Zürich (Diogenes) 1980.
Prokrustes (Titel von den Herausgebern) aus »Nachgedanken« (in der erweiterten Ausgabe der »Zusammenhänge«, Diogenes, 1980).

GÜNTER EICH geboren 1907 in Lebus/Oder. Studium der Rechtswissenschaft und Sinologie, Aufenthalte in Berlin, Dresden und Paris; lebte später in Groß-Gmain (Österreich), wo er 1972 starb.
Ein Tibeter in meinem Büro, 1970. – Nach Seumes Papieren, 1972. – Semmelformen, 1972. – Ges. Werke. 4 Bde. Frankfurt /Main (Suhrkamp) 1989.
In eigener Sache aus »Ein Tibeter in meinem Büro« (Suhrkamp).

ADOLF ENDLER geboren 1930 in Düsseldorf. Übersiedelte 1955 in die DDR, studierte bis 1957 am Institut für Literatur »Johannes R. Becher« in Leipzig. Lebt als freier Schriftsteller in Berlin.
Das Sandkorn, 1974. – Nackt mit Brille, 1975. – Zwei Versuche, über Georgien zu erzählen, 1976. – Verwirrte klare Botschaften, 1979. – Nadelkissen, 1979.
Über das Rudern im Achter aus »Nadelkissen« (Walter).

HANS MAGNUS ENZENSBERGER 1929 in Kaufbeuren geboren. Studierte Literaturwissenschaft, Sprachen, Philosophie. Langjährige Aufenthalte in Norwegen, Frankfurt, Berlin. Lebt als freier Schriftsteller in München.
Das Verhör von Habana, 1970. – Gedichte 1955–1970, 1971. – Der kurze Sommer der Anarchie, 1972. – Freisprüche, 1973. – Palaver, 1974. – Mausoleum, 1975. – Weg ins Freie, 1975. – Der Untergang der Titanic, 1978.
Andenken und *Die Dreiunddreißigjährige* aus »Die Furie des Verschwindens« (Suhrkamp, 1980); *Bescheidener Vorschlag*... (gekürzt) aus der Anthologie »Tintenfisch« 11, herausgegeben von Klaus Wagenbach (Wagenbach, 1977).

ELKE ERB geboren 1938 in Scherbad/Eifel. Übersiedelte 1949 in die DDR, studierte Germanistik und Slawistik in Halle. Lebt heute in Berlin.
Gutachten, 1975. – Ein schöner Land, 1976. – Einer schreit: Nicht!, 1976. – Der Faden der Geduld, 1978. – Schulter an Schulter, 1979.
Wie man wohnt aus »Einer schreit: Nicht!« (Wagenbach).

RAINER WERNER FASSBINDER geboren 1945 in Bad Wörishofen. Schauspielerausbildung, Initiator des »antitheaters«. Seit 1971 als freier Schriftsteller, Regisseur und Filmemacher tätig. Starb 1982 in München.
Antitheater I, 1970. – Antitheater II, 1972. – Stücke 3, 1976. – Schatten der Engel, 1976. – H. G. Pflaum/R. W. Fassbinder, Das bißchen Realität, das ich brauche, 1976. – Angst essen Seele auf, 1978. – Sämtl. Stücke. Frankfurt/Main (Verlag der Autoren) 1991.
Über Döblins ›Alexanderplatz‹ (gekürzt) aus der Anthologie »Zeit-Bibliothek der 100 Bücher«, herausgegeben von Fritz J. Raddatz (Suhrkamp, 1980).

JÖRG FAUSER geboren 1944, lebte nach abgebrochenem Studium, Tätigkeiten als Krankenpfleger in London, Nachtportier in Istanbul, Flughafenarbeiter in Frankfurt, als Journalist und freier Schriftsteller in Berlin, starb 1987 in Feldkirchen.
Aqualunge, 1971. – Tophane, 1972. – Die Harry-Gelb-Story, 1973. – Open End, 1977. – Marlon Brando, 1978. – Strand der Städte, 1978. – Requiem für einen Goldfisch, 1979. – Trotzki, Goethe und das Glück, 1979. – Jörg Fauser, Edition. 8 Bde. Hamburg (Rogner & Bernhard) 1990.
Goethe, Trotzki aus »Trotzki, Goethe und das Glück« (Rogner & Bernhard).

LUDWIG FELS geboren 1946 in Treuchtlingen/Fränkische Alb. Verschiedene Tätigkeiten als Arbeiter. Seit 1973 freier Schriftsteller, lebt seit 1983 in Wien.
Anläufe, 1973. – Platzangst, 1974. – Ernüchterung, 1975. – Alles geht weiter, 1977. Mein Land, 1978.
Bekanntschaften aus »Mein Land« (Luchterhand).

HUBERT FICHTE geboren 1935 in Perleberg. Kindheit in Hamburg. Ausbildung als Schauspieler. Arbeitete als Schafhirt und Lagerarbeiter. 1971–1975 Aufenthalte in Brasilien, Bahia, Haiti, Trinidad. Lebte bis zu seinem Tod 1986 in Hamburg.
Detlevs Imitationen ›Grünspan‹, 1971. – Interviews aus dem Palais d'Amour, 1972. – Versuch über die Pubertät, 1974. – Xango, 1976. – Wolli Indienfahrer, 1978.
Gespräch mit dem Ledermann aus »Hans Eppendorfer, Der Ledermann spricht mit Hubert Fichte« (Suhrkamp, 1977).

DIETER FORTE geboren 1935 in Düsseldorf. Arbeitete nach der Schulzeit in den verschiedensten Berufen, ab 1960 am Theater, Radio und Fernsehen. Lebt seit 1971 als freier Schriftsteller in Basel.
Rate mit im Rätselzoo, 1970. – Martin Luther und Thomas Müntzer, 1971. – Die Wand, 1973. – Jean Henry Dunant, 1978. – Kaspar Hausers Tod, 1979.
Fugger macht ein Geschäft (Titel von den Herausgebern) aus »Martin Luther und Thomas Müntzer« (S. Fischer).

ERICH FRIED geboren 1921 in Wien. Floh nach der Besetzung Österreichs 1938 nach England. Bis 1967 freier Mitarbeiter bei BBC London. Übersetzungen aus dem Englischen. Lebte in London. Starb 1988 in Baden-Baden.
Unter Nebenfeinden, 1970. – Die Freiheit den Mund aufzumachen, 1972. – Gegengift, 1974. – Höre, Israel!, 1974. – Fast alles Mögliche, 1975. – So kam ich unter die Deutschen, 1977. – Die bunten Getüme, 1977. – 100 Gedichte ohne Vaterland, 1978. – Liebesgedichte, 1979.
Auf den Tod... aus »So kam ich unter die Deutschen« (Association); *Die Anfrage* aus »100 Gedichte ohne Vaterland« (Wagenbach).

FRITZ RUDOLF FRIES geboren 1935 in Bilbao (Spanien). 1942 Übersiedlung nach Deutschland. Studium der Romanistik in Leipzig. Ab 1958 freischaffender Übersetzer aus dem Französischen und Spanischen. Lebt seit 1966 als freier Schriftsteller in Petershagen bei Berlin.
Der Fernsehkrieg und andere Erzählungen, 1970. – See-Stücke, 1973. – Das Luft-Schiff, 1974. – Lope de Vega, 1977. – Der Seeweg nach Indien, 1978. – Mein spanisches Brevier 1976–1977, 1979. – Die Verbannung und der Sieg des Ritters Cid, 1979.
Der Schlaf eines Diktators aus »Der Fernsehkrieg« (Suhrkamp).

MAX FRISCH geboren 1911 in Zürich. Studium der Germanistik. Freier Journalist. Architekturstudium. Zehn Jahre gleichzeitige Arbeit als Architekt und Schriftsteller. Starb 1991 in Zürich.
Wilhelm Tell für die Schule, 1971. – Tagebuch 1966–1971, 1972. – Glück, 1972. – Stücke I, 1972. – Stücke II, 1973. – Dienstbüchlein, 1974. – Aus dem Tagebuch und Reden, 1974. – Montauk, 1975. – Stich-Worte, 1975. – Zitat, 1976. – Triptychon, 1978. – Der Traum des Architekten von Locarno, 1978. – Der Mensch erscheint im Holozän, 1979. – Ges. Werke. 7 Bde. Frankfurt/Main (Suhrkamp) 1986.
Notizen zu einem Handbuch für Anwärter (gekürzt) aus dem »Tagebuch 1966 bis 1971« (Suhrkamp).

HANS JÜRGEN FRÖHLICH geboren 1932 in Hannover. Studium der Musik. Lebte als freier Schriftsteller in München und Italien. Starb 1986 in Dannenberg.
Engels Kopf, 1971. – Anhand meines Bruders, 1974. – Im Garten der Gefühle, 1975. – Schubert. Eine Biographie, 1978. – Einschüchterungsversuche, 1979.
Ein ideales Paar aus »Im Garten der Gefühle« (Hanser).

GÜNTER BRUNO FUCHS geboren 1928 in Berlin. Luftwaffenhelfer, Arbeitsdienst; danach u. a. Maurerumschüler, Besuch der Berliner Hochschule für Bildende Künste, Schulhelfer in Ostberlin. Starb 1977 in Westberlin.
Handbuch für Einwohner, 1970. – Das Lesebuch des Günter Bruno Fuchs, 1970. – Der Bahnwärter Sandomir, 1971. – Neue Fibelgeschichten, 1971. – Aus dem Leben eines Taugenichts: Jahresroman, 1972. – Reiseplan für Westberliner, 1972. – Die Ankunft des großen Unordentlichen, 1978. – Gesammelte Fibelgeschichten, 1978. Schallplatten: G. B. Fuchs liest, 1970. – Ein Ohr wäscht das andere, 1979. – Werke. 3 Bde. München (Hanser) 1990ff.
Die Antwort des Schülers; Unterricht aus »Gesammelte Fibelgeschichten« (Hanser).

FRANZ FÜHMANN 1922 in Rochlitz/Riesengebirge geboren. Wurde als Oberschüler zur Wehrmacht eingezogen. Lebte seit der Rückkehr aus sowjetischer Gefangenschaft 1949 in Ostberlin. Starb 1984.
Der Jongleur im Kino oder die Insel der Träume, 1970. – Das Nibelungenlied, 1972. – 22 Tage oder die Hälfte des Lebens, 1973. – Prometheus/Titanenschlacht, 1974. – Erfahrungen und Widersprüche, 1975. – Parna, Träume und Geschichten, 1976. – Barlach in Güstrow, 1977. – Erzählungen 1955–1975, 1977. – Bagatelle, rundum positiv, 1978. – Fräulein Veronika Paulmann, 1978. – Gedichte und Nach-

dichtungen, 1978. – Geliebte der Morgenröte, 1978. – Werke. 8 Bde. Rostock (Hinstorff) 1993.
Schneewittchen aus der Anthologie »Tintenfisch« 11, herausgegeben von Klaus Wagenbach (Wagenbach, 1977).

GÜNTER GRASS geboren 1927 in Danzig. Nach dem Krieg Steinmetz und Bildhauer. Studium an den Kunstakademien in Düsseldorf und Berlin. Lebt in Berlin.
Theaterspiel, 1970. – Ges. Gedichte, 1971. – Aus dem Tagebuch einer Schnecke, 1972. – Mariazuehren, 1973. – Der Bürger und seine Stimme, 1974. – Lieb geprüft, 1974. – Der Butt, 1977. – Denkzettel, 1978. – Das Treffen in Telgte, 1979. – Studienausgabe. 12 Bde. Göttingen (Steidl) 1994.
Alle beide und *Vorgeträumt* aus »Der Butt« (Luchterhand).

MAX VON DER GRÜN geboren 1926 in Bayreuth. Maurerlehre, im Baugewerbe und im Bergbau im Ruhrgebiet tätig. Seit 1964 freier Schriftsteller.
Flug über Zechen und Wälder, 1970. – Urlaub am Plattensee, 1970. – Am Tresen gehen die Lichter aus, 1972. – Stenogramm, 1972. – Menschen in Deutschland, 1973. – Stellenweise Glatteis, 1973. – Ein Tag wie jeder andere, 1973. – Zwei Briefe an Pospischiel, 1974. – Leben im gelobten Land, 1975. – Wenn der tote Rabe vom Baum fällt, 1975. – Reisen in die Gegenwart, 1976. – Vorstadtkrokodile, 1976. – Unterwegs in Deutschland, 1979. – Wie war das eigentlich?, 1979. – Flächenbrand, 1979.
Wir sind eine demokratische Familie aus »Etwas außerhalb der Legalität und andere Erzählungen« (Luchterhand, 1980).

PETER HÄRTLING geboren 1933 in Chemnitz. 1946 Umsiedlung nach Nürtingen. Seit 1954 Redakteur bei verschiedenen Zeitungen, 1967–1973 Verlagslektor im S. Fischer Verlag, seitdem Schriftsteller. Lebt in Mörfelden.
Gilles, 1970. – ... und das ist die ganze Familie, 1970. – Ein Abend eine Nacht ein Morgen, 1971. – Neue Gedichte, 1972. – Zwettl, 1973. – Das war der Hirbel, 1973. – Eine Frau, 1974. – Zum laut und leise lesen, 1975. – Oma, 1975. – Hölderlin, 1976. – Anreden, 1977. – Theo haut ab, 1977. – Hubert oder die Rückkehr nach Casablanca, 1978. – Ben liebt Anna, 1979. – Ausgewählte Gedichte, 1979. – Werkausgabe. 9 Bde. Hamburg (Luchterhand) 1993–1995. Köln (Kiepenheuer & Witsch) 1995 ff.
Die Fragenden aus der Anthologie »Deutschland, Deutschland«, herausgegeben von Jochen Jung (Residenz, 1979).

PETER HANDKE geboren 1942 in Kärnten, Studium der Rechtswissenschaften. Lebt in Chaville bei Paris.
Die Angst des Tormanns beim Elfmeter, 1970. – Wind und Meer, 1970. – Der Ritt über den Bodensee, 1970. – Chronik der laufenden Ereignisse, 1971. – Stücke I, 1972. – Der kurze Brief zum langen Abschied, 1972. – Wunschloses Unglück, 1972. – Ich bin ein Bewohner des Elfenbeinturms, 1972. – Stücke II, 1973. – Die Unvernünftigen sterben aus, 1973. – Als das Wünschen noch geholfen hat, 1974. – Falsche Bewegung, 1975. – Die Stunde der wahren Empfindung, 1975. – Der Rand der Wörter, 1975. – Die linkshändige Frau, 1976. – Das Ende des Flanierens, 1977. – Das Gewicht der Welt, 1977. – Langsame Heimkehr, 1979.
Aus einem Journal ist eine Auswahl aus »Das Gewicht der Welt« (Residenz).

LUDWIG HARIG geboren 1927 in Sulzbach/Saarland. 1950–1974 Volksschullehrer im Saarland. Seither lebt er als freier Schriftsteller in Saarbrücken.
Muster möglicher Welten, 1970. – wir spielen revolution, 1970. – miß mary, 1970. – Wir beginnen ein Spiel, 1971. – Sprechstunden für die deutsch-französische Verständigung, 1971. – Ich nehme an, daß mein Vater sagt, 1971. – Lichtbogen, 1971. – Zwei Dutzend Sonette an Orpheus von Rainer Maria Rilke, 1972. – Und sie fliegen über die Berge, weit durch die Welt, 1972. – Allseitige Beschreibung der Welt zur Heim-

kehr des Menschen in eine schönere Zukunft, 1974. – Drei mal drei Fünfsätze, 1974. – Wie kommt Leopold Bloom auf die Bleibtreustraße, 1975. – Die saarländische Freude, 1977. – Die Ballade vom schwarzen Kater Willy, 1977. – Rousseau, 1978. – Nachbarn im Dreieck, 1979. – Heimweh, 1979.
Revolution und Planstelle aus der Anthologie »Tintenfisch« 8, herausgegeben von Michael Krüger und Klaus Wagenbach (Wagenbach, 1975).

ROLF HAUFS geboren 1935 in Düsseldorf. 1960 Übersiedlung nach Berlin. Seit 1972 Redakteur für Literatur beim Sender Freies Berlin.
Der Linkshänder, 1970. – Herr Hut, 1971. – Die Geschwindigkeit eines einzigen Tages, 1976. – Pandas große Entdeckung, 1977. – Größer werdende Entfernung, 1979.
Privates Gedicht aus »Die Geschwindigkeit eines einzigen Tages« (Rowohlt); *Er* (Titel von den Herausgebern) ist ein Abschnitt aus »Der Linkshänder« (Piper).

HELMUT HEISSENBÜTTEL geboren 1921 in Wilhelmshaven. Kriegsteilnahme und schwere Verwundung 1941. Studium der Architektur, Germanistik und Kunstgeschichte. 1959–1981 Redakteur am SDR. Lebt seit 1981 in Borsfleth.
Projekt Nr. 1. D'Alemberts Ende, 1970. – Die Freuden des Alterns, 1971. – Zur Tradition der Moderne, 1972. – Gelegenheitsgedichte und Klappentexte, 1973. – Das Durchhauen des Kohlhaupts, 1974. – Der fliegende Frosch und das unverhoffte Krokodil, 1976. – Mümmelmann oder die Hasendämmerung, 1978. – Eichendorffs Untergang und andere Märchen, 1978. – Wenn Adolf Hitler den Krieg nicht gewonnen hätte, 1979. – Die goldene Kuppel, 1979.
Zwei Herbste (Titel von den Herausgebern) aus »Das Ende der Alternative« (Klett-Cotta, 1980).

ECKHARD HENSCHEID geboren 1941 in Amberg, lebt dort heute als freier Schriftsteller.
Die Vollidioten, 1973. – Geht in Ordnung-sowieso-genau, 1977. – Die Mätresse des Bischofs, 1978. – Über Oper (zusammen mit Ch. Poth), 1979.
Kurz: ein Skandal aus »Ein scharmanter Bauer« (Zweitausendeins, 1980).

GÜNTER HERBURGER geboren 1932 in Isny/Allgäu. Studium der Literatur- und Theaterwissenschaft, Soziologie, Philosophie und Sanskrit. Lebt heute als freier Schriftsteller in München.
Jesus in Osaka, 1970. – Birne kann alles, 1971. – Birne kann noch mehr, 1971. – Die Eroberung der Zitadelle, 1972. – Helmut in der Stadt, 1972. – Die amerikanische Tochter, 1973. – Operette, 1973. – Hauptlehrer Hofer, 1975. – Birne brennt durch, 1975. – Ziele, 1977. – Flug ins Herz. 2 Bde., 1977. – Orchidee, 1979.
Birne macht Reklame aus »Birne kann noch mehr« (Luchterhand).

STEPHAN HERMLIN geboren 1915 in Chemnitz. Aufgewachsen in Berlin. 1933–1936 Widerstandsarbeit, 1936 Emigration nach Palästina, England, Spanien, Frankreich, Schweiz. 1945 Rückkehr nach Deutschland. 1950 Mitglied der Akademie der Künste der DDR, seit 1976 auch der Westberliner Akademie der Künste. Lebt in Berlin.
Scardanelli, 1970. – Lektüre 1960–1971, 1973. – Abendlicht, 1979.
Erich M. (Titel von den Herausgebern) aus »Abendlicht« (Wagenbach).

WOLFGANG HILBIG geboren 1941 in Meuselwitz/Sachsen. Lehre als Bohrwerksdreher. 1967/68 Teilnahme an einem ›Zirkel schreibender Arbeiter‹. 1985 Übersiedlung in die Bundesrepublik. Lebt heute in Berlin.
Abwesenheit, 1979.
Episode aus »Abwesenheit« (S. Fischer).

ROLF HOCHHUTH geboren 1931 in Eschwege. Buchhändlerlehre, Tätigkeit als Verlagslektor. Lebt seit 1963 als freier Schriftsteller in Basel.
Guerillas, 1970. – Krieg und Klassenkrieg, 1971. – Die Hebamme, 1971. – Lysistrate und die Nato, 1973. – Zwischenspiel in Baden-Baden, 1974. – Die Berliner Antigone, 1975. – Tod eines Jägers, 1976. – Tell 38, 1976. – Eine Liebe in Deutschland, 1978. – Juristen, 1979.
Geschichtsatlas aus »Die Berliner Antigone« (Rowohlt).

FRANZ HOHLER geboren 1943 in Biel (Schweiz). Studium der Germanistik und Romanistik in Zürich. Seit Mitte der sechziger Jahre Solotourneen als Kabarettist. Lebt heute als freier Schriftsteller und Kabarettist in Zürich.
Idyllen, 1970. – Der Rand vom Ostermundigen, 1973. – Wegwerfgeschichten, 1974. – Wo?, 1975. – Der Wunsch in einem Hühnerhof zu leben, 1977. – Drei Reisen, 1977. – Mani Matter, 1977. – Franz und René auf dem Ausflug, 1978. – Darf ich Ihnen etwas vorlesen?, 1978. – Tschipo, 1978. – Sprachspiele, 1979. – Ein eigenartiger Tag, 1979. – In einem Schloß in Schottland, 1979.
Die drei Beobachter aus »Ein eigenartiger Tag« (Luchterhand); *Der Granitblock im Kino* aus »Wegwerfgeschichten« (Zytglogge).

PETER HUCHEL geboren 1903 in Berlin. Studium der Literaturwissenschaft und Philosophie in Berlin, Freiburg, Wien. 1949–1962 Chefredakteur der Zeitschrift ›Sinn und Form‹. Lebte bis 1971 in Wilhelmshorst bei Potsdam, später in Rom, dann in Staufen bei Freiburg, wo er 1981 starb.
Gezählte Tage, 1972. – Hans Henny Jahnn/Peter Huchel: Ein Briefwechsel 1951–1959, 1975. – Unbewohnbar die Trauer, 1977. – Die neunte Stunde, 1979. – Ges. Werke. 2 Bde. Frankfurt/Main (Suhrkamp) 1984.
Das Gericht aus »Gezählte Tage« (Suhrkamp).

ERNST JANDL geboren 1925 in Wien. Dr.phil., lebt als freier Schriftsteller in Wien.
der künstliche baum, 1970. – flöda und der schwan, 1971. – dingfest, 1973. – übung mit buben, 1973. – die männer ein film, 1973. – serienfuß, 1974. – wischen möchten, 1974. – für alle, 1974. – der versteckte hirte, 1975. – alle freut was alle freut, 1975. – Drei Hörspiele, 1975. – die schöne kunst des schreibens, 1976. – Klatschmohn, 1977. – die bearbeitung der mütze, 1978. – Ges. Werke. 3 Bde. Frankfurt/Main (Luchterhand) 1985.
Schallplatten: der künstliche baum, 1970. – hosi + anna, 1971. – Das Röcheln der Mona Lisa, 1972. Toncassette: 13 radiophone Texte, 1977.
der schnitter und *die stelle* aus »der gelbe hund« (Luchterhand, 1980); *von einem sprachen* aus »die bearbeitung der mütze« (Luchterhand).

UWE JOHNSON geboren 1934 in Kammin. Studium der Germanistik in Rostock und Leipzig. 1959 Umzug nach Westberlin. 1966–1968 Aufenthalt in New York. 1974 Umzug nach England (Sheerness on Sea), wo er 1984 starb.
Jahrestage 1, 1970. – Jahrestage 2, 1971. – Jahrestage 3, 1973. – Eine Reise nach Klagenfurt, 1974. – Berliner Sachen, 1975.
Ein Vorbild in »Literaturmagazin« 10, herausgegeben von Nicolas Born, Jürgen Manthey und Delf Schmidt (Rowohlt, 1979).

GERT FRIEDRICH JONKE geboren 1946 in Klagenfurt. Studium an der Akademie für Film und Fernsehen, – der Germanistik, Geschichte und Philosophie. Lebt als freier Schriftsteller in Wien.
Glashausbesichtigung, 1970. – Beginn einer Verzweiflung, 1970. – Musikgeschichte, 1970. – Die Vermehrung der Leuchttürme, 1971. – Im Inland und im Ausland auch, 1974. – Schule der Geläufigkeit, 1977. – Der ferne Klang, 1979.
Fabriken aus »Manuskripte« 36/1972.

ROBERT JUNGK geboren 1913 in Berlin, 1933–1957 Emigration, Honorarprofessor an der TU Berlin am Institut für Zukunftsforschung. Starb 1994 in Salzburg.
Jungk, R./Spieker, H./Maurer, H., Konkretes zur Stadt von heute, 1973. – Jahrtausendmensch, 1973. – Plädoyer für eine humane Revolution, 1975. – Der Atomstaat, 1977.
Der Atomstaat aus dem gleichnamigen Buch (Kindler).

MARIE LUISE KASCHNITZ geboren 1901 in Karlsruhe. Kindheit und Jugend in Baden und Berlin. Lebte in Rom und Frankfurt am Main. Starb 1974 in Rom.
Steht noch dahin, 1970. – Zwischen immer und nie, 1971. – Gespräche im All, 1971. – Kein Zauberspruch, 1972. – Eisbären, 1972. – Orte, 1973. – Gesang vom Menschenleben, 1974. – Ein Lesebuch 1964–1974, 1975. Ges. Werke. 7 Bde. Frankfurt/Main (Suhrkamp) 1981–1989.
Jeder aus »Kein Zauberspruch« (Insel); *Brandsatz* aus »Steht noch dahin« (Suhrkamp).

HEINAR KIPPHARDT 1922 in Heidersdorf/Schlesien geboren. Studium der Medizin, Philosophie, Theaterwissenschaft. Bis 1950 Psychiater und Neurologe an der Charité, bis 1955 Dramaturg am Deutschen Theater in Ostberlin. 1959–1971 Dramaturg in Düsseldorf und München. Starb 1982 in München.
Stücke I, 1973. – Stücke II, 1974. – März, 1976. – Leben des schizophrenen Dichters Alexander M., 1976. – Angelsbrucker Notizen, 1977. – Der Mann des Tages und andere Erzählungen, 1977. – Zwei Filmkomödien, 1979. – Ges. Werke. 10 Bde. Reinbek (Rowohlt) 1990.
Aus dem Leben... aus dem gleichnamigen Filmskript (Wagenbach).

RAINER KIRSCH geboren 1934 in Döbeln/Sachsen. Studium der Germanistik und Philosophie in Halle und Jena. Studium am Institut für Literatur »Johannes R. Becher« in Leipzig. Seit 1965 freier Schriftsteller. Lebt in Berlin.
Wenn ich mein rotes Mützchen hab, 1974. – Kopien nach Originalen, 1974. – Die Perlen der grünen Nixe, 1975. – Es war ein Hahn, 1975. – Das Feuerzeug, 1975. – Das Wort und seine Strahlung, 1976. – Vom Räuberchen, dem Rock und dem Ziegenbock, 1978. – Münchhausen, 1974. – Der Soldat und das Feuerzeug, 1978. – Auszog das Fürchten zu lernen, 1978. – Reglindis, 1979. – Amt des Dichters, 1979.
Ernste Mahnung 75 aus »Auszog das Fürchten zu lernen« (Rowohlt).

SARAH KIRSCH geboren 1935 in Limlingerode/Südharz. 1963–1965 Studium der Germanistik und Philosophie in Halle und Jena. Studium am Institut für Literatur »Johannes R. Becher« in Leipzig. Freie Schriftstellerin. Kam 1977 nach Westberlin. Lebt in Tielenhemme.
Hänsel und Gretel, 1972. – Die Pantherfrau, 1973. – Die ungeheuren berghohen Wellen auf See, 1973. – Zaubersprüche, 1973. –Es war dieser merkwürdige Sommer, 1974. – Caroline im Wassertropfen, 1975. – Zwischen Herbst und Winter, 1975. – Rückenwind, 1976. – Musik auf dem Wasser, 1977. – Wiepersdorf, 1977. – Wintergedichte 1978. – Katzenkopfpflaster, 1978. – Ein Sommerregen, 1978. – Drachensteigen, 1979. – Wind, 1979. – Schatten, 1979.
Ich wollte meinen König töten aus »Zaubersprüche« (Langewiesche-Brandt); *Post* aus »Drachensteigen« (Langewiesche-Brandt).

KARIN KIWUS geboren 1942 in Berlin. Studium der Publizistik, Germanistik und Politologie. 1973–1975 Verlagslektorin. Seit 1975 Sekretärin der Abteilung Literatur an der Akademie der Künste in Westberlin.
Von beiden Seiten der Gegenwart, 1976. – Angenommen später, 1979.
Im ersten Licht aus »Von beiden Seiten der Gegenwart« (Suhrkamp).

ALEXANDER KLUGE geboren 1932 in Halberstadt. Studium der Rechtswissenschaft, Geschichte und Kirchenmusik. Schriftsteller und Filmemacher in München.

Öffentlichkeit und Erfahrung, 1972. – Lernprozesse mit tödlichem Ausgang, 1973. – Filmwirtschaft in der Bundesrepublik und in Europa, 1973. – Kritische Theorie und Marxismus, 1974. – Gelegenheitsarbeit einer Sklavin, 1975. – Neue Geschichten Hefte 1–18, 1977. – Die Patriotin, 1979.
Filme: Der große Verhau, 1969/70. – Ein Arzt aus Halberstadt, 1969/70. – Der Angriffsschlachter, 1971. – Willi Tobler und der Untergang der 6. Flotte, 1971. – Besitzbürgerin, Jahrgang 1908, 1973. – Gelegenheitsarbeit einer Sklavin, 1973. – In Gefahr und größter Not bringt der Mittelweg den Tod, 1974. – Der starke Ferdinand, 1975/76. – Deutschland im Herbst (Beitrag), 1978. – Die Patriotin, 1979.
Hiebe nach rechts und links... aus »Neue Geschichten 1–18« (Suhrkamp).

MATTHIAS KOEPPEL geboren 1935 in Hamburg. 1955–1961 Studium an der Berliner Hochschule der Künste. Seit 1981 Professor für Malen und Zeichnen an der Technischen Universität Berlin. Lebt in Berlin und Hanrade.
Starckdeutsch, 1975.
Heigchpfiddulidallitey aus »Starckdeutsch« (Neuausgabe, Wagenbach, 1983).

WOLFGANG KOEPPEN geboren 1906 in Greifswald. Wuchs in Ostpreußen auf. Studium der Theaterwissenschaft, Literaturgeschichte und Philosophie; Dramaturg, Schauspieler, Redakteur; lebte lange in Berlin, heute in München.
Romanisches Café, 1972. – Jugend, 1976. – Ges. Werke. 6 Bde. Frankfurt/Main (Suhrkamp) 1990.
Angst aus der Zeitschrift »Merkur«, Februar 1974.

WERNER KOFLER geboren 1947 in Villach/Kärnten. Vier Jahre Lehrerbildungsanstalt. Lebt seit 1968 als freier Schriftsteller in Wien.
Örtliche Verhältnisse, 1973. – Guggile, 1975. – Ida H., 1978.
Ein häuslicher Justizirrtum aus »Guggile« (Wagenbach).

URSULA KRECHEL geboren 1947 in Trier. Studium der Germanistik, Theaterwissenschaften und Kunstgeschichte. 1969 bis 1972 Dramaturgin in Dortmund. Lebt seit 1972 als freie Schriftstellerin in Frankfurt.
Selbsterfahrung und Fremdbestimmung, 1975. – Nach Mainz!, 1977. – Verwundbar wie in den besten Zeiten, 1979.
Zum Anschauen aus »Nach Mainz!« (Luchterhand).

FRANZ XAVER KROETZ geboren 1946 in München. 1961 Schauspielausbildung in München, dann am Max-Reinhardt-Seminar in Wien. Arbeitete in wechselnden Berufen. Lebt heute in Kirchberg bei Altenmarkt, Bayern.
Heimarbeit/Hartnäckig/Männersache, 1971. – Stallerhof, 1972. – Wildwechsel, 1973. – Oberösterreich, 1974. – Gesammelte Stücke, 1975. – Reise ins Glück, 1975. – Weitere Aussichten, 1976. – Chiemgauer Geschichten, 1977. – Mensch Maier, 1979. – Stücke. 4 Bde. Frankfurt/Main (Suhrkamp) 1989.
Ehealltag? aus »Chiemgauer Geschichten« (Kiepenheuer & Witsch).

KARL KROLOW geboren 1915 in Hannover. Studium der Germanistik, Romanistik, Philosophie, Kunstgeschichte. Lebt seit 1956 in Darmstadt.
Nichts weiter als das Leben, 1970. – Bürgerliche Gedichte (Pseudonym Karol Kröpcke), 1970. – Zeitvergehen, 1972. – Deutschland deine Niedersachsen, 1972. – Zu des Rheins gestreckten Hügeln/Goethereise 1972, 1972. – Ein Gedicht entsteht, 1973. – Miteinander, 1974. – Gesammelte Gedichte, 1975. – Von literarischer Unschuld, 1977. – Der Einfachheit halber, 1977. – Das andere Leben, 1979.
Schallplatte: Karl Krolow liest aus seinen Gedichten, 1976.
Ich hatte Angst in der Anthologie »Lyrikkatalog Bundesrepublik«, herausgegeben von Jan Hans, Uwe Herms, Ralf Thenior (Goldmann, 1978).

MICHAEL KRÜGER geboren 1943 in Wittgendorf/Sachsen, aufgewachsen in Berlin, lebt als Verleger und Herausgeber in München.
Reginapoly, 1976. – Diderots Katze, 1978. – Nekrologe, 1978.
Im Museum aus »Lidas Taschenmuseum« (Pfaffenweiler Presse, 1981).

GÜNTER KUNERT geboren 1929 in Berlin. Nach dem Krieg Kunststudium, lebte bis 1979 in Ostberlin, heute bei Itzehoe.
Alltägliche Geschichte einer Berliner Straße, 1970. – Warnung vor Spiegeln, 1970. – Ortsangaben, 1971. – Offener Ausgang, 1972. – Tagträume in Berlin und andernorts, 1972. – Die geheime Bibliothek, 1973. – Gast aus England, 1973. – Im weiteren Fortgang, 1974. – Landmarks, 1974. – Der andere Planet, 1975. – Der kleine Aber, 1975. – Der Mittelpunkt der Erde, 1975. – Jeder Wunsch ein Treffer, 1976. – Keine Affäre, 1976. – Warum schreiben? Notizen zur Literatur, 1976. – Unterwegs nach Utopia, 1977. – Bucher Nachträge, 1978. – Camera Obscura, 1978. – Verlangen nach Bomarzo, 1978. – Schreie der Fledermäuse, 1979.
Irgendetwas aus »Unterwegs nach Utopia« (Hanser); *Aufhören der Geschichte* (I) aus »Camera obscura« (Hanser).

JÜRG LAEDERACH geboren 1945 in Basel. Lebt dort als freier Schriftsteller, Dramatiker und Übersetzer.
Einfall der Dämmerung, 1974. – Im Verlauf einer langen Erinnerung, 1977. – Das ganze Leben, 1978.
Andere Mitten, andere Sitten aus »Einfall der Dämmerung« (Suhrkamp).

GREGOR LASCHEN geboren 1941 in Paris. Seit 1972 Dozent für Neuere deutsche Literaturwissenschaft in Utrecht.
Lyrik in der DDR, 1971. – G. Laschen/M. Schlösser, Der zerstückte Traum, 1978.
Notizen aus dem Holunder aus »Die andere Geschichte der Wolken« (Hanser, 1983).

REINHARD LETTAU geboren 1929 in Erfurt. Studium der vergleichenden Literaturwissenschaft. Lehrte in La Jolla an der University of California, USA. Lebt in Berlin.
Täglicher Faschismus, 1971. – Immer kürzer werdende Geschichten, 1973. – Frühstücksgespräche in Miami, 1977.
Zwei Gespräche... (Titel von den Herausgebern) aus »Frühstücksgespräche in Miami« (Hanser).

UDO LINDENBERG geboren 1946 in Gronau, spielte schon als Schüler in einer Band, seit 1971 mit dem ›Panik-Orchester‹. Lebt jetzt in Hamburg.
Alles klar auf der Andrea Doria von der gleichnamigen Schallplatte (Arnie Musikverlag, 1973).

GERT LOSCHÜTZ geboren 1946 in Genthin. Lebt als freier Schriftsteller bei Frankfurt/Main.
Gegenstände, 1971. – Sofern es die Verhältnisse zulassen, 1972. – Lokalzeit, 1974. – Die Verwandten, 1975. – Chicago spielen, 1976. – Hör mal, Klaus, 1977.
Meine Freunde aus »Diese schöne Anstrengung« (Autoren Edition, 1980).

KURT MARTI geboren 1921 in Bern. Nach Jura- und Theologiestudium ein Jahr im Dienst der ökonomischen Kirche in Paris. Seit 1961 Pfarrer in Bern.
heil-vetia, 1971. – Republikanische Gedichte, 1971. – Abratzki oder die kleine Blockhütte, 1971. – Paraburi, 1972. – Das Herz der Igel, 1972. – Bundesgenosse Gott, 1972. – Zum Beispiel Bern 1972, 1973. – undereinisch, 1973. – Die Riesin, 1975. – meergedichte, alpengedichte, 1975. – Nancy Neujahr und Co., 1976. – Grenzverkehr, 1976. – Zärtlichkeit und Schmerz, 1979.
Problemlösung aus »Zärtlichkeit und Schmerz« (Luchterhand).

CHRISTOPH MECKEL 1935 in Berlin geboren. Studierte Graphik in München und Freiburg. Lebt in Berlin und Frankreich.
Zettelphilipp, 1970. – Werkauswahl, 1971. – Lieder aus dem Dreckloch, 1972. – Verschiedene Tätigkeiten, 1972. – Kranich, 1973. – Bockshorn, 1973. – Wen es angeht, 1974. – Die Gestalt am Ende des Grundstücks, 1975. – Nachtessen, 1975. – Flaschenpost für eine Sintflut, 1976. – Der Strom, 1976. – Liebesgedichte, 1977. – Licht, 1978. – Erinnerung an Johannes Bobrowski, 1978. – Über das Fragmentarische, 1978. – Säure, 1979.
Schallplatte: Manifest der Toten, 1973.
Was dieses Land betrifft aus »Wen es angeht« (Eremitenpresse); *Ein Wort* aus »Ein roter Faden« (Hanser, 1983).

ERNST MEISTER 1911 in Hagen/Westfalen geboren. Studierte Theologie, Philosophie, Germanistik und Kunstgeschichte; Soldat. Bis 1960 kaufmännischer Angestellter, seitdem freier Schriftsteller. Starb 1979 in Hagen.
Es kam die Nachricht, 1970. – Sage vom Ganzen den Satz, 1972. – Schatten, 1973. – Im Zeitspalt, 1976. – Ausgewählte Gedichte 1932–1976, 1977. – Wandloser Raum, 1979. – Sämtl. Gedichte. 15 Bde. Aachen (Rimbaud Verlag) 1985ff.
der neben mir aus »Ausgewählte Gedichte« (Luchterhand).

DETLEV MEYER geboren 1950. Lebt in Berlin.
Mahlzeit aus »Heute Nacht im Dschungel« (Oberbaum, 1981).

KARL MICKEL geboren 1935 in Dresden. Studium der Volkswirtschaft in Ostberlin. Seit 1978 Dozent an der Staatlichen Schauspielschule, Berlin.
Einstein/Nausikaa, 1974. – Eisenzeit, 1975. – Gelehrtenrepublik, 1976. – Odysseus in Ithaka, 1976.
Der Krieg aus »Eisenzeit« (Rotbuch).

IRMTRAUD MORGNER 1933 in Chemnitz geboren. Studium der Germanistik und Literaturwissenschaft. Lebte seit 1958 in Ostberlin, starb dort 1990.
Gauklerlegende, 1970. – Die wundersamen Reisen Gustav des Weltfahrers, 1972. – Leben und Abenteuer der Trobadora Beatriz, 1974.
Keine Dame (Titel von den Herausgebern) aus »Leben und Abenteuer der Trobadora Beatriz« (Luchterhand).

BODO MORSHÄUSER geboren 1953 in Westberlin. Lebt in Berlin.
Alle Tage, 1979.
Bild aus der Dämmerung aus »Alle Tage« (Rotbuch).

HEINER MÜLLER 1929 in Eppendorf/Hamburg geboren. Reichsarbeitsdienst, Angestellter, Mitarbeiter des Deutschen Schriftstellerverbandes und des Maxim-Gorki-Theaters. Lebt als freier Schriftsteller in Berlin.
Geschichten aus der Produktion I, 1974. – Geschichten aus der Produktion II, 1974. – Die Umsiedlerin, 1975. – Theater-Arbeit, 1975. – Stücke, 1975. – Die Schlacht, 1977. – Germania Tod in Berlin, 1977. – Mauser, 1978.
Medeaspiel aus dem Band »Die Umsiedlerin« (Rotbuch).

HELGA M. NOVAK geboren 1935 in Berlin. Studium der Philosophie und Journalistik in Leipzig. Monteurin, Laborantin, Buchhändlerin. Lebte von 1961–1967 in Island, danach in Frankfurt/Main, Berlin und jetzt in Legbad (Polen).
H. Novak/H. Karasek, Wohnhaft in Westend, 1970. – Aufenthalt in einem irren Haus, 1971. – Balladen vom kurzen Prozeß, 1975. – Die Landnahme von Torre Bela, 1976. – Margarethe mit dem Schrank, 1978. – Die Eisheiligen, 1979.
Zwei Geschichten... (Titel von den Herausgebern) aus »Die Landnahme von Torre Bela« (Rotbuch).

HANNS-JOSEF ORTHEIL geboren 1951 in Köln. Studium der Musikwissenschaft, Literaturwissenschaft und Philosophie. Lebt in Stuttgart.
Fermer, 1979. – Wilhelm Klemm, 1979.
Fermer ist ein Abschnitt aus dem gleichnamigen Roman (S. Fischer).

OSKAR PASTIOR geboren 1927 in Hermannstadt/Siebenbürgen. Studium der Germanistik und Rundfunktätigkeit in Bukarest. Übersiedelte 1969 in die Bundesrepublik. Lebt in Berlin.
Gedichtgedichte, 1973. – Höricht, 1975. – An die neue Aubergine, 1976. – Fleischeslust, 1976. – Der krimgotische Fächer, 1978. – Tangopoem, 1978.
Toncassetten: Krimgotischer Fächer, 1979. – Tango, 1979.
Anrufung des Realismusproblems aus »Wechselbalg« (Ramm, 1980).

ULRICH PLENZDORF geboren 1934 in Berlin. Studium des Marxismus-Leninismus am Franz-Mehring-Institut in Leipzig. Studium an der Filmhochschule Babelsberg, arbeitet als Szenarist und Filmdramaturg. Lebt in Berlin.
Die neuen Leiden des jungen W., 1973. – Die Legende von Paul und Paula, 1974. – Buridans Esel, 1976. – Karla, 1978. – Legende vom Glück ohne Ende, 1979.
Blue Jeans (Titel von den Herausgebern) aus »Die neuen Leiden des jungen W.« (Suhrkamp).

CHRISTA REINIG geboren 1926 in Berlin und dort aufgewachsen. Kunsthistorikerin. Lebte bis 1964 in Ostberlin, heute in München.
Der große Bechterew-Tantra, 1970. – Papantscha Vielerlei, 1971. – Die himmlische und die irdische Geometrie, 1975. – Entmannung, 1976. – Der Hund mit dem Schlüssel, 1976. – Poèmes, 1976. – Mein Herz ist eine gelbe Blume, 1978. – Müßiggang ist aller Liebe Anfang, 1979.
Kalte Füße (Titel von den Herausgebern) aus »Papantscha Vielerlei« (Eremitenpresse).

WALTER E. RICHARTZ geboren 1927 in Hamburg. Studium der Chemie; Angestellter in der chemischen Industrie. Lebte bis zu seinem Tod 1980 bei Frankfurt.
Patio-Fernsehmagazin, 1970. – Noface-Nimm was du brauchst, 1973. – Das Leben als Umweg, 1976. – Büroroman, 1976. – W. E. Richartz/U. Widmer: Shakespeares Geschichten. 2 Bde., 1978. – Der Aussteiger und andere Angestelltenprosa, 1979. – Vorwärts ins Paradies, 1979.
Das Zeitwort aus »Büroroman« (Diogenes).

LUISE RINSER geboren 1911 in Piling/Oberbayern. Studium der Pädagogik und Psychologie. Publikationsverbot nach der ersten Veröffentlichung unter dem Nationalsozialismus. Lebt seit 1963 als freie Schriftstellerin bei Rom.
Baustelle, 1970. – Unterentwickeltes Land Frau, 1970. – Grenzübergänge, 1972. – Hochzeit der Widersprüche, 1973. – Dem Tode geweiht?/Lepra ist heilbar, 1974. – Der schwarze Esel, 1974. – Wie, wenn wir ärmer würden, 1974. – Bruder Feuer, 1975. – Hallo Partner. Zeige mir wie du dein Auto lenkst, und ich sage dir, wie (wer) du bist, 1975. – Leiden/Sterben/Auferstehen, 1975. – Wenn die Wale kämpfen, 1976. – Der verwunderte Drache, 1977. – Kriegsspielzeug, 1978. – Das Geheimnis des Brunnens, 1979. – Khomeini und der islamische Gottesstaat, 1979.
Gespräch über Deutschland aus der Anthologie »Deutschland, Deutschland«, herausgegeben von Jochen Jung (Residenz, 1979).

ROMAN RITTER geboren 1943 in Stuttgart. Studium der Germanistik und Geschichte in Hamburg und München. Lebt in München.
Einen Fremden im Postamt umarmen, 1975. – Literarisches Tagebuch, 1975. – Vorlesungen, 1978.
Wir werden sehen aus der Anthologie »Freizeit«, herausgegeben von Uwe Friesel und Uwe Timm (Bertelsmann, 1973).

FRIEDERIKE ROTH geboren 1948 in Sindelfingen. Studium der Linguistik und Philosophie in Stuttgart. Lebt in Stuttgart.
minimal-erzählungen, 1970. – Tollkirschenhochzeit, 1978. – Ordnungsträume, 1979.
Vielleicht aus »Tollkirschenhochzeit« (Luchterhand).

PETER RÜHMKORF geboren 1929 in Dortmund. Studium der Pädagogik und Kunstgeschichte, später Germanistik und Psychologie. Mitherausgeber der Zeitschrift »Konkret«. 1958–1964 Lektor, seither freier Schriftsteller in Hamburg.
Die Jahre die ihr kennt, 1972. – Lombard gibt den Letzten, 1972. – Die Handwerker kommen, 1974. – Walther von der Vogelweide, Klopstock und ich, 1975. – Gesammelte Gedichte, 1976. – Strömungslehre 1, 1978. – Phoenix voran, 1978. – Haltbar bis Ende 1999, 1979.
Von mir – zu euch – für uns, Selbstporträt, Einen zweiten Weg ums Gehirn rum, aus »Haltbar bis Ende 1999« (Rowohlt).

HANS JOACHIM SCHÄDLICH geboren 1935 in Reichenbach/Vogtland. Studium der Germanistik in Berlin und Leipzig. 1959 bis 1976 Arbeit an der Ostberliner Akademie der Wissenschaften. Verließ 1977 die DDR, lebt in Berlin.
Versuchte Nähe, 1977.
Hörtest (Titel von den Herausgebern) aus »Versuchte Nähe« (Rowohlt).

MICHAEL SCHARANG 1941 geboren in Karpfenberg/Steiermark. Studium der Theaterwissenschaft, Philosophie und Kunstgeschichte. Lebt in Wien.
Schluß mit dem Erzählen, 1970. – Zur Emanzipation der Kunst, 1971. – Charly Traktor, 1973. – Bericht an das Stadtteilkomitee, 1974. – Der Sohn eines Landarbeiters, 1976. Der Lebemann, 1979.
Eine Person... aus »Bericht an das Stadtteilkomitee« (Luchterhand).

JOHANNES SCHENK geboren 1941 in Berlin. 6 Jahre Seemann, danach »Kreuzberger Straßentheater« und Bühnenarbeiter. Lebt jetzt in Worpswede und Berlin.
Die Genossin Utopie, 1973. – Jona, 1976. – Zittern, 1977. – Die Stadt am Meer, 1977. – Der Schiffskopf, 1978.
Natascha malt... aus »Die Genossin Utopie« (Wagenbach).

KLAUS SCHLESINGER geboren 1937 in Berlin. Ausbildung als Chemielaborant. Von 1963–1969 als freier Journalist tätig. Ausschluß aus dem DDR-Schriftstellerverband im Juni 1979. Übersiedlung in die Bundesrepublik. Lebt in Berlin.
Michael, 1971. – Hotel oder Hospital, 1973. – Alte Filme, 1975. – Ikarus, 1975. – Berliner Traum, 1977.
Ein unglaublicher Vorfall aus der Anthologie »Tintenfisch« 15, herausgegeben von Hans Christoph Buch (Wagenbach, 1978).

PETER SCHNEIDER geboren 1940 in Lübeck. Studium der Germanistik, Geschichte und Philosopie. Lebt als freier Schriftsteller in Berlin.
Ansprachen, 1970. – Lenz, 1973. – ...schon bist du ein Verfassungsfeind, 1975. – Atempause, 1977. – Die Wette, 1978. – Messer im Kopf, 1979.
Die freiheitlich-demokratische (Titel von den Herausgebern) aus »...schon bist du ein Verfassungsfeind« (Rotbuch).

WOLFDIETRICH SCHNURRE geboren 1920 in Frankfurt/Main. Seit 1928 in Berlin. Sozialistische Volksschule, humanistisches Gymnasium. Soldat. Starb 1989 in Kiel.
Schnurre heiter, 1970. – Richard kehrt zurück, 1970. – Die Sache mit den Meerschweinchen, 1970. – Die Wandlung des Hippipotamus, 1970. – Wie der Koala-Bär wieder lachen lernte, 1971. – Der Spatz in der Hand, 1971. – Immer mehr Meerschweinchen, 1971. – Der Meerschweinchendieb, 1972. – Auf Tauchstation, 1973. – Der wahre Noah, 1974. – Schnurren und murren, 1974. – Ich brauch dich, 1976. –

Eine schwierige Reparatur, 1976. – Erzählungen 1945–1965, 1977. – Der Schattenfotograf, 1978. – Erfülltes Dasein, 1979. – Kassiber und neue Gedichte, 1979.
Worüber ich gern einmal schriebe (gekürzt) aus »Der Schattenfotograf« (List).

HELGA SCHUBERT geboren 1940 in Berlin. Psychologiestudium, seit 1977 Ausbilderin in Gesprächstherapie. Lebt in Berlin.
Lauter Leben, 1975.
Meine alleinstehenden Freundinnen (gekürzt) aus »Das verbotene Zimmer« (Luchterhand, 1982).

KLAUS STILLER geboren 1941 in Augsburg. Studium der Romanistik und Germanistik. Seit 1981 Literaturredakteur beim RIAS, Berlin.
H. Protokoll, 1970. – Tagebuch eines Weihbischofs, 1972. – Die Faschisten, 1976. – Traumberufe, 1977.
Vor dem Gesetz aus der Anthologie »Tintenfisch« 8, herausgegeben von Michael Krüger und Klaus Wagenbach (Wagenbach, 1974).

BOTHO STRAUSS geboren 1944 in Naumburg/Saale. Studium der Germanistik, Theatergeschichte und Soziologie. Seit 1970/71 dramaturgischer Mitarbeiter an der Berliner Schaubühne. Lebt als freier Schriftsteller in Berlin.
Die Hypochonder, 1972. – Schützenehre, 1975. – Marlenes Schwester, 1975. – Trilogie des Wiedersehens, 1976. – Die Widmung, 1977. – Groß und klein, 1978.
Familie im Garten ist eine Szene (gekürzt) aus »Groß und klein« (Hanser).

KARIN STRUCK geboren 1947 in Schlagtow/Greifswald. Studium der Romanistik und Germanistik. Lebt als freie Schriftstellerin in Hamburg.
Klassenliebe, 1973. – Die Mutter, 1975. – Lieben, 1977. – Die liebenswerte Greisin, 1977. – Trennung, 1978.
Klassenliebe ist ein Abschnitt aus dem gleichnamigen Roman (Suhrkamp).

HANNELIES TASCHAU geboren 1937 in Hamburg. Seit 1967 freiberufliche Autorin. Lebt in Essen und Hameln.
Strip und andere Erzählungen, 1974. – Luft zum Atmen, 1978. – Landfriede, 1978. – Blind sein mit viel mehr Haut. 1978. – Doppelleben, 1979.
Nicht vernichten nur jagen aus der Anthologie »Zwischen zwei Nächten«, herausgegeben von Christoph Buchwald und Rolf Haufs (Claassen, 1981).

RALF THENIOR geboren 1945 in Kudowa/Schlesien. Verlagskaufmannslehre in Hamburg, Übersetzerstudium und Germanistikstudium. Lebt in Westerwinkel.
Traurige Hurras, 1977. – Sprechmaschine Pechmarie, 1979.
Goldener Boden aus »Traurige Hurras« (Autoren Edition).

JÜRGEN THEOBALDY 1944 in Straßburg geboren, aufgewachsen in Mannheim. Kaufmännische Lehre, Studium an der Pädagogischen Hochschule. Seit 1974 in Westberlin. Studium der Literaturwissenschaft. Lebt seit 1984 in der Schweiz.
Sperrsitz, 1973. – Blaue Flecken, 1974. – Zweiter Klasse, 1976. – Veränderung der Lyrik, 1976. – Sonntags Kino, 1978. – Drinks, 1979.
Lob der Haut aus »Zweiter Klasse« (Rotbuch); *Harte Eier* aus »Blaue Flecken« (Rowohlt).

VOLKER VON TÖRNE geboren 1934 in Quedlinburg. Studium der Pädagogik und Sozialwissenschaften. Lebte in Westberlin. Starb 1980 auf einer Vortragsreise.
Der Affe will die Freiheit nicht, 1971. – Thalatta, 1971. – Lagebericht (mit Ch. Heubner), 1976. – Kopfüberhals, 1979. – Im Lande Vogelfrei. Ges. Gedichte, 1981.
Lied vom realen Sozialismus und *Lob der Haut* aus »Im Lande Vogelfrei« (Wagenbach).

GUNTRAM VESPER geboren 1941 in Frohburg/Sachsen. Kam 1957 in die Bundesrepublik. Studium der Germanistik und Medizin. Lebt als freier Schriftsteller in Göttingen und in Steinheim am Vogelsberg.
Kriegerdenkmal ganz hinten, 1970. – Nördlich der Liebe und Südlich des Hasses, 1979.
Kontaktfreude aus »Kriegerdenkmal ganz hinten« (Hanser).

MARTIN WALSER geboren 1927 in Wasserburg am Bodensee. Flakhelfer, Gefangenschaft. Studium der Literaturwissenschaft, Geschichte, Philosophie. 1949 bis 1957 Rundfunkredakteur. Lebt heute in Nußdorf/Bodensee.
Ein Kinderspiel, 1970. – Fiction, 1970. – Aus dem Wortschatz unserer Kämpfe, 1971. – Gesammelte Stücke, 1971. – Die Gallistl'sche Krankheit, 1972. – Der Sturz, 1973. – Wie und wovon handelt Literatur, 1973. – Das Sauspiel, 1975. – Jenseits der Liebe, 1976. – Was zu bezweifeln war, 1976. – Ein fliehendes Pferd, 1978. – Der Grund zur Freude, 1978. – Heimatlos, 1978. – Seelenarbeit, 1979.
Die Rede... aus der Anthologie »Klassenlektüre«, herausgegeben von Bernt Engelmann und Walter Jens (Knaus, 1982).

PETER WEISS geboren 1916 in Nowawes bei Berlin. 1934 Emigration nach England. 1936–1938 Wohnsitz in der Tschechoslowakei; 1938–1939 in der Schweiz. Seit 1939 in Schweden ansässig; starb 1982 in Stockholm.
Trotzki im Exil, 1970. – Hölderlin, 1971. – Rapporte 2, 1971. – Der Turm, 1973. – Gesang vom Lusitanischen Popanz, 1974. – Die Ästhetik des Widerstands, 1975. – Stücke I, 1976. – Stücke II 1, 2, 1977. – Die Ästhetik des Widerstands Bd. 2, 1978. – Werke. 6 Bde. Frankfurt/Main (Suhrkamp) 1991.
Die Freiheit führt... (Titel von den Herausgebern) aus dem ersten Band der »Ästhetik des Widerstands« (Suhrkamp).

URS WIDMER geboren 1938 in Basel. Studium der Germanistik, Romanistik und Geschichte. Tätigkeit als Verlagslektor. Lebt seit 1967 in Zürich.
Die Amsel im Regen im Garten, 1971. – Das Normale und die Sehnsucht, 1972. – Die lange Nacht der Detektive, 1973. – Die Forschungsreise, 1974. – Schweizer Geschichten, 1975. – Die gelben Männer, 1976. – Nepal, 1977. – Vom Fenster meines Hauses aus, 1977. – W. E. Richartz/U. Widmer: Shakespeares Geschichten. 2 Bde., 1978. – Hand und Fuß – ein Buch, 1978.
Mein Staat, eine Utopie aus »Das Normale und die Sehnsucht« (Diogenes).

GABRIELE WOHMANN geboren 1932 in Darmstadt. Studium der Germanistik, Romanistik, Musikwissenschaft und Philosophie in Frankfurt. Tätigkeit als Lehrerin. Erste schriftstellerische Arbeit 1956. Lebt in Darmstadt.
Sonntag bei den Kreisands, 1970. – Ernste Absicht, 1970. – Treibjagd, 1970. – Der Fall Rufus, 1971. – Die Gäste, 1971. – Selbstverteidigung, 1971. – Große Liebe, 1971. – Alles für die Galerie, 1972. – Gegenangriff, 1972. – Die Witwen oder eine vollkommene Lösung, 1972. – Übersinnlich, 1972. – Habgier, 1973. – Entziehung, 1974. – Paulinchen war allein zu Haus, 1974. – So ist die Lage, 1975. – Dorothea Wörth, 1975. – Schönes Gehege, 1975. – Ein Fall von Chemie, 1975. – Ein unwiderstehlicher Mann, 1975. – Alles zu seiner Zeit, 1976. – Endlich allein, endlich zu zwein, 1976. – Ausflug mit der Mutter, 1976. – Böse Streiche, 1977. – Grund zur Aufregung, 1978. – Frühherbst in Badenweiler, 1978. – Heiratskandidaten, 1978. – Das dicke Wilhelminchen, 1978. – Der Nachtigall fällt auch nichts neues ein, 1978. – Nachrichtensperre, 1978. – Die Nächste, bitte, 1978. – Feuer bitte, 1978. – Streit, 1978. – Guilty, 1979.– Knoblauch am Kamin, 1979. – Wanda Lords Gespenster, 1979. – Paarlauf, 1979.
Schiller im Schloß aus »Stolze Zeiten« (Claassen, 1981).

CHRISTA WOLF geboren 1929 in Landsberg/Warthe. 1949–1953 Studium der Germanistik in Jena und Leipzig. Bis 1962 Verlagslektorin, seitdem freie Schriftstellerin. Lebt in Berlin.
Lesen und Schreiben, 1971. – Till Eulenspiegel, 1972. – Unter den Linden, 1974. – Kindheitsmuster, 1976. – Kein Ort. Nirgends, 1979. – Fortgesetzter Versuch, 1979.
Wie es anfing (Titel von den Herausgebern) aus dem Roman »Kindheitsmuster« (Luchterhand).

ROR WOLF geboren 1932 in Saalfeld/Thüringen. Literatur-, Soziologie- und Philosophiestudium in Hamburg und Frankfurt. Rundfunkredakteur, lebt seit 1964 an verschiedenen Orten als freier Schriftsteller, jetzt in Mainz.
Punkt ist Punkt, 1971. – Mein famili, 1971. – Punkt ist Punkt II, 1973. – Auf der Suche nach Doktor Q., 1976. – Die Gefährlichkeit der großen Ebene, 1976.
Der letzte Biß aus »Punkt ist Punkt« (Suhrkamp).

WOLF WONDRATSCHEK geboren 1943 in Rudolstadt/Thüringen. Studium der Literaturwissenschaft und Philosophie. Seit 1967 freier Schriftsteller in München.
Ein Bauer zeugt mit einer Bäuerin einen Sohn, der unbedingt Knecht werden will, 1970. – Paul oder die Zerstörung eines Hörspiels, 1971. – Früher begann der Tag mit einer Schußwunde, 1972. – Omnibus, 1972. – Chuck's Zimmer, 1974. – Das leise Lachen am Ohr eines andern, 1976. – Männer und Frauen, 1978.
In den Autos aus »Das leise Lachen am Ohr eines anderen« (Zweitausendeins); *Hotel ›Zum Deutschunterricht‹* aus »Letzte Gedichte« (Zweitausendeins, 1980).

PAUL WÜHR geboren 1927 in München. Seit 1949 Volksschullehrer in München.
Gegenmünchen, 1970. – So spricht unsereiner, 1973. – Preislied, 1974. – Grüß Gott ihr Mütter ihr Väter ihr Töchter ihr Söhne, 1976. – Rede, 1979.
Womit unsereiner... aus »So spricht unsereiner« (Hanser).

PETER-PAUL ZAHL geboren 1944 in Freiburg. 1967 Gründung einer Druckerei und eines kleinen Verlages in Berlin. 1972 Verhaftung nach einem Schußwechsel mit der Polizei. Inhaftiert bis 1983. Lebt in Berlin.
Von einem, der auszog, Geld zu verdienen, 1970. – Schutzimpfung, 1975. – Eingreifende und ergriffene Literatur, 1975. – Die Barbaren kommen, 1976. – Wie im Frieden, 1976. – Waffe der Kritik, 1976. – Alle Türen offen, 1977. – Freiheitstriebtäter, 1979. – Die Glücklichen, 1979. – Schreiben ist ein monologisches Moment. Dialoge, 1979.
der harte kern aus »Schutzimpfung« (Rotbuch); *Im Namen des Volkes* aus »Alle Türen offen« (Rotbuch).

Die Herausgeber:

CHRISTOPH BUCHWALD geboren 1951 in Tübingen, leitet den Luchterhand Literaturverlag in München.

KLAUS WAGENBACH geboren 1930 in Berlin, Verleger dortselbst.